Benjamin Bidder
Generation Putin

Benjamin Bidder

Generation Putin

Das neue Russland verstehen

Deutsche Verlags-Anstalt

Der Verlag weist ausdrücklich darauf hin, dass im Text enthaltene externe Links vom Verlag nur bis zum Zeitpunkt der Buchveröffentlichung eingesehen werden konnten. Auf spätere Veränderungen hat der Verlag keinerlei Einfluss. Eine Haftung des Verlags ist daher ausgeschlossen.

Verlagsgruppe Random House FSC® N001967

1. Auflage
Copyright © 2016 Deutsche Verlags-Anstalt, München,
in der Verlagsgruppe Random House GmbH,
Neumarkter Str. 28, 81673 München
und SPIEGEL-Verlag, Hamburg, Ericusspitze 1, 20457 Hamburg
Alle Rechte vorbehalten
Umschlaggestaltung: Büro Jorge Schmidt, München
Umschlagmotiv: Vesela/shutterstock
Typografie und Satz: DVA/Andrea Mogwitz
Gesetzt aus der Caecilia LT Pro
Druck und Bindung: CPI books GmbH, Leck
Printed in Germany
ISBN 978-3-421-04744-1

www.dva.de

Dieses Buch ist auch als E-Book erhältlich.

Inhalt

Vorwort 9
1. Sturzgeburt 13
2. Himmelsstürmer 22
3. Junge Garde 45
4. Hinter dem Palast steht noch ein Haus 64
5. Freiheit wählen 85
6. Kriegskind 105
7. Zarenkrönung 126
8. Aufstand 139
9. Konterrevolution 161
10. Stolz und Vorurteil 190
11. Gesellschaft und Jugend 208
12. Lena verdrängt 245
13. Alexander will ausziehen 258
14. Diana wartet ab 270
15. Taissa träumt neu 279
16. Wera flieht 301
17. Marat bleibt 322

Bildnachweis 336
Anregungen und Kommentare 336

»Er ging um 12 Uhr mittags hinaus in Richtung des
Bahnhofs. Niemand wusste, wohin er ging, und er
selbst wusste es auch nicht ...«

sowjetischer Kultfilm *Igla*, 1988

Vorwort

Meine Erinnerung an die Wende ist tagesschaublau. Ich sitze mit meinen Eltern vor dem Fernseher und sehe die Nachrichten. Über den Bildschirm flimmern Aufnahmen von Menschen, die mit Hammer und Meißel Löcher in eine Mauer schlagen. Ich verstehe nicht die Bedeutung dieser Bilder, aber ich verstehe den Ausdruck in den Gesichtern meiner Eltern.

Ich bin 1981 in Westdeutschland geboren, in der Nähe der damaligen Bundeshauptstadt Bonn. Niemand in unserer Familie hat sich vor dem Fall der Berliner Mauer vorstellen können, Russland könnte eines Tages ein ziemlich zentraler Punkt in unserem Leben werden. Damals hat unsere Welt fast über Nacht eine lange vergessene Himmelsrichtung wiederbekommen, neben Norden, Süden und Westen den Osten. Wenige Monate nach dem Fall der Mauer brachen meine Eltern gemeinsam mit meinen Schwestern, unserer amerikanischen Austauschschülerin Kristin und mir auf zu einem Besuch in den Teil Deutschlands, der damals noch DDR war. Kam uns ein Trupp sowjetischer Soldaten entgegen, duckte Kristin sich instinktiv weg.

Ein gutes Jahrzehnt später habe ich meinen Zivildienst in Sankt Petersburg begonnen. Damals fuhr ich das erste Mal in einem ratternden Nachtzug nach Moskau. Mein erstes Bild, das ich in der russischen Hauptstadt schoss, zeigt schwarze, rissige Füße. Auf dem Bahnhofsvorplatz schliefen Hunderte Obdachlose mit

nackten Sohlen. Moskau war damals – jenseits der wenigen Einkaufsmeilen der Superreichen – in weiten Teilen
eine arme Stadt.

Das war im Jahr 2002. Heute fühlt sich das an wie
eine Erinnerung aus grauer Vorzeit. In Moskau sind gläserne Hochhaustürme in den Himmel gewachsen. In der
U-Bahn gibt es kostenloses WLAN. Nach Sankt Petersburg verkehren Schnellzüge des gleichen Typs wie die
deutschen ICE. Russland hat einen unübersehbaren Satz
in die Moderne gemacht. Genauso unverkennbar ist aber
auch, dass der Wandel in den Köpfen der Menschen das
rasante Tempo nicht mitgemacht hat.

Während ich diese Zeilen schreibe, haben uns die
Schatten des überwunden geglaubten Kalten Krieges
eingeholt. Die Gräben zwischen Ost und West werden
wieder tiefer. Auf russischer Seite ist die Entfremdung
vom Westen auch bei jenen zu spüren, die den Kommunismus nicht mehr bewusst erlebt haben. Die Ursachen
dafür sind vielfältig: Manche Marotte und fixe Idee der
Russen, die gegen das Ausland zielende russische Propaganda, aber auch Fehler des Westens, der das Ende des
Kalten Krieges als endgültigen Sieg verstanden und viele
Russen so vor den Kopf gestoßen hat.

Was wir Wende nennen, hat vor 25 Jahren für mich
das Tor aufgestoßen zu einem faszinierenden Kosmos.
Der Osten ist ein Teil meines Lebens geworden. Mein
Sohn hört auf den Namen Juri, meine Tochter heißt Ale-
xandra, wir nennen sie Sascha. Beide sind in Moskau
geboren, und wenn wir in Deutschland sind, haben sie
Sehnsucht nach ihren Moskauer Kindergärtnerinnen
Nastja und Julija.

Ich wünsche mir, dass meine Kinder in einer Welt aufwachsen, die nicht durch neue Mauern getrennt wird, nicht an Landesgrenzen und nicht in Köpfen.

In den vergangenen Jahren ist der Begriff »Russlandversteher« in Verruf geraten. Wer ihn benutzt, meint ihn als Beleidigung. Das ist eine verhängnisvolle Entwicklung. Wer nichts verstehen will, ist unfähig zu Verständigung und schätzt darüber hinaus auch Risiken und Gefahren falsch ein. Wer nicht versteht, was in Russland passiert, wird aus Furcht auf Abgrenzung setzen, wo kluge Annäherung richtig wäre.

Moskau, im Frühjahr 2016

1. Sturzgeburt

> »Adieu, unsere rote Flagge. Du warst uns
> Feind und Bruder.«

Dieses Buch handelt von jungen Menschen, aber es beginnt mit einem älteren Herrn. Sein Scheitern hat dem Land die Konturen gegeben, in dem die Kinder des neuen Russland aufwachsen.

Am Abend des 25. Dezember 1991 schaltet das Staatsfernsehen der Sowjetunion zu einer Sondersendung in den Kreml. Arbeitszimmer Nummer 4 ist eine detailgetreue Nachbildung des echten Büros des Staatsoberhaupts der UdSSR, aber geräumiger und für Auftritte im TV besser geeignet. Die Wände sind bespannt mit grünem Damast, das Pult mit den Telefonen eine Attrappe. Michail Gorbatschow, 60 Jahre alt, nimmt hinter dem schmucklosen Schreibtisch Platz, der erste und letzte Präsident der Sowjetunion, ein Reformer, der selbst vom Wandel überrollt wurde.

Kein Jubel liegt über Moskaus Rotem Platz, als die Sowjetunion an jenem Abend ihren letzten Atemzug tut, kein Protest, nur nasskalte Winterluft und wenig Schnee. In Moskau regiert der Mangel. Fleisch ist in mehr als 350 Geschäften ausgegangen, melden die Zeitungen, Zucker wird rationiert. Die Frachtflugzeuge, die sonst Nachschub in die Hauptstadt bringen, bleiben am Boden, es fehlt Kerosin. An Moskaus Flughafen Scheremetjewo landen Maschinen aus den USA, sie haben Nahrungsrationen der US-Armee geladen, die übrig geblieben sind vom Golfkrieg.

Die alte Planwirtschaft ist zusammengebrochen, noch bevor die neue Marktwirtschaft auch nur annähernd zu funktionieren begonnen hat. Der Ölpreis ist seit dem Beginn der achtziger Jahre um zwei Drittel eingebrochen, die Sowjetunion hat so eine ihrer wichtigsten Einnahmequellen verloren. »Fleisch erreicht Odessa« ist in jenen Tagen eine Nachricht im Massenblatt *Komsomolskaja Prawda.* »Kein Brot in Krasnojarsk« schreibt die Moskauer Zeitung *Prawda.* Ein bitterer Witz macht unter Moskauern die Runde: Steht ein vergesslicher Herr mit leerer Einkaufstasche vor dem Geschäft und fragt sich, ob er gerade im Begriff war, den Laden zu betreten, oder ob er bereits auf dem Rückweg von seinem Einkauf ist.

In Kreml-Büro Nummer 4 setzt Gorbatschow an zu seiner letzten Rede an die »lieben Landsleute«. »Das Schicksal hat es so gewollt, dass ich das Steuer des Landes übernahm, als es um den Staat bereits schlecht bestellt war«, sagt er. Als »leader without a country« hat ihn das *Time*-Magazin zwei Tage zuvor bezeichnet, als Herrscher ohne Land. Gorbatschows Macht reicht kaum noch über die roten Mauern des Kreml hinaus. Die Präsidenten der Teilrepubliken haben ihn kaltgestellt, angeführt von seinem Rivalen Boris Jelzin, der seit Juni 1991 den Titel »Präsident der Russischen Sowjetrepublik« trägt. Jelzin wartet an diesem Abend ungeduldig darauf, Gorbatschows Platz zu übernehmen – ebenso wie den *Tschemodantschik* genannten Koffer, dessen Besitzer einen Nuklearschlag autorisieren kann.

Gorbatschow verliest eine Erklärung, die Rücktritt, Rechtfertigung und Mahnung zugleich ist:

> Von allem haben wir reichlich: Land, Öl und Gas, und auch mit Verstand und Talent hat uns Gott bedacht, doch leben wir viel schlechter als die entwickelten Länder, bleiben hinter ihnen immer weiter zurück. Der Grund dafür ist klar, die Gesellschaft erstickte im bürokratischen Kommandosystem. Sie war verdammt, einer Ideologie zu dienen und die schreckliche Last des Wettrüstens zu tragen. Ich habe verstanden, dass es in diesem Land schwierig, ja sogar riskant sein würde, Reformen zu wagen. Die Gesellschaft hat die Freiheit bekommen. Das ist die wichtigste Errungenschaft, auch wenn wir dies bisher noch nicht realisieren konnten. Wir haben nicht gelernt, mit der Freiheit umzugehen.

Gorbatschow vergleicht sein Schicksal mit den Helden eines sowjetischen Kinodramas: *Die Crew* erzählt die Geschichte einer Flugzeugbesatzung, die am Boden mitten in ein verheerendes Erdbeben gerät. Im Film sagt der Pilot: »Starten können wir nicht, am Boden bleiben auch nicht. Also starten wir.« Als Gorbatschow den grünen Ordner mit dem Text seiner Rede zuklappt, tritt mit ihm auch die Sowjetunion ab von der Bühne der Weltgeschichte. Innerhalb weniger Stunden erkennen die USA die Unabhängigkeit der Ukraine an. Bei einem Referendum wenige Wochen zuvor hatten sich mehr als 90 Prozent der Ukrainer für die Unabhängigkeit ausgesprochen, auf der Halbinsel Krim waren 54 Prozent dafür.

Am selben Abend nimmt Jelzin das Kontrollsystem der strategischen Raketenstreitkräfte Moskaus in Empfang. Zwei schweigsame Offiziere haben Gorbatschow jahrelang auf Schritt und Tritt mit dem Koffer begleitet. Sie wachten darüber, dass der *Tschemodantschik* stets in seiner Reichweite war. Von diesem Tag an dienen sie einem neuen Herrn: Das Oberkommando über ein Arsenal von 27 000 Nuklearsprengköpfen geht an Jelzin über. Auf der anderen Seite des Globus dreht die Redaktion des Fachblatts *Bulletin of the Atomic Scientists* seine Doomsday Clock auf 11:43 Uhr zurück. Die Uhr ist eine Mahnung. Sie soll der Weltöffentlichkeit die Gefahr eines Nuklearkriegs vor Augen führen. Als Gorbatschow 1985 in Moskau an die Macht kam, standen die Zeiger auf drei Minuten vor zwölf.

In Moskau steigen Punkt 19:32 Uhr zwei Arbeiter auf das Dach des Kreml. Sie holen die rote Flagge vom Fahnenmast, nach mehr als sieben Jahrzehnten. Ein neues Banner wird über der goldenen Kuppel des Präsidentenpalasts gehisst, eine Trikolore in Weiß, Blau und Rot. Fast beiläufig wird die Welt so Zeuge der Wiedergeburt der neuen, alten Großmacht Russland. Das Jahr 1991 markiert damit auch den Schlusspunkt des kommunistischen Experiments. Das Gleichgewicht des nuklearen Schreckens ist Vergangenheit, mit ihm der Ost-West-Konflikt, und zwar für immer, davon ist damals nicht nur Gorbatschow ganz fest überzeugt.

Gorbatschow war angetreten mit dem Versprechen, die Sowjetunion als Weltmacht ins 21. Jahrhundert zu führen. In das kollektive Gedächtnis der russischen Gesellschaft aber geht er ein als der Mann, der die UdSSR zu Grabe getragen hat. In Russland schlägt ihm deshalb zum Teil offener Hass entgegen, im Westen dagegen wird er auch dafür verehrt. Beides sind im Grunde Missverständnisse – die Ressentiments daheim genauso wie der »Gorbi«-Kult im Ausland. Gorbatschow wollte den Kalten Krieg beenden, auch das Wettrüsten und die Gefahr eines Atomkriegs beseitigen. Aber nicht die Sowjetunion.

Der im Westen für seine Perestroika-Politik geachtete Gorbatschow hatte bis zuletzt an einem Vertrag für eine neue Union gearbeitet. Er wartete auf Unterhändler aus der Ukraine, die aber nie kamen. Gorbatschows Wut darüber kann man noch ein Vierteljahrhundert später spüren, wenn er Putins Krim-Annexion verteidigt und die angebliche chronische Unzuverlässigkeit der Ukrainer geißelt.

Die Umrisse des neuen Russland wurden auch geprägt durch Gorbatschows Rivalität zu Jelzin. Gorbatschow hoffte bis zu seinem Rücktritt auf eine Erneuerung der Sowjetunion als Bundesstaat, der Schritt für Schritt demokratischer werden sollte. Vielleicht hätte er mehr Erfolg gehabt, hätte ihm Jelzin nicht so unversöhnlich gegenübergestanden. Gorbatschow hatte seinen Widersacher erst als Moskaus Parteichef eingesetzt, ihn 1987 aber wieder demontieren lassen. Jelzin wurde aus einem Moskauer Krankenhausbett geholt, mit Medikamenten vollgestopft und vor dem versammelten Zentralkomitee der Kommunistischen Partei vier Stunden lang gedemütigt. Er vergaß das nie. In der Folge strebte er einen lockeren Staatenbund an, ohne mächtige Zentralregierung, ohne Gorbatschow. Nach Gorbatschows Abschied aus dem Kreml trafen die beiden Rivalen nie wieder persönlich aufeinander.

Der Vertrag, mit dem Jelzin das Schicksal seines Widersachers und der Sowjetunion gleichermaßen besiegelte, war kurios zustande gekommen. Jelzin hatte das Papier Anfang Dezember 1991 ohne Wissen Gorbatschows mit den Präsidenten Weißrusslands und der Ukraine ausgehandelt. Da ihre Länder 1922 die Sowjetunion gegründet hatten, waren die drei der Auffassung, sie hätten auch das Recht, sie wieder aufzulösen.

Sie trafen sich dafür im äußersten Zipfel des sowjetischen Machtbereichs. Der staatliche Jagdhof Wiskuli liegt an der Westgrenze Weißrusslands. Er ist umgeben von der Belowescher Heide, durch diesen dichten Urwald streifen noch heute europäische Bisons, acht Kilometer weiter im Westen liegt schon Polen. Das Treffen der Republikpräsidenten war improvisiert und wurde geheim gehalten. Jelzin fürchtete, ein Angriff durch kommunistische Hardliner könnte ihr Vorhaben vereiteln oder Gorbatschow Spezialeinheiten des sowjetischen Geheimdienstes KGB in Marsch setzen.

Der erste Entwurf der »Belowescher Vereinbarung« wurde nachts handschriftlich notiert. Am Morgen landete er im Mülleimer, eine Putzfrau hatte ihn für Abfall gehalten. An eine Schreibmaschine hatte niemand gedacht, die eilig herbeigerufene Sekretärin eines nahe gelegenen Nationalparks tippte das Abkommen auf einer DDR-Maschine der Marke Optima, die sie aus ihrem Büro mitgebracht hatte. Jewgenija Pateitschuk wurde später in ihrem weißrussischen Heimatdorf Kamenjuki bekannt als »die Frau, die unsere Sowjetunion beerdigt hat«. Zwei Faxgeräte hielten als Kopierer her. Als die drei Präsidenten das Abkommen über die Gründung der »Gemeinschaft unabhängiger Staaten« feierlich unterzeichnen wollten, fiel ihnen auf, dass sie keinen Stift dabei hatten. Sie liehen sich den Kugelschreiber eines Journalisten.

In Russland bleibt das Verhältnis zu diesen Ereignissen widersprüchlich. 1991 blickte das Land mit Hoffnung auf Marktwirtschaft, Demokratie und den Westen. Doch die neue Zeit brachte neben Freiheit auch Jahre der Not. »Wenn Sie an einer Schlange vorbeikommen, stellen Sie sich an und schätzen Sie sich glücklich, irgendetwas Lohnendes wird es schon geben«, war einer der sarkastischen Ratschläge, die das Nachrichtenprogramm Westi Ende 1991 seinen Zuschauern gab. Und während in Berlin eine Mauer fiel, entstanden weiter im Osten andere neu: Millionen Russen fanden sich über Nacht jenseits der Grenzen des neuen Russland wieder, im Baltikum, in Zentralasien und anderen Nachbarländern.

Die rund 1,8 Millionen Kinder, die 1991 in Russland das Licht einer sich verändernden Welt erblickten, bekamen von all dem noch nichts mit. Sie wurden geboren, als mit der UdSSR das Land ihrer Eltern starb. Ihre Heimat Russland ist ein eigentümliches Gebilde, Produkt eines Zerfalls. Dieses Buch erzählt ihre Geschichten.

Lena aus der westrussischen Provinzstadt Smolensk verehrt Putin und träumt von einer Politikerkarriere. Die junge Dissidentin Wera steht auf der anderen Seite der Barrikaden, sie will ihr Land von unten verändern – und verzweifelt bei dem Versuch. Marat ist ein Moskauer Großstadtabenteurer mit unstillbarem Fernweh, Taissa eine modevernarrte Tschetschenin, Diana eine weltgewandte Patriotin aus der Schwarzmeerstadt Sotschi. Alexander sitzt im Rollstuhl und träumt vom Auszug aus seinem staatlichen Heim.

In ihren Lebensläufen spiegelt sich die Geschichte des größten Flächenstaates der Erde im vergangenen Vierteljahrhundert: Not und Wirren in den neunziger Jahren, die erbittert geführten Kriege in der abtrünnigen Kaukasusrepublik Tschetschenien, Wladimir Putins Aufstieg und der Wirtschaftsboom, das Aufkommen der Protestbewegung gegen Putins Rückkehr auf den Präsidentensessel und ihr Scheitern, der Krieg in der Ukraine und die zunehmende Konfrontation mit dem Westen. Für die 1991 Geborenen ist Michail Gorbatschow eine Gestalt aus den Nebeln der Vergangenheit, ihre Erinnerung an die Präsidentschaft Jelzins nur schemenhaft. Sie sind aufgewachsen in dem Russland, das Jelzins Nachfolger Wladimir Putin seit seinem Amtsantritt in der Neujahrsnacht 2000 geformt hat. Sie sind die »Generation Putin«.

Als die rote Fahne am Dezemberabend 1991 über dem Kreml eingeholt wurde, löste das ambivalente Gefühle aus. Diesen Zwiespalt hat der Schriftsteller Jewgenij Jewtuschenko, Enkel eines unter Stalin verhafteten »Volksfeinds« und selbst vom KGB »antisowjetischer Tätigkeit« bezichtigt, in Gedichtform gefasst:

Adieu, unsere rote Flagge. Du warst uns Feind und Bruder. Du warst Kamerad im Schützengraben, Hoffnung ganz Europas, aber auch der Rote Vorhang, der den Gulag hinter sich verbarg.

Die Kinder des neuen Russland sind mit anderen Symbolen groß geworden. Sie haben *South Park* und die *Simpsons* geschaut, anarchische Zeichentrickserien aus den USA. Junge Russen nutzen iPads, lieben Smartphones, sind täglich im Internet unterwegs. Die Hoffnung war lange, die Grenzen zwischen Ost und West würden mit der Zeit verschwimmen. Darauf folgte Ernüchterung, weil Russland und der Westen nun wieder auseinanderdriften.

In der Zeit von Michail Gorbatschows Perestroika war ein Film besonders populär, sein Titel ist *Igla – Die Nadel*. Der Sänger Wiktor Zoi spielt darin die Hauptrolle. Zoi war der größte Rockstar der Sowjetunion, eine Art russischer Jim Morrison. Zu Beginn des Films läuft er durch eine verlassene Gasse. Aus dem Off erklingt die Stimme eines Erzählers: »Er ging um 12 Uhr mittags hinaus in Richtung des Bahnhofs. Niemand wusste, wohin er ging, und er selbst wusste es auch nicht«. Die Szene ist eine treffende Metapher für 1991, den Aufbruch ins Ungewisse. Niemand vermochte genau zu sagen, wohin sich Russland nun denn genau aufgemacht hatte, und bis zum heutigen Tag wissen es noch nicht einmal die Russen selbst.

2. Himmelsstürmer

»In solchen Momenten spüre ich ein Gefühl der Freiheit: Niemand kann mich berühren. Niemand sagt mir, was gut ist und was schlecht.«

Bevor der Morgen über dem Kreml graut, macht sich Marat Dupri daran, Peter den Großen zu bezwingen. Marat, geboren am 20. Oktober 1991, braune Locken, trägt eine grünkarierte Jacke und blaue Handschuhe gegen den eisigen Wind. Er steht am Ufer der Moskwa, vor ihm ragt das Denkmal in den Nachthimmel, mit dem Moskau den Zaren ehrt, ein 98 Meter hoher Koloss aus dunklem Stahl. Marat und drei Gefährten schleichen sich an Videokameras und Wachleuten vorbei, es ist der frühe Morgen des 10. September 2011. Die jungen Männer nennen sich Roofer, sie suchen den besten Ausblick und den größten Nervenkitzel, deswegen erklimmen sie Moskaus schwerbewachte Dächer und Türme. Gemeinsam klettern sie die rostigen Sprossen am Rücken des Denkmals empor.

Die Russen nennen Peter I. »den Großen«, weil dieser sein Land veränderte wie wenige andere. Er wollte Russland ein europäisches Antlitz geben, tat dies aber mit rücksichtsloser Brutalität und ließ Aufstände hungernder Bauern erbarmungslos niederschlagen. Beim Bau seiner neuen Hauptstadt Sankt Petersburg starben Zehntausende Zwangsarbeiter.

Marat Dupri ist ein Kind des Umbruchs. Seine Eltern

haben ihm von damals erzählt, von Lebensmittelkarten und davon, dass sie manchmal nicht wussten, was sie am nächsten Tag essen sollten. Vom Wasser, das durch die Decke des Moskauer Krankenhauses tropfte, in dem seine Mutter entband. Gerade einmal zwei Monate war es da her, dass Panzer durch Moskau gerollt waren, dass Hardliner der Kommunistischen Partei und aus den Reihen des KGB im August 1991 gegen den Reformer Michail Gorbatschow geputscht hatten. »Ich kann nicht sagen, dass meine Kindheit überschattet gewesen wäre von dem, was war«, erzählt Marat. »Ich habe keine Erinnerungen an politische Probleme, und die wirtschaftlichen haben meine Eltern so gut sie konnten von mir ferngehalten. Ich habe für Kaugummi gespart und bin Fahrrad gefahren.«

Marat setzt sich auf die bronzenen Schultern des stählernen Zaren. In der Ferne leuchten die roten Sterne der Kreml-Türme, Erinnerungen an das vergangene kommunistische Weltreich. Rechter Hand liegt das graue »Haus am Ufer«, Ende der zwanziger Jahre gebaut für Stalins Elite, die in den dreißiger Jahren selbst Opfer seines Terrors wurde. Von 2745 Bewohnern wurden 887 verhaftet, die Hälfte davon erschossen.

Marat wartet auf den Sonnenaufgang. Die Stadt schläft noch. Das Leben ist wie eingefroren. Es ist einer dieser Momente, in denen er sich fühlt »wie der freieste Mensch auf der Welt«, wird er hinterher sagen.

Seit den Zaren gilt eine ungeschriebene Regel, sie lautet: Russland wird von oben reformiert. Stalin verkaufte die Ernte der Bauern, um Geld für Fabriken und die Industrialisierung zu haben. Er ließ allein in der Ukraine 3,5 Millionen Menschen verhungern. Gorbatschows Perestroika gab dem Land eine Freiheit, mit der es nichts anzufangen vermochte. Damals zumindest noch nicht. Wladimir Putin entmachtete die Oligarchen und verordnete den Russen den Staatskapitalismus, wofür sie ihm dankbar waren, denn er brachte bescheidenen Wohlstand, wenn auch keinen Einfluss auf die Politik.

Marat und seine Altersgenossen waren keine zehn Jahre alt, als Putin in der Neujahrsnacht 2000 Präsident wurde. Nie zuvor ist eine Generation Russen so frei aufgewachsen wie diese. Den Sozialismus kennt sie nur aus Schulbüchern. Massenkult und Obrigkeitshörigkeit der Kommunisten sind ihr fremd. Als Boris Jelzin 1993 Panzer auf das Parlament feuern und eine neue Verfassung verabschieden ließ, die dem Präsidenten nahezu uneingeschränkte Macht gewährte, trugen sie noch Windeln. Als ihre Eltern in der Krise 1998 ihr Erspartes verloren, waren sie gerade eingeschult worden.

Viele der jungen Russen sind wie Marat inzwischen der Armut entwachsen und gehören zur neuen Mittelschicht. Ihre Erinnerungen an die Entbehrungen früherer Jahre sind verblasst wie andere Eindrücke aus Kindertagen.

Das Staatsfernsehen müht sich, den Russen weiter Dankbarkeit für die Stabilität unter Putin einzubläuen. Die Jugend aber sieht kaum noch fern. Sie bewegt sich in den freieren Welten des Internets, sie informiert sich über Blogs, *Facebook* und *Twitter*. Zum ersten Mal seit Generationen kann die Jugend in Russland der Propaganda entkommen und dem eigenen inneren Kompass folgen. Wohin führt er sie?

Putins Kindern kann niemand Ideale vorschreiben,
sie können selbst wählen, so unterschiedlich sie auch
sein mögen. Manche träumen von Demokratie und freier
Presse. Von einer Karriere als Politikerin oder Modejournalistin. Von einem selbstbestimmten Leben. Von Respekt
durch das Ausland. Andere hoffen auch auf die Auferstehung ihrer Heimat als mächtiges Imperium, von einem
nationalistischen Russland. Diese Generation hat viele
Facetten, und darin hat sie mit Gleichaltrigen im Westen
mehr gemein als mit den eigenen Eltern. Offen ist, ob sie
auch die Kraft hat, mit dem seit den Zaren geltenden Para-
digma zu brechen und das Land von unten zu verändern.
Und, wichtiger noch: Will sie das überhaupt?

Skywalker

Es gibt Entwicklungen, die werden unverhofft aus ihrem
Gegenteil geboren. Manchmal bringt Trägheit Bewegung
hervor, Stillstand Aufbruch, Sicherheit eine Sehnsucht
nach Risiko. Bei Marat war es die Langeweile. Er wuchs
auf in dem Bewusstsein, ein kränkliches Kind zu sein. So
sagten es Ärzte, die bei ihm eine Herzschwäche diagnos-
tizierten, Vitaminmangel und eine verzögerte Entwicklung. Bloß keinen Sport treiben, war ihr Rat, ihm schien
das eine Strafe für das ganze Leben. Marat ging ins Kino,
bis ihn die Filme anödeten. Er ließ sich durch das Internet treiben, auf der Suche nach Ablenkung.

Marat durchstöberte auf den Seiten des sozialen
Netzwerks *VK.com* – Russlands *Facebook* – Gruppen, in
denen sich Anhänger unterschiedlicher Subkulturen

austauschten. Roofen schien ihm auch deshalb interessant, weil die Szene in Moskau noch überschaubar war, kein Massenphänomen.

»Wir kennen uns alle untereinander«, sagt Marat. »Unsere *Tusowka*, unsere Clique ist klein.« Marat fand über das Internet einen Roofer, der zu einer Art Mentor wurde. Der nahm ihn mit auf sein erstes Dach, einen der neuen Wolkenkratzer in Moskau aus Glas und Stahl. Marat erklomm 48 Stockwerke zu Fuß. »Danach war ich müde, aber glücklich. Roofing ist eine Art Therapie für mich und hilft mir, gesund zu bleiben. Es lässt mein Herz höher und stärker schlagen.« Er habe damals eine Lektion fürs Leben gelernt: »Such, was dich besser macht.«

Es gibt eine Art Kodex der Moskauer Roofer. Sei nüchtern! So lautet das erste Gebot. Alkohol auf dem Dach ist gefährlich und verwässert das wahre Glücksgefühl. Sei ein guter Bürger! Marat grüßt freundlich, wenn er zufällig Bewohnern der Häuser begegnet, auf deren Dächer er steigt. Sei verschwiegen! Kein Roofer, der wirklich etwas auf sich hält, postet im Internet Wegbeschreibungen zu begehrten Aussichtspunkten, die *Tusowka* soll klein bleiben. Die es doch tun, nennt Marat verächtlich »Ratten«.

Roofer fordern die in Moskau allgegenwärtigen Wachmannschaften heraus. Manchmal, wenn Marat besonders geschützte Gebäude betritt, setzen ihn die Polizisten oder Männer der Geheimdienste FSB und FSO fest. In Sankt Petersburg ist er auf das Dach des alten Generalstabsgebäudes gestiegen. Ein Soldat zielte mit dem Gewehr auf ihn. Marat wurde gefasst und abgeführt, die Arme auf den Rücken gedreht. Er kam mit einer Geldstrafe davon. Marat studiert Jura an der Universität und weiß, »welche Paragraphen sie mir tatsächlich anhängen können und mit welchen sie mir bloß Angst machen«.

Netzrebellen

Das demonstrative Einzelgängertum, das die Dachkletterer zelebrieren, wird allmählich zu einem Massenphänomen. In Moskau wächst die Zahl jener, die – auf die eine oder andere Weise – der Staatsmacht aufs Dach steigen und ein Hobby daraus machen, Grenzen zu überschreiten. Sie dringen in verlassene Bunker vor, die unter Ministerien gegraben wurden, für den Fall eines Atomkriegs. Sie brechen in alte Flugzeugfabriken ein oder hissen eine Totenkopf-Flagge über einem Büro der Putin-Partei »Einiges Russland«. Die Kunde von ihren Aktionen verbreiten sie oft im Internet, eines der in der Szene beliebten Blogs heißt »Nein zu Verboten«. Ein Nutzer veröffentlicht dort Fotos aus einer Lagerhalle der russischen Streitkräfte. Unbemerkt spazierte er zwischen Lastwagen mit Radarsystemen und sogar S-300-Luftabwehrraketen. »Russland ist eine bemerkenswerte Mischung aus militärischer Macht und Schlamperei. Bis zum nächsten Treffen, Freunde!«, schreibt er.

Viele der Blog-Berichte greift wiederum das Nachrichtenportal *Ridus* auf. Die 2011 gegründete Seite bezeichnet sich selbst als Plattform für »Bürgerjournalismus«. Jeder kann mitschreiben. *Ridus* lädt regelmäßig zu Workshops ein. Dann stellt sich der Chefredakteur des Magazins *Russischer Reporter* Fragen der angehenden Bürgerjournalisten, ebenso wie die Russland-Chefin von *Facebook*.

Die Redakteure von *Ridus* sitzen in einem Großraumbüro, auf den Naturholztischen Laptops, an den Wänden Kritzeleien. Eine davon zeigt das Logo des vom Kreml kontrollierten Fernsehsenders *NTW*, darüber schwebt die Zeichnung eines Haufens Exkremente. Im Jahr 2001 hatte Putin den regierungskritischen Kanal durch den Gazprom-Konzern übernehmen lassen. Seitdem sendet *NTW* häufig Propagandafilme auf Order des Kreml. Die Redaktion von *Ridus* organisiert das Gegenprogramm: Auf ihrer Webseite kann jeder Nachrichten, Meinungen, Fotos veröffentlichen, und *Ridus* berichtet von den Demonstrationen der Opposition. Per Smartphone senden sie live über das Internet und lassen Drohnen mit Kameras aufsteigen. Das Ziel ist, den Lesern einen möglichst genauen Eindruck von der tatsächlichen Teilnehmerzahl zu geben, die von den Organisatoren immer viel zu hoch angegeben wird – und von der Polizei viel zu gering.

Eine Plattform wie *Ridus* wäre undenkbar ohne die in Russland sprunghaft gestiegene Verbreitung des Internets. Im Jahr 2000 waren gerade einmal drei Millionen Russen online, ein Jahrzehnt später sind es bereits knapp hundert Millionen. Oft ermöglicht das Netz, die Machtverhältnisse auf den Kopf zu stellen. Ein einfacher Blogger kann dort mehr Menschen erreichen als ein großer Verlag oder sogar ein Fernsehsender – vorausgesetzt, er trifft einen Ton, der dem Publikum gefällt.

Gründer von *Ridus* ist ein junger Moskauer Geschäftsmann. Ilja Warlamow, Jahrgang 1984, gehört zu den Top Fünf der bekanntesten Blogger des Landes und hat bei

Twitter 260000 Abonnenten. Mit Anfang zwanzig hat er seine ersten Dollar-Millionen umgesetzt. In seinem Büro steht ein Apple-Computer, an den weißverputzten Wänden hängt moderne russische Kunst. Auf dem Computermonitor zeigt Warlamow, Chef eines Start-ups für Informationstechnologien in Moskau, seinen Kunden aufwendige dreidimensionale Architekturmodelle.

Warlamow hat beispielsweise dem Olympiastadion in Sotschi Konturen verliehen. Es war einer von vielen Staatsaufträgen. Warlamow ist ein Gewinner der Putin-Herrschaft. Im Urlaub fährt er gern ins westliche Ausland. In Interviews windet er sich, um kein böses Wort über Putin zu verlieren. Es könnte seinem Geschäft schaden.

Auf seinem Blog aber legt sich Warlamow mit den Behörden an. Er dokumentiert dort Moskauer Bausünden und Beamtenirrsinn. Beispielsweise hatte Bürgermeister Sergej Sobjanin die Schaffung von 80000 neuen Parkplätzen in der von Staus geplagten Hauptstadt angeordnet. Seine Beamten meldeten bald Planerfüllung, allerdings änderte sich nichts an der angespannten Parkplatzsituation: Sie hatten einfach auf Innenhöfen mit weißer Farbe zusätzliche Stellplätze aufgezeichnet. Ob die für Autos tatsächlich zu erreichen sind, war für die Statistik nebensächlich.

Warlamow hat Fotos davon gesammelt und auf seinem Blog veröffentlicht. Mal versperrt ein Blumentopf die neuen Parkplätze, mal ein Baum. Manche Parklücke ist gerade einmal groß genug für einen Kinderwagen. Die Stadtverwaltung ließ auch Parkplätze für Behinderte ausweisen, die allerdings nicht einmal Menschen ohne Handicap nutzen könnten, weil ein kleiner Zaun die Zufahrt versperrt. Warlamow hat angesichts dieses Irrsinns eine neue Ehrung ins Leben gerufen, den »ersten Preis für Beamten-Idiotismus«, wie er es nennt. Der »Gläserne Bolzen« wird bei einer Gala in einer zum hippen »Flacon Space« umgebauten ehemaligen Kristallfabrik im Norden Moskaus verliehen. Früher hätte man den Behördenwahnsinn nur kopfschüttelnd zur Kenntnis nehmen können, sagt Warlamow. Jetzt will er etwas ändern, mit Humor.

Großmacht im Cyberspace

Dmitrij Medwedew zeigt sich während seiner Zeit als Präsident (2008–2012) als begeisterter Internetnutzer und veröffentlicht gelegentlich Einträge auf seinem persönlichen Blog. Medwedew träumt davon, Amerikas Hegemonie im Cyberspace zu brechen. Das klingt vermessen, alle Marktführer der Internetwirtschaft stammen aus den USA. Allein der Marktwert der US-Konzerne Apple und Microsoft summiert sich auf rund eine Billion Dollar, das ist mehr als die Jahresleistung der gesamten russischen Volkswirtschaft.

Im Internet aber kommt Russland durchaus der Status eines talentierten Herausforderers der IT-Supermacht USA zu. Von den 20 populärsten Webseiten in Europa stammen Marktforschern zufolge 16 aus den USA, keine aus Deutschland, keine aus Frankreich, keine aus Großbritannien – aber vier aus Russland, darunter zwei soziale Netzwerke, die in den Ländern der ehemaligen Sowjetunion besonders verbreitet sind und auch von vielen Russlanddeutschen genutzt werden.

Der IT-Boom ist der bemerkenswerteste Erfolg der russischen Wirtschaft seit dem Fall des Eisernen Vorhangs. Wer vom Flughafen Scheremetjewo in Moskaus Innenstadt fährt, passiert die gläsernen Firmensitze von Internetkonzernen, die sich entlang der Ausfallstraße in den Himmel recken. Vorreiter der Entwicklung ist die Suchmaschine Yandex, sie kontrolliert rund 60 Prozent des heimischen Markts. Google, das rund 70 Prozent des Weltmarkts beherrscht, erreicht in Russland gerade einmal 30 Prozent. »Wir respektieren Google, aber wir sind einfach besser«, heißt es bei Yandex. Manche der inzwischen rund 4000 Mitarbeiter gehen barfuß ihrer Arbeit nach. Die Firmenzentrale hat einen schallisolierten Musikraum mit Schlagzeug und E-Gitarre, aber keine festen Arbeitszeiten. Hängematten und Schalen mit frischem Obst sorgen für einen Hauch von Silicon Valley. Im September 2011 hat Yandex erstmals das Gebiet der ehemaligen Sowjetunion verlassen. In der Türkei will das russische Unternehmen dem Rivalen Google bis zu 20 Prozent Marktvolumen abjagen und lockt türkische Nutzer mit neuen Funktionen wie der Suche nach Koran-Zitaten und Staumeldungen für das chronisch verstopfte Istanbul. Das Büro am Bosporus soll eine Art Brückenkopf werden für den Sprung auf den Weltmarkt.

Yandex ist beispielhaft für den Erfolg von Russlands New Economy. Die Suchmaschine besetzte Mitte der neunziger Jahre eine Nische, für die sich niemand interessierte. Die westliche Konkurrenz fokussierte sich lieber auf die finanzstärkeren Märkte in Europa und Asien. Google hatte zudem mit den kyrillischen Schriftzeichen und den Tücken der russischen Grammatik zu kämpfen. Den staatlichen Aufsehern des Kreml schienen die Start-ups wiederum lange unbedeutend. Russlands IT-Pioniere konnten deshalb weitgehend unbehelligt experimentieren.

Das änderte sich sukzessive mit dem Einfluss, den Yandex gewann. Die von Putins Ex-Wirtschaftsminister German Gref geführte Staatsbank Sberbank sicherte sich eine goldene Aktie. Sie berechtigt, den Verkauf von mehr als 25 Prozent der Firma zu blockieren. Der Kreml will nicht, dass Yandex in ausländische Hände fällt. Die Firma sei für Russland von »strategischer Bedeutung«, sagt Yandex-Gründer Arkadij Wolosch – und damit ähnlich wichtig wie Gazprom, Pipeline-Betreiber oder Telefongesellschaften. Im Jahr 2011 erreichte die Yandex-Startseite mit knapp 20 Millionen Nutzern täglich erstmals mehr Russen als der größte TV-Sender des Landes.

Das Internet reift damit auch zu einem möglichen Machtfaktor heran. Bei den Parlamentswahlen 2011 hat die Opposition das Netz genutzt, um Belege für Wahlmanipulationen zu verbreiten. Ein Clip, auf dem zu sehen ist, wie ein Vertreter der Wahlkommission selbst reihenweise Stimmzettel ausfüllt, wurde zwar vom Staatsfernsehen ignoriert, auf YouTube aber zwei Millionen Mal angeklickt. Das größte Talent der russischen Opposition ist über seinen Blog bekannt geworden: Alexej Nawalny veröffentlicht dort Dokumente, die Filz und Vetternwirtschaft in höchsten Regierungskreisen belegen.

Die Plattform VK.com, das größte soziale Netzwerk des Landes, legte sich sogar öffentlich mit den Behörden an. Die Seite geriet unter den Druck von Sicherheitsbehörden, weil sie Regierungskritikern eine Plattform bot, um Massenkundgebungen zu planen. VK.com hat fast 110 Millionen Nutzer in Russland und Osteuropa und einen störrischen Gründer. Pawel Durow, geboren 1984, hat ein blasses Gesicht und erinnert an den Cyber-Rebellen Neo aus der Hollywood-Trilogie *Matrix*. Als ihn im Winter 2012 der Inlandsgeheimdienst FSB auffordert, Foren zu schließen, in denen sich Zehntausende Russen zu Großdemos gegen den Wahlbetrug verabreden, leistet er öffentlich Widerstand. »Ich weiß nicht, wo das enden wird«, twittert er. »Aber noch stehen wir.«

Durow muss allerdings auch behutsam manövrieren. Zum damaligen Zeitpunkt gehören 40 Prozent seines Unternehmens Alischer Usmanow, einem Milliardär mit Draht zum Kreml. Dennoch schreibt Durow ein »Bürgerliches Manifest«, in dem er Freiheit für das Netz fordert – und hohe Strafsteuern für Öl- und Gaskonzerne, die wirtschaftlichen Pfeiler des Systems Putin. So will er endlich die Rohstoffabhängigkeit des Landes brechen. Durows Manifest liest sich wie eine Kriegserklärung des neuen Russland an das alte. Wie diese Kraftprobe ausgehen wird, ist bis heute ungewiss. »Entweder das Internet vernichtet Putins Regime«, sagt Julija Latynina, Star-Kommentatorin von Radio *Echo Moskau*, »oder das Regime zerstört das Internet.«

Balance

Ein Fotoapparat ist zu Marats ständigem Begleiter geworden, eine digitale Spiegelreflexkamera. Auf seinen Streifzügen entstehen Aufnahmen, die den Atem stocken lassen. Eines der Fotos wurde mit dem »Best of

Russia«-Fotografiepreis ausgezeichnet. Sogar das Hamburger Magazin *Stern View* hat es nachgedruckt: Das Bild zeigt Marats Kumpel Alexej bei einem Roofing-Ausflug ins Moskauer Umland. Er steht auf der Spitze eines rostigen Funkmasts, 200 Meter über den Wipfeln des Waldes. Alexej balanciert über einen Stahlträger und breitet die Arme aus, ohne Sicherungsseil. Eine Zeitung gab Marat und Alexej wegen dieses Fotos den Spitznamen »Skywalker«.

Marat ist gut informiert über Politik. Er bemüht sich dabei – ähnlich wie beim Roofen –, das Gleichgewicht zu halten. Über Putin sagt er, der Präsident habe auch nichts dagegen unternommen, dass »die Staatsmacht durch und durch korrupt ist«. Andererseits glaubt er, dass es »noch schlimmer kommen könnte ohne ihn«.

Ein anderes Beispiel ist Marats Einstellung zum Schicksal des Oligarchen Michail Chodorkowski. Als der Milliardär 2003 verhaftet wurde, war Marat zwölf Jahre alt. Chodorkowski polarisiert das Land bis heute. Viele Russen hassen ihn, weil er und andere Oligarchen in den neunziger Jahren reich wurden, während die meisten verarmten. Für Oppositionsanhänger ist Chodorkowski dagegen ein Held, weil der Kreml ihn ins Gefängnis warf. Marat erinnert sich an die TV-Bilder der Verhaftung. »Ich sah ihn im Fernsehen, er wurde an den Kameras vorbeigeführt. Er sah erschrocken aus. Mein Vater sagte, das sei ein schlechter Mensch.«

Chodorkowski habe »als Unternehmer Steuern nicht gezahlt«, sagt Marat. Der Magnat habe wohl auch »Menschen ins Unglück gestürzt und sogar Mordanschläge in Auftrag gegeben«. Das Schicksal des Milliardärs beeindruckt ihn dennoch. »Ungeachtet seiner kriminellen Vergangenheit ist er für seine Überzeugungen ins Gefängnis gegangen. Er ist nicht ins Ausland geflohen, obwohl er Möglichkeiten dazu hatte. Er ist nicht eingeknickt.« Marat empfindet deshalb heute sogar eine gewisse Sympathie für ihn. »Chodorkowski steht zu seiner Meinung. Er ist das klassische Beispiel eines rohen, unbeugsamen russischen Mannes.« Seinen Platz in der Geschichte des Landes könne dem Oligarchen niemand mehr streitig machen.

Fernweh

An einem kalten Februartag steigt Marat die Sprossen einer klapprigen Feuerleiter hinauf. Der Wind zerzaust seine dunklen Locken. Unter seinen Füßen, am Boden, hundert Meter tiefer, tost der Feierabendverkehr durch die Straßenschlucht von Moskaus Neuem Arbat. Die Kommunisten haben in den sechziger Jahren ein Viertel mit verwinkelten Gassen für die Schnellstraße sprengen und dafür Hochhäuser bauen lassen. Sie ragen in den Himmel wie ein graues Gebiss.

In der Ferne streben neben neuen Wolkenkratzern des Geschäftsdistrikts Moscow City auch die Spitzen der Sieben Schwestern in den Himmel, das architektonische Erbe der Stalin-Zeit. Marat hat als Roofer heimlich fünf der sieben Stalin-Hochhäuser bestiegen, die 240 Meter hohe Lomonossow-Universität und die drei, die heute Wohnhäuser sind. Auf der Spitze des legendären Hotels Leningradskaja feierte er mit Freunden Geburtstag und schoss dabei Fotos seiner Füße, sie baumelten 130 Meter über dem Abgrund.

Nachdem Marat die meisten von Moskaus Hochhäusern bestiegen hatte, schweifte sein Blick weiter in die Ferne. Er hat die Wolkenkratzer Dubais bestiegen, flog nach Südkorea, in die USA und nach Europa. Innerhalb von drei Jahren hat Marat mehr als 70 000 Reisekilometer absolviert und 42 Länder bereist. Er hat seinen Blog mit Fotos seiner Ausflüge gefüllt, so sind Medien im Westen auf ihn aufmerksam geworden. Ein deutscher TV-Sender hat mit ihm einen Film über extreme Jugendkulturen in Moskau gedreht, der Titel der Doku war »Russisches Roulette«.

Der Fernsehkanal *ProSieben* lud ihn zweimal ein. Die Unterhaltungsshow »Joko & Klaas – Duell um die Welt« stellte ihn als den »krassesten Action-Fotograf der Welt« vor. Moderator Klaas Heufer-Umlauf zog sich einen Helm über und musste vor laufenden Kameras Marat auf die Spitze einer der Stalin-Schwestern folgen, dem Wohnhaus am Moskauer Kudrinskaja-Platz. Danach war Marat bei »TV total« zu Gast, der Late-Night-Show des Entertainers Stefan Raab. Marat spricht kein Deutsch, Raab führt das Interview deshalb auf Englisch. »Is roofing a way to make money?«, fragt der Moderator. »It's a way to express yourself«, sagt Marat. »You should try it, too.« Man müsse nur ein paar Klimmzüge können, das reiche. »No, no, no«, antwortet Raab.

Es ist die Rolle, die Marat immer von der Regie zugewiesen bekommt: der durchgeknallte Russe. Marat mag sie nicht, er sagt, er sehe sich als Botschafter seines Landes. »Ich will ein anderes Gesicht Russlands zeigen als die üblichen Klischees.«

Sein Hobby hat ihm die Tür aufgestoßen zur Welt. Auf *Facebook* folgen Marat 4500 Fans aus aller Herren Länder. Er ist nach München geflogen, weil er Lust hatte, Kirchtürme in Bayern zu besteigen. Am Flughafen erwarteten ihn sechs junge Deutsche, die sich zuvor weder untereinander persönlich kannten noch den Moskauer Marat. Sie waren nur über das Internet miteinander verbunden. Die virtuelle Vernetzung lässt die Welt zusammenrücken, manchmal im wahrsten Sinne des Wortes: In Deutschland quetschte sich Marat neben andere auf ein Matratzenlager.

Weit nach Mitternacht saß er im Glockenturm der Münchner Frauenkirche. Er stand auf dem Dach des Louvre in Paris. Seine Reise nach Ägypten führte sogar zu diplomatischen Verwicklungen. Marat hatte mit anderen Moskauer Roofern die 65 Meter hohe Mykerinos-Pyramide bestiegen. »Wir sind einfach drauflos und hoch. Bis zur Spitze haben wir nur acht, neun Minuten gebraucht«, sagt er. Seine Fotos zeigen die Wüste kurz vor Morgengrauen, am Horizont schimmern die Lichter des nächtlichen Kairo.

Das ägyptische Außenministerium bemühte sich später in Moskau vergeblich um die Auslieferung der Dachkletterer. Die Pyramiden von Gizeh zählen seit 1979 zum UNESCO-Weltkulturerbe, sie stehen unter besonderem Schutz. Im Netz, vor allem auf *Twitter*, gab es deshalb viel Kritik an der Aktion der Russen. Marat fand die Aufregung übertrieben: »Als ob das einer Pyramide, die schon so lange steht, etwas ausmachen würde.«

Das Geld für seine Reisen verdient er mit dem Verkauf seiner Fotos. Marat arbeitet auch als freier Mitarbeiter für russische Kino-Webseiten. Sein Lieblingsfilm heißt *Inception*, Hollywood-Star Leonardo DiCaprio spielt darin einen Agenten, der sich nicht nur zu gesicherten Gebäuden Zugang verschafft, sondern in die Träume anderer Menschen einzubrechen vermag. Marat hat eine Kritik über den Film geschrieben. Seine Honorare sind nicht hoch, er braucht aber auch nicht viel zum Reisen: neben der Kamera vor allem mehrere Paar Handschuhe zum Klettern, Medikamente, Schmerzmittel für den Notfall, eine Taschenlampe, Ultraschallpfeifen zur Abwehr von Hunden und ein paar Souvenirs aus Moskau für Menschen, die ihm helfen. Mal übernachtet er bei Facebook-Freunden oder Bekanntschaften von unterwegs und, wenn es sein muss, eben im Mietwagen.

Wenn Marat beschreibt, was ihn immer wieder hinaus in die Welt treibt, benutzt er einen Begriff, den er auf seinen Reisen gelernt hat und dessen eigenartiger Klang ihm gefällt. Es ist das deutsche Wort *Fernweh*.

Die Sehnsucht nach fremden Ländern hat nicht nur Marat erfasst. Mit dem Zusammenbruch der Sowjetunion bekamen die Russen die Freiheit zu reisen, und mit dem wirtschaftlichen Aufschwung unter Putin auch das Geld dafür. Zwischen 1995 und 2011 stieg die Zahl russischer Touristen im Ausland von 1,7 Millionen auf 14,5 Millionen. Russland hat aufgeschlossen zu den größten Reisenationen der Welt. 50,4 Milliarden Dollar gaben die Russen 2014 für Urlaube im Ausland aus – nur bei Chinesen, Amerikanern, Deutschen und Briten war es noch mehr.

Die Jüngeren zieht es besonders häufig in die Ferne. In Umfragen geben dreimal mehr 18- bis 35-Jährige an, zum Urlaub ins Ausland zu reisen, als ältere Russen das tun. »Als meine Eltern jung waren, haben sie sich Gedanken darüber gemacht, was sie am nächsten Tag kochen würden«, sagt Marat. »Ich überlege mir, wohin ich nächsten Monat fahren soll.« Dennoch denkt er manchmal, die Generation seiner Eltern habe es womöglich früher leichter gehabt. Sein Vater war Offizier in der Armee. Er war oft auf Reisen, manchmal hat Marat ihn über Monate nicht gesehen, bis in seinen Erinnerungen sogar die Konturen des väterlichen Gesichts unscharf wurden. Auf der anderen Seite gab es weniger zu entscheiden. »Die Grenzen waren geschlossen, die Menschen Patrioten, die Ziele klar: Karriere in Fabrik oder Armee und die Gründung einer Familie. Sie hatten keine Wahl, aber sie haben auch nicht gespürt, dass ihnen etwas fehlt«, sagt Marat.

Eigentlich gilt seine Suche gar nicht dem besten Ausblick und dem größtmöglichen Kick: Marat sucht sich selbst.

Schnell wie New York

Die Sieben Schwestern genannten Stalin-Hochhäuser umgeben das Stadtzentrum wie Türme einer unsichtbaren Burgmauer. Marat mag ihren »etwas pathetischen Charme. Moskau wäre nicht Moskau ohne sie.« Beim Betrachten der Gebäude bekomme er eine Ahnung vom Wesen der Sowjetunion. Er fühle sich dann wie ein Zeitreisender, spüre die »kategorische Strenge, Größe, aber auch den Schauer der Todesangst, die während der Zeit des Großen Terrors viele hatten«. Für Marat symbolisieren die Sieben Schwestern den Charakter der Stadt. »Sie erscheinen finster und abweisend. Aber wenn du den richtigen Zugang kennst, eröffnen sie dir ihre besten Seiten.«

Wohnungen in einer *Stalinka* – so lautet die in Russland gebräuchliche Kurzform für Stalinbau – sind in Moskau ähnlich beliebt wie gepflegte Altbau-Appartements in München oder Hamburg. Die Decken sind bis zu vier Meter hoch, das Mauerwerk unverwüstlich, die Küchen nie kleiner als zwölf Quadratmeter, das gilt in Russland als Luxus. Stalins Nachfolger Nikita Chruschtschow ist zwar im Westen wegen seiner Tauwetterpolitik geachtet, in Russland aber auch deshalb unbeliebt, weil er Durchschnittsküchen von sechs Quadratmetern bauen ließ. »Wenn in einigen Jahrhunderten noch etwas vom heutigen Moskau steht, werden es die Stalinkas sein«, glaubt Marat. Stalin habe »für die Ewigkeit gebaut«.

Der Abend senkt sich über die russische Hauptstadt. Moskau beginnt zu leuchten. Tausende Scheinwerfer erhellen alte und neue Fassaden. Unten tost der Verkehr über den Neuen Arbat, die sechsspurige Schnellstraße, Tempo 60 ist erlaubt, 70 wird toleriert, die meisten fahren 90. Seit dem Zusammenbruch der Sowjetunion hat sich die Zahl der Autos in Moskau von 900 000 auf über fünf Millionen mehr als verfünffacht.

Ein lang anhaltender Wirtschaftsaufschwung hat Moskau in eine wohlhabende Stadt verwandelt. Russlands Hauptstadt boomt, 1989 hatte sie knapp neun Millionen Einwohner, 25 Jahre später sind es knapp zwölf Millionen. Moskau ist das pulsierende Herz des neuen Russland, ein Viertel der gesamten Wirtschaftskraft des Landes entfällt auf die Hauptstadt, 550 Milliarden Dollar, dreimal mehr, als Berlin erwirtschaftete.

Die Stadt sei hart wie Kairo, schnell wie New York.
Marat sagt, dies halte ihn in Form: »Wäre Moskau ein
Mensch, wir wären uns sehr ähnlich: Wie die Stadt
brauche ich die Spannung, die ständige Herausforderung, um ich selbst zu sein. Wir hasten, sind ständig im
Stress, immer besorgt, etwas zu verpassen. Wir beeilen uns immer, ich habe sogar das Gefühl, schneller zu
reden, wenn ich in Moskau bin.« Russlands Hauptstadt,
vor einem Vierteljahrhundert Ort langer Warteschlangen vor den Geschäften, ist zu einer Stadt der schnellen
Schritte geworden. Marat sagt, er finde hier alles, was er
für sein persönliches Weiterkommen brauche: gute Universitäten, Jobperspektiven und »einen Flughafen, von
dem ich zur Not im Nu in die Welt fliegen kann«.

Verstand schafft Leiden

So gern Marat in die Welt hinauszieht, daheim in Moskau hält er es wie die meisten seiner Altersgenossen: Er
wohnt noch immer bei seinen Eltern. Seine Mutter ist
Lehrerin. Sein Vater, in den neunziger Jahren noch beim
Militär, arbeitet im Management einer großen Firma.
Für Marat ist er ein Vorbild, »weil er sich hochgearbeitet hat. Er ist nie verzweifelt, auch wenn es oft so aussah, als gebe es keinen Ausweg. Er ist mutig, geduldig,
direkt. Von ihm habe ich den Optimismus. Er hat mich
gelehrt, dass sich alles, was passiert, zum Guten wendet.
Ich würde gern so werden wie mein Papa.«
Auf Marats Nachttisch liegt sein Lieblingsbuch, *Verstand schafft Leiden*. Der russische Schriftsteller Alexander

Gribojedow hat es Anfang des 19. Jahrhunderts geschrieben. Das Buch ist in Russland so bekannt, dass zahlreiche Zitate zu geflügelten Worten geworden sind, den Titel eingeschlossen. Es ist in Versform verfasst und eine satirische Abrechnung mit der spießigen Welt der russischen Aristokratie.

Der Held des Stückes ist ein junger Adeliger namens Alexander Tschatskij. Nach langen Dienstreisen trifft Tschatskij seine Jugendliebe Sofia wieder, die sich aber einen anderen Mann gesucht hat, einen stockkonservativen Karrierebeamten. Das Buch beschreibt das Schicksal eines jungen Freigeistes, der zu weltgewandt ist für seine Umgebung. Tschatskij kritisiert die verstockten Regeln der Adelsgesellschaft, ihre Unterwürfigkeit, und wird deshalb am Ende der Geisteskrankheit bezichtigt. Das Buch weist Parallelen auf zur Biografie des Autors Gribojedow, der als Diplomat in Tiflis und Teheran lebte.

Verstand schafft Leiden gab die Stimmung junger Intellektueller wieder, von denen viele mit dem Dekabristenaufstand von 1825 sympathisierten. Mehrere Hundert adlige Offiziere rebellierten damals gegen Zensur, Willkürherrschaft und Leibeigenschaft. Der Zensurbehörde des Zaren gingen die aufklärerischen Ideen Gribojedows zu weit, sie verhinderte die Veröffentlichung seines Buches. Gedruckt wurde es erst mehrere Jahre nach seinem Tod. Er starb 1829 in Teheran beim Angriff einer wütenden Menge auf die russische Botschaft.

»Niemand versteht Gribojedows Helden«, sagt Marat. »Niemand weiß, was er erlebt hat, alle halten ihn für einen Idioten.« Manchmal fühle er sich selbst wie Tschatskij: »Ich stelle auch zu viele Fragen.«

Marat träumt von einem Road-Trip durch die Vereinigten Staaten. Er würde einen Pick-up mieten und in jedem der 50 US-Bundesstaaten einen Stopp einlegen. Amerikas Außenpolitik sieht er indes kritisch, die USA täten alles, um ihre Vorherrschaft in der Welt zu verteidigen, und verfolgten »eine ziemlich aggressive Politik gegenüber Russland«. Andererseits sei er mit »Amerika aufgewachsen, mit amerikanischem Essen und amerikanischen Filmen. Das ist das Land, ohne das wir nicht mehr auskommen können, im Guten wie im Schlechten.«

So spektakulär die Aus- und Einblicke sind, die Marat bei seinen Reisen ins Ausland genießt, die wichtigsten Entdeckungen macht er in stillen Momenten, wenn er in sich selbst hineinlauscht. Nach einigen Wochen mit Rucksack und Kletterausrüstung in der Fremde, wenn seine Reiselust gestillt ist, spürt er ein anderes Gefühl in sich wachsen, es ist jene Sehnsucht nach Heimat, die nur kennt, wer sein Zuhause für längere Zeit hinter sich gelassen hat: Marat bekommt Heimweh. Nach jeder Rückkehr stürzt er sich mit neuer Energie in den Alltag in Moskau, der Stadt Stalins, der Start-ups und der schnellen Schritte. Fernweh und Heimweh sind die Pole, die seinem Leben Spannung geben.

An manchen Tagen grübelt Marat. Was wäre, wenn er sich entscheiden müsste zwischen einem Leben in Russland oder im Ausland. Auf der einen Seite vermisst er die ungezügelte Betriebsamkeit der russischen Hauptstadt, Moskaus ruppige Kraft. »Ich bekomme Depressionen, wenn ich länger als drei Wochen weg bin aus Moskau«, sagt Marat. Andererseits schwärmt er

auch für das komplette Gegenteil, für die unspektaku-
läre Gelassenheit Europas. Er würde gern einmal in der
Schweiz leben, sagt Marat. Dort sei »alles so übersichtlich und geordnet«.

3. Junge Garde

> »Ich empfinde Stolz auf mein Land, fiebere mit
> ihm mit, feuere es an, weil ich aufrichtig so
> empfinde.«

Nachdem die Sonne aufgegangen ist über dem Zelt-
platz nahe der südrussischen Stadt Lipezk, 400 Kilometer südöstlich von Moskau, formiert sich eine Kolonne,
zwei Reihen junger Männer und Frauen der *Molodaja
Gwardija*, der »Jungen Garde«, so heißt die Nachwuchs-
organisation der Kreml-Partei *Jedinaja Rossija* (»Einiges Russland«). An der Spitze des Zuges marschiert
ein Einpeitscher, in der Hand trägt er ein Megafon, auf
seinem T-Shirt stehen in roter Schrift die kyrillischen
Buchstaben SSSR, die russische Abkürzung für UdSSR.
Die Gruppe nennt sich »Arbeitsgruppe Straße«. Die
»Junge Garde« trainiert Gegenmaßnahmen für den Fall
von Massendemonstrationen und Straßenschlachten
mit der westlich orientierten Opposition.

Es ist ein Tag im Juli 2011. Wladimir Putin ist noch Premierminister. Im Kreml sitzt Dmitrij Medwedew als Präsident. Der Westen hat große Hoffnungen in ihn gesetzt.
Putin hatte Medwedew im Jahr 2000 zum Leiter seines
Wahlkampfstabs gemacht, später zum Chef der mächtigen Präsidialverwaltung und zum Aufsichtsratsvor-
sitzenden von Gazprom. Er beförderte Medwedew auch
zum Vizepremier – und machte ihn zum Kandidaten für
die Präsidentschaft 2008.

Ich erinnere mich an den Tag von Medwedews Wahl, den 2. März 2008. Am frühen Morgen stapften Rentner und andere Frühaufsteher durch den Schnee zu Moskaus Wahllokal Nr. 1224, einer Schule in der Malenkowskaja-Straße. Vor dem Gebäude hingen russische Fahnen, das Treppenhaus war geschmückt mit Luftballons, im Foyer wurden Obst, Gemüse und Brot zu günstigen Preisen verkauft, in der Hoffnung, das könne die Wahlbeteiligung erhöhen. Wen würden die Moskauer wählen? Einen Satz hörte ich immer wieder: Es gehe voran in Russland, da sei doch ganz klar, für wen man stimmen müsse: »Für Wladimir Putin natürlich! Beziehungsweise für den Kandidaten, den *er* ausgewählt hat.« Medwedew blieb bis zuletzt ein Präsident von Putins Gnaden. Den Schatten seines Förderers hat er nie abgeschüttelt.

Fast vier Jahre später nahe Lipezk, das Sommergras steht hoch. Ich sitze auf einer Holzbank. Der Wind weht vom Camp Sprechchöre herüber: »Russland, Russland!« und »Wir sind glücklich, wir sind glücklich!« Ich tippe auf meinem Laptop Fragen für die Gespräche mit den jungen Kreml-Anhängern. Was fasziniert sie an Putin? Welche Vorstellungen haben sie von Demokratie? Welchen Platz soll Russland ihrer Meinung nach einnehmen in der Welt? Und: Was bewegt junge Menschen an der Schwelle zum Erwachsensein, sich freiwillig dem Drill eines Zeltlagers auszusetzen, dessen Areal sie ohne Erlaubnis der Camp-Leitung nicht einmal verlassen dürfen?

Ich blicke auf und bin umringt von einem Dutzend junger Männer. Die Aktivisten der »AG Straße« haken sich unter und bilden eine menschliche Kette um mich. Auf einen Wink ihres Anführers rufen sie ein paar Mal: »Nein zum Faschismus! Nein zum Faschismus!« Dann gehen sie feixend wieder auseinander. Ihre Übung ist vorbei.

Lena

Vor einem grünen Iglu-Zelt sitzt Lena Sanitzkaja, geboren am 20. März 1991 in Tynda, einer Garnisonsstadt am Amur, 5000 Kilometer östlich von Moskau. Sie passt so wenig hierher wie Stöckelschuhe nach Woodstock. Lena hat die High-Heels, die sie sonst gern trägt, für das Camp gegen Flip-Flops getauscht, ihre Tops gegen schlabbrige T-Shirts mit dem Emblem der »Jungen Garde«. Sie sagt, sie atme den »Geist der Bewegung, der Gemeinschaft«.

Lena wirkt schmal, fast zerbrechlich, aber ihre Disziplin ist eisern. Sie studiert in der westrussischen Stadt Smolensk Angewandte Mathematik und Informatik, ist Jugendmeisterin im Sportschießen, Mitglied der studentischen Selbstverwaltung ihrer Universität, organisiert Hilfsaktionen für russische Waisenheime und managt nebenher eine erfolgreiche Amateur-Comedy-Truppe. Die Gruppe heißt »Ananas« und tritt beim »Club lustiger und einfallsreicher Leute« auf, einem landesweiten Sketch-Wettbewerb. Es gibt ihn seit den sechziger Jahren, mehr als 40 000 Russen aus mehr als hundert Städten nehmen mittlerweile teil. Lenas Team hat gerade den Aufstieg in die erste russische Liga geschafft, deren Auftritte im Staatsfernsehen übertragen werden. Im

Schnitt schauen mehr als fünf Millionen Menschen zu. Im Moment absolviert Lena ein Praktikum als Assistentin des Smolensker Gouverneurs. Das Programm heißt »Junge Administration«, die »Junge Garde« hat es ins Leben gerufen, um Talente an die Tagespolitik heranzuführen. Lena schläft nie mehr als sechs Stunden, »meistens reichen fünf. Ich suche ständig nach Möglichkeiten, meine Energie zu kanalisieren.« Sie ist im Sommerlager in Lipezk, um Kontakte zu knüpfen und Neues zu lernen. Früher sei sie unsicher im Auftreten gewesen, heute redet sie ohne Probleme vor vielen Leuten.

Der Kreml hat früh das Potenzial für patriotische Jugendbewegungen in Russland erkannt. Die erste wurde im Jahr 2000 aus der Taufe gehoben, kurz nach Putins Amtsantritt. Die Projekte haben wechselnde Namen. Sie heißen *Iduschtschije wmeste* (»Die gemeinsam Gehenden«), *Naschi* (»Die Unsrigen«) oder »Junge Garde«. Die genaue Mitgliederzahl ist nicht bekannt, die Organisationen selbst geben sie mit mehreren Hunderttausend an. Westliche, aber auch russische Medien stellen ihre Mitglieder wahlweise als beschränkte Naivlinge dar oder als bezahlte Claqueure des Kreml. Beides ist nicht falsch, aber nur ein Teil der Wahrheit. Die Organisationen sind erfolgreich, weil sie ihren Mitgliedern das Gefühl vermitteln, einer Avantgarde anzugehören.

Im Sommer treffen sich die Kreml-Gruppen in Dutzenden Zeltlagern im ganzen Land. Das bekannteste findet jedes Jahr 300 Kilometer nordwestlich von Moskau statt, bis zu 50000 Teilnehmer campen dann am Seliger See. Das Lager macht oft negative Schlagzeilen. Der Drill ist militärisch, mal gibt es Spritztouren mit Schützenpanzern, mal Schießübungen an der Kalaschnikow. 2007 hängten die »Unsrigen« am Seliger See überdimensionale Poster auf, die Anführer der Opposition als Prostituierte in Frauenkleidung zeigten. Drei Jahre später präsentierten sie politische Gegner als Handlanger des Faschismus. Sie stellten Puppen mit Wehrmachtsuniformen auf, die das Konterfei von Journalisten, Menschenrechtlern und Kreml-Kritikern trugen, darunter der ehemalige Vizepremierminister Boris Nemzow, der im Februar 2015 in Moskau erschossen wurde.

Avantgarde

Die Organisationen ködern ihre Mitglieder mit dem Versprechen, Teil der Elite von morgen zu sein. »Wenn ihr nach acht Tagen hier wieder wegfahrt, werdet ihr andere Menschen sein«, mit diesen Worten hat der Gründer der »Unsrigen«, Wassilij Jakimenko, das Lager am Seliger See einmal eröffnet. »Das Leben ist eine Rolltreppe, und ich fahre schnurstracks nach oben«, lautet eine der Parolen auf Spruchbändern im Camp.

Der Journalist Oleg Kaschin ist der Auffassung, Kreml-Gruppen wie die »Unsrigen« seien »attraktiv für viele Jugendliche, weil sie einen sozialen Lift darstellen. Sie bieten die Möglichkeit, aus dem Alltag auszubrechen und etwas zu werden. Gerade für junge Leute aus der Provinz ist das interessant.«

Die Sehnsucht vieler junger Russen nach Führung und Orientierung in einer komplexer werdenden Welt ist groß. Lena Sanitzkaja ist im Internetzeitalter aufgewachsen. Sie liest Nachrichten im Netz, dort hat sie auch Zugriff auf kremlkritische Portale und die Seiten westlicher Medien, ihr Englisch ist gut. Zu vielen politischen Themen hat sie aber keine Meinung. Jedes Medium, sagt sie, berichte mit einer eigenen Agenda. »Und dann kommt auch nur ein Teil der Wahrheit ans Licht, den Rest kennen nur die Leute hinter den Kulissen.« Allein Putin habe ihr Vertrauen. Er habe »Russland von den Knien aufgerichtet«.

Der russische Bestsellerautor Wladimir Sorokin hat einmal beklagt, Russlands Gesellschaft gleiche noch immer der eines absolutistischen Fürstentums: an der Spitze ein entrückter Zar, unten die passiven Bürger. »An der Spaltung zwischen Volk und Staat hat sich nichts geändert«, so Sorokin. Die Einser-Studentin Lena sieht Vorteile einer solchen Selbstentmündigung: »Es schadet, wenn sich alle überall einmischen. Nicht alle Bürger können auf dem gleichen Level stehen. Nicht jeder weiß, worauf es als Präsident ankommt. Es gibt Hausmeister und es gibt Präsidenten. Das Leben hat ihnen ihren Platz zugewiesen. Ich bin sicher, Putin wird in die Geschichte eingehen als leuchtende Figur. Egal, wie sehr man ihn kritisiert.«

Ein Gespräch mit Lena über Politik verläuft wie viele Diskussionen in Russland: Nach fünf Minuten kommt die Sprache auf die neunziger Jahre. Die Erinnerung daran hat sich im kollektiven Gedächtnis der Masse tief eingegraben. Lena erinnert sich an Zeiten, in denen ihrem Vater über Monate kein Lohn ausgezahlt wurde. »Wir konnten keine Spielsachen kaufen, weil Papa sein Geld nicht bekam. Meine Mutter war lange überzeugt, sich niemals einen Mantel kaufen zu können. Wir wissen also, wer das Land vorangebracht hat.« Wer eines Tages Putins Nachfolger werden wird, darüber mag die junge Frau nur ungern nachdenken: »Außer Putin gibt es heute niemanden, der Russland regieren könnte. Wer wird ihn ablösen? Putin kannten wir ja auch nicht, bevor Jelzin ihn installierte. Ich denke, im Kreml suchen Leute bereits nach einem möglichen Nachfolger. Vielleicht ist das eine Person, die wir schon kennen. Vielleicht auch nicht.«

Wer bei der »Jungen Garde« mitmacht, wird früh an martialische Rhetorik und rüde Methoden herangeführt. Im Zeltlager von Lipezk ziehen Aktivisten vorbei, unter Putins Kopf prangt auf ihren T-Shirts die Frage: »Hast auch *du* dich schon zur Front gemeldet?« Die Anhänger Putins bereiten sich hier auf die Präsidentschaftswahlen 2012 vor, von denen Putin selbst sagt, sie würden so schmutzig werden, dass er sich danach »waschen müsse«, sowohl »im hygienischen als auch im politischen Sinne«.

Wie man selbst die Dreckschleuder bedient, erklärt Wladislaw Artjomow, ein Kader der »Jungen Garde«. Er steht in einem weißen Versammlungszelt und unterweist junge Aktivisten in dem, was er »Konterpropaganda« nennt. Es geht darum, das Ansehen der eigenen Fraktion zu mehren und – wichtiger noch – den politischen Rivalen in den Dreck zu ziehen. »Rechtfertigt euch nie!«, ruft Artjomow. »Zieht die Argumente eurer Gegner besser ins Absurde! Wenn die Kommunisten marschieren, werft doch mal Geldscheine in die Menge. Was werden das für Fotos sein, wenn die Kommunisten auf dem Boden nach Geld suchen.«

Feindbild Faschismus

Konzept und ideologische Ausrichtung von Jugendgruppen wie den »Unsrigen« wirken rückblickend fast wie Blaupausen für die Rhetorik des Kreml in der Ukrainekrise. Die Organisation wurde im Jahr 2005 gegründet, als Reaktion auf die »Revolution in Orange« in Kiew. Ihre Mitglieder wurden als Kampfreserve interpretiert, die der Kreml auf die Straße schicken würde in dem Fall, dass Massendemonstrationen seine Macht gefährdeten. Die »Unsrigen« und andere Jugendorganisationen sind aber auch eine Art Experimentierfeld für Strategien, mit denen der Kreml die Öffentlichkeit mobilisiert und hinter Putin schart.

Im »Manifest« der »Unsrigen« finden sich bereits der später von Kreml-Medien befeuerte Kult um den Sieg im Zweiten Weltkrieg und die Idealisierung der Sowjetunion als angeblichen Pfeiler der freien Welt. Auf der »Unsrigen«-Webseite heißt es: »Der Sieg Russlands im Zweiten Weltkrieg schuf die Basis einer Weltordnung, die bis in die jüngste Vergangenheit den Schutz der Welt vor der globalen Hegemonie eines Landes – ob Nazideutschland oder USA – garantierte. Die Idee, dass jedes Land ein Recht auf freie Entwicklung hat, ist eine Folge des russischen Sieges über den Faschismus.« Die gewaltsamen Niederschlagungen des Aufstands vom 17. Juni 1953 in der damaligen DDR oder des Prager Frühlings 1968 finden keine Erwähnung.

Das Manifest der »Unsrigen« teilt die Welt in ein klares Freund-Feind-Schema: auf der einen Seite russische Patrioten, auf der anderen »Faschisten« und deren vermeintliche Helfershelfer. Die »Unsrigen« schreiben: »Vor unseren Augen formiert sich eine widernatürliche Allianz zwischen Liberalen und Faschisten, Westlern und Ultranationalisten, internationalen Fonds und internationalen Terroristen. Sie eint nur eins: der Hass auf Putin.«

Die Ächtung politischer Gegner als »Faschisten« ist ein Kniff aus der Sowjetzeit. Als sich Stalin 1938 gegen den »rechten Abweichler« Nikolai Bucharin wandte, wurde der ehemalige Liebling der Partei wenig später als »Lakai des Faschismus« hingerichtet. Nach dem Einmarsch der Sowjets 1979 in Afghanistan beschimpfte der neue moskautreue Präsident Babrak Karmal seinen von den Russen erschossenen Vorgänger Hafizullah Amin als »Agenten des amerikanischen Imperialismus«. Sich selbst stellte er in der Moskauer *Prawda* als Befreier des Landes vom »Faschismus« dar. Als im Januar 1991 Männer der Spezialeinheit Alfa des sowjetischen Geheimdiensts in Vilnius einen von Anhängern der litauischen Unabhängigkeitsbewegung gehaltenen Fernsehturm stürmten, diffamierte die sowjetische Nachrichtenagentur Tass die Verteidiger als besoffene Jugendliche, die »faschistische Lieder« gesungen hätten.

Der Faschismus ist in Russland Synonym für das absolut Böse. Der Krieg mit Hitlerdeutschland hat in jeder Familie Opfer gefordert, insgesamt rund 30 Millionen Menschen. Mit Faschisten, das weiß in Russland jedes Kind, diskutiert man nicht, man bekämpft sie.

Führerkult

Die Ideologie der Kreml-Jugend weist einen weiteren markanten Zug auf, der charakteristisch geworden ist für die politische Stimmung im Land insgesamt: die Überhöhung Putins zum »nationalen Führer«, zur einzigen Kraft, die Russland gegen eine Verschwörung finsterer Kräfte verteidigen könne. Als Putin sich 2012 anschickte, in den Präsidentensessel zurückzukehren, baute seine gesamte Wahlkampagne auf diesem Argument auf. Auf Gründungskonferenzen in ganz Russland formierte sich auf Geheiß des Kreml eilig eine »Allrussische Volksfront«, die sich von der Partei »Einiges Russland« vor allem dadurch unterschied, dass sie noch konsequenter auf ein eigenständiges Profil verzichtete und sich stattdessen der Umsetzung von »Putins Plan« verschrieb.

Der Putin-Kult trieb seltsame Blüten. In Putins Heimatstadt Sankt Petersburg ließen die Stadtväter Plakate aufhängen, auf denen er in Engelsgestalt segnend seine Hand über die Einwohner streckt. Putins Antlitz war in das Foto des Cherubs montiert, der die Spitze der Peter-und-Paul-Kathedrale krönt. Wladislaw Surkow, einer der Architekten der russischen Innenpolitik, der auch Pate stand bei der Gründung diverser Jugendorganisationen, pries Putin als »Menschen, den das Schicksal und Gott Russland sandten«.

Der Führerkult um Putin wird angefacht durch staatstreue Medien. Seine Kraft entfaltet er aber auch deshalb, weil er die Sehnsüchte erheblicher Teile der Bevölkerung nach einfachen Antworten aufgreift. »Er ist ein

54

Vorbild für jeden jungen Menschen«, sagt Lena. Kremlnahe Medien inszenieren Putin als eine Art Talisman
der Nation. Das funktioniert, weil viele Russen in ihm
eine Art Schutzheiligen sehen wollen, ohne den Russland verloren sei.

Das spiegelte sich schon 2011, vor Putins Rückkehr
in den Kreml, in den Ergebnissen einer landesweiten
Umfrage wider. »Sehen Sie Anzeichen für einen Perso-
nenkult um Putin?«, lautete eine der Fragen, die Soziologen des Lewada-Zentrums, eines russischen Meinungs-
forschungsinstituts, stellten. Im Jahr 2007 hatten das
gerade einmal 10 Prozent so gesehen, vier Jahre später waren es dagegen 57 Prozent. Gleichzeitig gaben
52 Prozent an, das sei eine Entwicklung, die sie durchaus begrüßten.

Brechstangen der Politik

Die Kreml-Jugend ist bekannt für aggressive Aktionen.
Vor allem Oppositionelle und Menschenrechtler wur-
den in der Vergangenheit Ziel ihrer Attacken, daneben
russische Schriftsteller und ausländische Diplomaten,
aber auch in Ungnade gefallene russische Funktionäre.
Die Opfer haben wenig miteinander gemein, außer der
Tatsache, dass sie in der einen oder anderen Weise den
Zorn des Kreml auf sich gezogen hatten.

Die ersten Aktionen hatten noch nichts mit außen-
politischen Konflikten zu tun. Sie waren Teil einer innenpolitischen Schlammschlacht, gerichtet gegen einen
störrischen Generalstaatsanwalt. Juri Skuratow hatte

gemeinsam mit der Schweizer Staatsanwältin Carla del Ponte Ermittlungen wegen Geldwäsche und Korruption gegen das Umfeld von Präsident Boris Jelzin begonnen. Der Kreml schlug mit einem Sex-Video zurück: Das Staatsfernsehen strahlte 1999 einen Film aus, auf dem ein Skuratow sehr ähnlich sehender Mann mit zwei Damen in einem Hotelbett vergnügte. Skuratow wurde beurlaubt, das Parlament aber weigerte sich, ihn zu feuern. Erst im folgenden Frühjahr stimmte der Föderationsrat der endgültigen Ablösung Skuratows zu. Dem Votum vorausgegangen war eine erneute Attacke unter der Gürtellinie: Im März 2000 gingen Moskauer Prostituierte auf die Straße und bekundeten »Solidarität« mit ihrem angeblichen Kunden Skuratow. Die Kreml-Jugend hatte sie dafür bezahlt.

Im Januar 2001 richtete sich der Zorn das erste Mal gegen die USA. Gut tausend Demonstranten belagerten das Gelände der amerikanischen Botschaft in Moskau, mobilisiert hatte sie die Organisation »Die gemeinsam Gehenden«. Auslöser war allerdings kein außenpolitischer Konflikt, sondern waren erneut Probleme des Jelzin-Clans mit der Schweizer Justiz. US-Behörden hatten in New York auf Bitte der schweizerischen Staatsanwaltschaft Jelzins langjährigen Chef der Vermögensverwaltung festgenommen: Pawel Borodin, einen blassen Apparatschik und Strippenzieher hinter den Kulissen. Die Kreml-Jugend nannte ihn bei der Demo zärtlich »unseren Onkel Pascha« und verbrannte eine amerikanische Flagge.

Als Nächstes war der Schriftsteller Wladimir Sorokin an der Reihe. Die Kreml-Jugend stellte im Jahr 2002

vor dem Bolschoi-Theater in Moskau den riesigen Nach-
bau einer Kloschlüssel auf, warf Werke Sorokins hinein
und schüttete Chlorkalk hinterher, als müsste man die
Bücher desinfizieren, um eine Verbreitung ansteckender
Krankheiten zu vermeiden.

Die Aktionen der »Unsrigen« wurden immer rücksichtsloser. Als der Oppositionspolitiker Boris Nemzow
2009 für das Amt des Bürgermeisters in seiner Geburts-
stadt Sotschi kandidieren wollte, schütteten ihm Angreifer Ammoniak ins Gesicht, eine Chemikalie, die Schleim-
häute, Augen und Atemwege schädigt. Die Kreml-Jugend
leugnete, für die Attacke verantwortlich zu sein. Nemzow sagte allerdings aus, er habe in den Angreifern Aktivisten der »Unsrigen« erkannt.

Der Moskauer Journalist Kaschin bezeichnet solche
Angriffe als »gezielt betriebene Verrohung der politischen Auseinandersetzung«. Kaschin steht der Opposition nahe und hat lange für die angesehene Moskauer
Tageszeitung *Kommersant* über kremlnahe Jugendbewegungen berichtet. Die »Junge Garde« erklärte ihn daraufhin zum »Verräter am russischen Volk«. Kaschin sei
Mitglied eines »faschistisch-journalistischen Unter-
grundzentrums«, die *Kommersant*-Redaktion ein »Hort
von Russlandhassern«. Die »Junge Garde« veröffentlichte
auch ein Foto von Kaschin mit einem Stempelabdruck,
darauf stand: »Budet nakasan« (»Er wird bestraft«) – eine
offene Aufforderung zur Gewalt. Kaschin glaubt, das
Ziel von Aktionen wie dieser sei »die sukzessive Deh-
nung der Grenzen dessen, was in Russlands Politik als
zulässig gilt«. Die Führung fürchte seit der Revolution in
Orange 2004 eine Wiederholung in Russland.

In der Nacht auf den 6. November 2010 fingen die Überwachungskameras in der Moskauer Pjatnizkaja-Straße Szenen eines brutalen Überfalls auf Kaschin ein. Der Reporter war gegen Mitternacht auf dem Weg nach Hause. Kurz vor seiner Wohnung wurde er von zwei Männern niedergeschlagen. Beide waren mit Eisenstangen bewaffnet und prügelten damit auf ihr Opfer ein. Insgesamt waren es mehr als 50 Hiebe, viele geführt mit beiden Händen und voller Wucht. Der Journalist erlitt Kieferbrüche, Beinbrüche, ein schweres Schädeltrauma. Er verlor einen Finger, lag tagelang im Koma, überlebte die Attacke aber wie durch ein Wunder.

Erst danach löschte die »Junge Garde« die Hasstiraden gegen Kaschin und beteuerte, das »barbarische Verbrechen« zu verurteilen. Man bevorzuge andere Methoden der »politischen Auseinandersetzung«. 2015 kamen drei Männer wegen des Angriffs in Haft. Einer von ihnen gibt an, er habe früher als Ordner bei Veranstaltungen der »Jungen Garde« gearbeitet. Er nannte auch den Namen eines Mannes, der ihm den Auftrag zur Tat gegeben habe: Andrej Turtschak, ehemaliger Führungskader der »Jungen Garde«, den der Kreml 2009 zum Gouverneur der Provinz Pskow in Westrussland ernannt hatte. Kaschin hatte den Politiker in seinem Blog wüst beleidigt, Turtschak ihm daraufhin ein Ultimatum für eine Entschuldigung gesetzt. Der inhaftierte Schläger behauptet, Turtschak habe ihn angewiesen, er solle dafür sorgen, dass der Reporter »nicht mehr schreiben kann«.

Das Schwein der Amerikaner

Weltweit für Aufsehen sorgte, als im April 2007 in der
estnischen Hauptstadt der Konflikt um die Verlegung
eines sowjetischen Kriegermahnmals eskalierte. Der
»Bronzene Soldat« in Tallinn wurde 1947 als »Denkmal
für die Befreier« errichtet, gemeint ist die Vertreibung
deutscher Truppen 1944 durch die Rote Armee. Viele
Esten sehen darin allerdings auch ein Symbol für die
Besetzung ihres Landes durch die Sowjetunion. Hitler und Stalin hatten 1939 in Geheimprotokollen Osteuropa aufgeteilt. In Ostpolen ließ Moskau Soldaten
einmarschieren. In den baltischen Staaten errichtete
die UdSSR erst Militärbasen, angeblich zum Schutz
vor den Deutschen, und annektierte 1940 dann Estland, Lettland und Litauen. Zu Sowjetzeiten sprach
der Kreml von einem »freiwilligen Beitritt« der Balten.
Diese Lesart ist seit Ausbruch der Ukrainekrise in Moskau wieder populär. Russlands Ermittlungskomitee,
eine Art Sonderstaatsanwaltschaft, leitete im Juli 2015
ein Verfahren zur Überprüfung der »Gesetzmäßigkeit
des Austritts der baltischen Staaten aus der UdSSR«
ein. Gemeint ist die Unabhängigkeitserklärung nach
dem Zerfall der Sowjetunion.

Mitglieder der »Unsrigen« versuchten in Tallinn, die
geplante Verlegung des »Bronzenen Soldaten« aus dem
Zentrum an den Stadtrand zu verhindern. Die Demon-
tage des Denkmals löste am 27. April 2007 Straßenschlachten zwischen Polizei und zumeist russischstäm-
migen Jugendlichen aus, rund 1500 Personen wurden
verletzt. Ein junger Mann mit russischem Pass wurde

niedergestochen und starb, ein »Kommissar« der »Unsrigen« wurde festgenommen.

In Moskau belagerten »Unsrige« tagelang die estnische Botschaft. Sie drohten, das Gebäude abzureißen. Mehrere Dutzend Aktivisten stürmten eine Pressekonferenz der estnischen Botschafterin Marina Kaljurand, deren Leibwächter setzten Pfefferspray ein. Letztlich mobbten die »Unsrigen« die Diplomatin aus dem Land. Mit ihren Attacken verletzten sie zwar das Wiener Übereinkommen über den Schutz diplomatischer Vertretungen, was nicht einmal die Sowjets und ihr Jugendverband Komsomol während des Kalten Krieges gewagt hatten. Polizei und Staatsanwaltschaft blieben dennoch tatenlos.

Im Sommer 2008 stellten die »Unsrigen« Estlands Präsidenten Toomas Hendrik Ilves während ihres Zeltlagers am Seliger See als Schwein dar. Sie bauten einen Stall auf, daneben setzten sie einen Schweinehirten auf einen Klappstuhl. Er trug einen Zylinder mit der amerikanischen Flagge. Auf seinem T-Shirt klebten falsche Dollarnoten. Er symbolisiere »die Amerikaner, die das Schwein mit Namen Ilves beschützen«.

Der Konflikt um die Verlegung des »Bronzenen Soldaten« zeigt auch, wie unbedachte Reaktionen des Auslands auf Provokationen der »Unsrigen« der Medienmaschinerie des Kreml in die Hände spielen. Die Behörden in Tallinn antworteten auf die Übergriffe der »Unsrigen« mit Reiseverboten. Sie schlossen die Grenzen für viele Mitglieder der Kreml-Jugend. Mit dem Beitritt der Esten zum Schengener Abkommen im Dezember 2007 galten diese Einreiseverbote aber auch für alle anderen Unterzeichnerstaaten, darunter ein Großteil der EU-Länder wie Deutschland, Frankreich und Italien, allesamt bei Russen beliebte Urlaubsziele.

Damit machten die Esten im Alleingang praktisch den ganzen Kontinent für die Kreml-Jugend dicht. Es war eine Steilvorlage. Die »Unsrigen« hielten wöchentliche Mahnwachen vor der EU-Vertretung in Moskau ab, sammelten Unterschriften gegen den »teuflischen« Westen, an denen sich auch der Nationalistenführer Wladimir Schirinowskij und Kommunistenchef Gennadij Sjuganow beteiligten. Auf der Webseite der Initiative verdammte ein Film das »faschistische Regime« der Esten und diffamierte Angela Merkel als Marionette der USA. Bilder von Adolf Hitler wechselten mit Aufnahmen der estnischen Botschafterin Kaljurand.

Verblendung

Das Vokabular des politischen Moskau ist ein Spiegel der Zustände. Mit Begriffen wie »schwarze PR« oder »Kompromat« wissen im Westen die wenigsten etwas anzufangen. In Russland dagegen versteht jeder, dass damit Kampagnen gemeint sind, um die Reputation des politischen Gegners zu zerstören. In Moskau geläufig ist auch die Bezeichnung »Polit-Technologe«. So heißen in Russland Berater und Spin-Doktoren, die im Dienste ihrer Auftraggeber politische Kampagnen entwerfen und praktisch nach Belieben Parteien und Bewegungen ins Leben rufen. Gleb Pawlowski war viele Jahre einer der Polit-Technologen mit dem größten Einfluss, ein Virtuose der Mechanik der Macht. Seine Karriere war eng verbunden mit dem Aufstieg Putins. 1999 gehörte Pawlowski zu den Ideengebern bei der Gründung der Partei »Einheit«, später ging daraus die Putin-Partei »Einiges Russland« hervor. Er betreibe »angewandte Geschichte«, hat Pawlowski einmal kokett formuliert.

Im Jahr 2006 rief Pawlowski die »Unsrigen« dazu auf, sie sollten »brutaler« werden. Sie müssten darauf vorbereitet sein, »faschistische Demonstrationen aufzulösen und mit Gewalt jeden Versuch zu unterbinden, die Verfassung zu stürzen«. Damals stand Pawlowski noch auf der Seite des Kreml. 2011 verlor er seinen Posten als Berater der Präsidialverwaltung, nachdem er sich für eine zweite Amtszeit für Dmitrij Medwedew stark gemacht hatte. Dem Moskauer Magazin *New Times* gewährte Pawlowski daraufhin in einem Interview Einblicke in jene Zeit, als der Kreml den Aufbau der Jugendorganisationen forcierte.

Man habe damals Infobroschüren für junge Leute gedruckt, »nicht zum Lesen, sondern als Accessoire. Wie zu einer Damenhandtasche bestimmte Accessoires gehören, braucht es für eine Jugendbewegung politische Literatur.« Es habe sich dabei lediglich um »Attrappen einer Konzeption, einer Ideologie« gehandelt. In Pawlowskis Erinnerung »passierte dann etwas Schreckliches: Die jungen Leute fingen an, diese Broschüren tatsächlich zu lesen.«

Es ist nicht so, dass Lena Sanitzkaja das aggressive Verhalten der Kreml-Gruppen schönreden würde. Sie hält es aber für legitim, ein Mittel zum Zweck: »Wir

Russen sind gelegentlich etwas ruppiger, und in jeder Geschichte muss es einen Helden geben, der die Drecksarbeit macht.«

Am Abend donnern Kampfjets des Typs Su-27 vom nahen Lipezker Fliegerhorst über das Zeltlager, ein Gruß des örtlichen Gouverneurs an die jungen Patrioten. Sie schauen jubelnd in den Himmel. Auf manchen T-Shirts steht die Aufforderung, sich für die »Front« zu melden. Einige junge Frauen tragen das Bekenntnis auf der Brust, sie seien »bereit zu gebären«. Aus den Lautsprechern an der Bühne wummert russischer Rap, die Hymne der »Jungen Garde«:

> Jung – jung – junge Garde! Patrioten einer neuen Ära. Wir sind die Supermacht einer neuen Zeit. Beruft uns die Armee ein, bewahren wir den Glauben. Wir kämpfen bis zum Ende, ohne Angst vor der Presse. Die Garde schlägt im Takt, zusammen sind wir eine Macht. Uns gehört die Zukunft, und das ist eine Kraft.

4. Hinter dem Palast steht noch ein Haus

»Du musst ruhig auf die Leute zugehen. Wenn du
selbst Angst hast, spüren sie das und fürchten
sich vor dir. Du darfst keine Angst haben.«

Die Wintersonne hängt am eisblauen Horizont, unter
den Sohlen knirscht Schnee. Die Straße schlängelt sich
durch einen Birkenwald am Rande von Peterhof, einem
Vorort von Sankt Petersburg. Ich bin diese Straße in den
vergangenen Jahren oft entlanggegangen, seit ich 2001
meinen Zivildienst in Sankt Petersburg begann, in einem
Heim für behinderte Kinder. Nach dem 18. Geburtstag
werden sie verlegt in eine Unterkunft für Erwachsene.
Für die meisten führt der Weg nach Peterhof, vorbei
an dem Birkenwald. Einige von ihnen habe ich dorthin
begleitet, über die stille Straße, auf die sich selten ein
Auto verliert und die den seltsamen Namen »Hasendurchfahrt« trägt. Jetzt gehe ich diesen Weg zum ersten Mal als Journalist und versuche, Ordnung in meine
Erinnerungen zu bringen, in Ausgelassenheit und Trauer,
Kinderlachen, Kindersterben.

Peterhof. Der Name steht für Stolz, Prunk, Postkar-
tenschönheit. Im Sommer flanieren Touristen durch den
Englischen Garten des gleichnamigen Schlosses, 35 000
sind es an einem Sommertag. Die Residenz von Zar
Peter dem Großen trägt den Spitznamen »Russlands Ver-
sailles«. Der Palast überblickt die Parkanlage von einem
zum Meer hin abfallenden Hügel. Ein unterirdisches

Rohrsystem speist die 150 Brunnen und goldenen Fontänen, es funktioniert ohne eine einzige Pumpe und nutzt nur das Gefälle aus. Über Kaskaden gluckert das Wasser der Ostsee entgegen.

Hinter dem Palast steht noch ein Haus,[*] nur zwei Kilometer entfernt von den gusseisernen Toren, an denen die Touristenbusse stoppen. Es ist das einzige bewohnte Gebäude an der Straße, die »Hasendurchfahrt« heißt, ein vier Stockwerke hoher Riegel aus grauem Beton. Die Einrichtung trägt seit Sowjetzeiten einen sperrigen Namen: »Psychoneurologisches Internat Nr. 3«, kurz PNI 3, die Bewohner nennen es Troika. Vielen Einwohnern von Peterhof ist ein anderer Begriff geläufiger, sie nennen es »die Klapse«.

Das Gelände wird von einem zwei Meter hohen Zaun umgeben. 600 Menschen arbeiten hier, darunter drei Dutzend Psychologen, zwei Orthopäden, ein Zahnarzt. Es gibt sogar einen kleinen Lebensmittelladen. Der Betonblock hat eine Bevölkerung wie ein mittleres Dorf. In den Sechs-Bett-Zimmern, die sich längs der langen Korridore aufreihen, leben 1080 Menschen. Einer davon ist Alexander Medwedew, den alle mit seinem Kosenamen Sascha rufen. »Meine erste Kindheitserinnerung ist diese: Ich bin fünf oder sechs Jahre alt und lebe in dem Kinderheim. Ich habe geträumt, dass ich laufen kann. Ich wache auf, will aufstehen und falle hin. Ich frage, warum, und jemand sagt mir, dass ich nicht laufen kann. Ich frage, wieso, und jemand sagt mir: So bist du geboren.«

---

[*] Siehe auch den gleichnamigen Bildband aus dem Jahr 2006, der das Leben im Heim bei Peterhof abbildet.

Sascha hat einen Kapuzenpullover übergestreift, er verbirgt seinen seit Geburt missgestalteten Rücken. In seinem Ohr steckt das Headset seines Smartphones, damit hält er Kontakt zur Welt außerhalb des Heims. Auf den Beinen, die ihn nicht tragen wollen, liegt sein Laptop. Darauf tippt er die Beschwerdebriefe, mit denen er gegenüber den Behörden Rechte geltend macht, seine eigenen und die seiner Mitbewohner. »Sehr verehrter Alexander Nikolajewitsch!«, so beginnen viele der Schreiben. Alexander Nikolajewitsch Rschanenkow ist Vorsitzender der Sozialbehörden der Fünf-Millionen-Metropole Sankt Petersburg, im Rang vergleichbar mit einem Sozialminister eines deutschen Bundeslands.

Manche Schreiben beendet Alexander mit der respektvollen, aber bestimmten Bitte, der Behördenchef möge »alle nötigen Schritte ergreifen«, also beispielsweise prüfen, ob die Stadt den staubigen Seitenstreifen der Hasendurchfahrt nicht doch endlich durch einen für Rollstühle geeigneten Bürgersteig ersetzen kann. Die erste Antwort auf Saschas Eingabe war höflich gehalten, inhaltlich aber ernüchternd: Die Stadt beschied dem »sehr geehrten Alexander Andrejewitsch Medwedew«, bedauerlicherweise sei die Straßenbauplanung abgeschlossen, ein Ausbau der Hasendurchfahrt nicht vorgesehen, »bis zum Jahr 2022 einschließlich«. Sascha hat nachgehakt. Der letzte Bescheid fiel günstiger aus: Ab dem Jahr 2017 sei der Bau eines zusätzlichen Fußgängerwegs neben der Fahrbahn möglich.

Sascha teilt Menschen in zwei Gruppen ein: Es gibt jene, die ihm schon heute auf seinem Weg zu einem selbstbestimmten Leben helfen. Und es gibt die anderen, von denen er unverdrossen hofft, dass sie ihm in Zukunft noch helfen werden. Sascha ist zuversichtlich, obwohl er unter widrigen Umständen groß geworden ist. Die Gesellschaft, in die er hineingeboren wurde, wusste zunächst nicht viel anzufangen mit Menschen wie ihm. Als die Sowjetunion zusammenbrach, waren 32 Prozent der Russen der Meinung, Menschen wie ihn sollte man besser »liquidieren oder von der Gesellschaft abschotten«.

Seine Mutter hat ihn verstoßen. Sascha hat jahrelang am 26. August seinen Geburtstag gefeiert, obwohl er gar nicht am 26. August geboren wurde, sondern am 26. Juli. Das fiel ihm erst auf, als er mit 18 zum ersten Mal seinen Pass in die Hände bekam, irgendjemand hatte beim Eintragen des Datums in seine Krankenakte geschlampt. Sascha hätte durchaus Grund zum Groll, ist aber dennoch ein hartnäckiger Optimist. Die anderen im PNI haben ihn aus diesem Grund zum Vorsitzenden ihres Bewohnerrates gewählt. Seine Freunde nennen Sascha »den Diplomaten«.

Auf der anderen Seite des Birkenwalds, wo die Touristen spazieren, erstrahlt Schloss Peterhof in vollem Glanz. Russland präsentiert sich dort, wie es von der Welt gesehen werden will: zeitlos schön und ohne Makel. Das PNI Nr. 3 zeigt dagegen, wie die russische Gesellschaft nach 70 Jahren Kollektivismus und Kommandobürokratie den einzelnen Menschen langsam ins Zentrum rückt, oft stockend, manchmal widerstrebend, aber doch ist Fortschritt spürbar.

504 Psychoneurologische Internate gibt es in Russland, rund 148 000 Erwachsene leben darin. Die Unterkünfte beherbergen jene, die keinen Platz gefunden

haben in der Gesellschaft: Menschen mit Behinderung, geistig Kranke, aber auch Alte, die sich aus Verzweiflung selbst eingewiesen haben. Viele dieser Blöcke liegen von der Welt abgewandt an den Rändern der Städte. Aber auch dort, hinter den Zäunen und Mauern der Heime, verschieben sich die Grenzen innerhalb des neuen Russland, jene zwischen dem einzelnen Menschen und der Bürokratie, zwischen Staatsmaschinerie und Zivilgesellschaft. Sascha sagt, oft gehe es zwei Schritte vor und dann wieder einen zurück. Bedauerlicherweise sei es gelegentlich aber auch umgekehrt: ein Schritt vor, zwei zurück.

Abgelehnt

Als Sascha vor einem Vierteljahrhundert auf die Welt kam, war sein Gehirn minutenlang nicht ausreichend mit Sauerstoff versorgt. Das hatte eine »geistige Rückständigkeit mittleren Grades« zur Folge und eine »infantile Zerebralparese«, eine Bewegungsstörung. So haben es Ärzte in seine Akte geschrieben. Von seiner Mutter heißt es, sie habe ein Alkoholproblem gehabt. Sascha hat sie in seinem Leben noch nie gesehen. Sie soll in einem anderen Stadtteil von Sankt Petersburg wohnen, hat er einmal gehört. Er hat ihr einen Brief geschrieben, ein Bekannter sollte die Adresse herausfinden und ihn überbringen. Eine Antwort kam nie.

Vor dem Fall des Eisernen Vorhangs war es üblich, dass sich russische Eltern von ihren behinderten Kindern gleich nach der Geburt lossagten. Es gibt im Russischen einen eigenen Begriff für diese Kinder: *Otkasniki*, die Abgelehnten. Grund für die Trennung war manchmal eine schwierige Familiensituation, das Fehlen von Aufzügen in den Mietskasernen oder das Drängen der Ärzte. Die Moskauer Journalistin Olga Alljonowa hat davon im Magazin *Ogonjok* berichtet, sie sprach auch mit der Mutter eines mit Behinderung geborenen Kindes: »Als mein Kind auf die Welt kam, habe ich gehört: Schau, was du geboren hast. Das waren die ersten Worte, die der Arzt mir sagte. Er sagte, dass ich ein *Gemüse* geboren habe, das niemals laufen wird, nie sprechen kann, und es wäre sinnlos, dafür Geld auszugeben.« »Gemüse« ist in Russland eine abfällige Bezeichnung für Behinderte, denen alle menschlichen Bedürfnisse und Fähigkeiten abgesprochen werden.

Es gibt auch Fälle von Kindern, die in einem Heim für Behinderte aufwuchsen und deren Eltern nichts davon ahnten, weil ihnen nach der Geburt mitgeteilt wurde, das Kind sei gestorben.

Ich kenne Sascha seit seinem zehnten Lebensjahr. Er war damals eines von 600 Kindern im Kinderheim Nr. 4. Auch dieses Heim liegt am Stadtrand, im Vorort Pawlowsk, an einer stillen Straße, hinter hohen Bäumen, umgeben von einem zwei Meter hohen Zaun. Es gliedert sich in vier Trakte. Der Ort von Saschas Kindheit hieß Korpus 4, ein zweigeschossiges Gebäude aus weißen Ziegeln, mit 150 Kindern.

Menschen mit Behinderung durchlaufen in staatlicher Obhut drei Stationen: Nach der Geburt kommen sie in das Kleinkinderheim, im Alter von vier ins Kinderheim, später zu den Erwachsenen. Die Übergänge sind ein Schock, auf jeder Etappe gibt es weniger Personal und weniger Förderung. Es gab Zeiten, in denen in Korpus 4 jedes zweite neue Kind innerhalb eines halben Jahres starb, weil der Übergang zu brutal war.

Korpus 4 hatte auch den Namen »Haus der liegenden Gruppen«. Der Großteil der Kinder war schwer mehrfachbehindert und lag den ganzen Tag im Bett. Nicht immer war klar, ob sie nicht laufen konnten oder sich nur niemand je Mühe gegeben hatte, es mit ihnen zu üben. Es gibt die Geschichte eines kleinen Mädchens namens Nelja, die taz hat sie im Jahr 2001 aufgeschrieben. Bis zum Alter von fünf Jahren sprach Nelja kein Wort. Sie war klein wie eine Dreijährige, konnte weder laufen noch sich anziehen. Nelja sei autistisch, hieß es, weil sie tagein, tagaus apathisch auf der Gummimatte ihres Bettchens lag.

Mitte der neunziger Jahre kamen erstmals Freiwillige nach Pawlowsk, deutsche und russische Helfer des Vereins Perspektivy (»Perspektiven«).* Eines der ersten »Perspektiven«-Kinder war Nelja, die vermeintliche Autistin. Sie begann, mit Bällen zu spielen, lernte zu laufen und sich selbst anzuziehen, und sie besuchte im Alter von neun Jahren das erste Mal eine Förderschule.

Auch ich bin durch »Perspektiven« in das Kinderheim gekommen, vermittelt von einer Dresdner Organisation namens »Initiative Christen für Europa«. Wer einmal die Türschwelle von Korpus 4 überschritten hat,

---

* Mehr Informationen über die Arbeit von »Perspektiven« finden Sie im Internet unter www.perspektiven-verein.de. Die Organisation ist für ihre Arbeit auf private Spenden angewiesen.

vergisst nie wieder den Geruch dahinter, diese Mischung von gekochtem Kohl und abgestandenem Urin. Das Bett, in dem Sascha schlief, stand mit 13 anderen in einem Schlafraum von fünf mal fünf Metern. Einen eigenen Rollstuhl hatte er damals nicht. Wenn er auf die Toilette wollte, robbte er über den Flur. Sein Freund Boris, ohne Beine geboren, hatte gelernt, auf den Armen zu laufen. Andere rollten auf einer Art Skateboard über das Linoleum auf dem Korridor.

Sascha gehörte zur Gruppe 39. Zu welcher Gruppe ein Kind gehörte, war leicht zu erkennen: Die Zahl stand auf jedem Kleidungsstück. Wir Freiwilligen pinselten sie an den Nachmittagen auf Hosen und Pullover, mit roter, wasserfester Farbe. Das war eine Vorsichtsmaßnahme, denn Kleiderspenden wurden immer wieder gestohlen. Einmal in der Woche war Badetag. Im Sommer wurde das Warmwasser vier Wochen lang abgestellt, für Reparaturen an den Rohren. Das kalte Wasser war eine Brühe rostbrauner Farbe. Im Winter rissen wir das Innenfutter aus alten Jacken und stopften es in die Ritzen der alten Fensterrahmen, durch die der Wind pfiff. Im Januar sank die Temperatur in den Schlafsälen trotzdem auf 16 Grad.

Zwei Ärzte taten in dem Trakt Dienst und in jeder Gruppe mit einem Dutzend Kindern eine Pflegekraft, genannt Njanja. Das waren zumeist ungelernte Helferinnen ohne Ausbildung. Sie wechselten sich ab in 24-Stunden-Schichten. Es gab Njanjas, die den Kindern Musik vorspielten und weinten, wenn ein Kind starb, aber die hielten es nur selten länger aus in Korpus 4. Wer blieb, entwickelte Routinen, um der ständigen Überforderung Herr zu werden. Oft blieben die Kinder dabei auf der

Strecke. Manche Pflegerinnen banden sie mit Strumpf-
hosen am Bett oder an der Heizung fest, um Ruhe zu
haben. Manche schlugen auch zu.

Die Njanjas im Heim verdienten pro Monat 2000 Rubel,
das waren damals umgerechnet 120 Mark, rund 60 Euro,
die Hälfte des damaligen Durchschnittseinkommens
in Russland. Viele dieser Frauen waren schon lange in
Pension, konnten sich den Ruhestand aber nicht leisten, weil die Rente nicht reichte. In meiner Gruppe gab
es eine freundliche Pflegerin, sie hieß Nadjeschda Pet-
rowna. Sie war ausgebildete Krankenpflegerin und Mutter zweier Söhne. Sie umsorgte die Kinder im Heim so
liebevoll, wie es ihr die Umstände erlaubten. Zwei Jahre
nach meinem Zivildienst schrieb sie mir einen Brief, sie
habe gekündigt. Sie weine, wenn sie an die Kinder denke,
sie habe aber eine andere Stelle gefunden, von der sie
endlich auch leben könne.

Das war Anfang der 2000er. Russland begann erst
langsam, sich von den wirtschaftlichen Verwerfungen
der Jahre davor zu erholen. Die Wirtschaftsleistung war
in den neunziger Jahren um 50 Prozent eingebrochen.
Von den Palästen an der Prachtmeile Newskij-Prospekt
in Sankt Petersburg fiel der Putz. An Wintermorgenden
stank die Luft nach den Kohleöfen der Nachbarn. Die
Parks waren das Revier streunender Hunde, die Straßen der Stadt bevölkert von bettelnden Kindern. Russland war ein armes Land, 40 Millionen Menschen lebten
unterhalb der Armutsgrenze, fast ein Drittel der Bevölkerung. 2012 waren es noch 10 Prozent.

Als im April 2001 ein Junge namens Oleg aus meiner Gruppe gestorben war, brachten mir seine Ver-

wandten bei, bei den frischen Blumen für das Grab besser den Großteil des Stiels abzuschneiden – damit sie
nicht gleich wieder von Dieben gestohlen wurden, die
den Friedhof durchstreiften und die Blumen weiter-
verkauften.

Im Kinderheim herrschte ein System routiniert ver-
walteten Mangels und seelenlos erfüllter Planvorgaben.
Sascha besuchte einige Jahre eine Schule, gelernt hat er
dort wenig. Lesen und Schreiben brachte ihm erst eine
ältere Dame bei einem längeren Krankenhausaufenthalt
bei. Sie hatte Mitleid mit dem Jungen aus Pawlowsk.

Im Erwachsenenheim von Peterhof an der Hasendurchfahrt war es noch schlimmer. Im Kinderheim von
Pawlowsk erzählten sich die Kinder Schauergeschichten über das PNI. Die meisten waren wahr. Als im Jahr
2001 der Verein »Perspektiven« auch dort die Arbeit auf-
nahm, teilten sich hundert Bewohner eine Toilette, bis
zu 20 ein Zimmer. Es hieß, das Besteck werde gestohlen,
deshalb wurden weder Messer, Löffel noch Gabel ausgegeben. Die Mahlzeiten aßen die Bewohner aus Blech-
näpfen, viele verließen nicht einmal dafür ihre Betten.
Starb einer von ihnen, wurde er entlang der langen Korridore und die Rampe am Hinterausgang hinunterge-
tragen zu einem niedrigen Schuppen, der Leichenhalle.
Die Bewohner gaben ihr den Namen »Schokoladen-
haus«. Der Tod erschien vielen süß im Vergleich zum
Alltag im Heim.

Die Zusammenarbeit von Freiwilligen und Heimper-
sonal war reich an Spannungen. Die Russen sind stolz
und lassen sich nicht gern belehren. Den Deutschen
fällt es schwer, den inneren Oberlehrer zu zähmen.

»Perspektiven« hat damals an seine Helfer aus Deutschland Verhaltensregeln ausgegeben. »Wir haben keinen Erziehungsauftrag gegenüber den Mitarbeitern«, stand an Punkt 1, dahinter ein großes Ausrufezeichen.

Es ist verlockend, diese Welt zu unterteilen in Schwarz und Weiß. Auf der Seite der Rückständigkeit stehen dann abgestumpftes Personal und eine seelenlose Verwaltung, auf der Seite der Guten stehen die freiwilligen Helfer, viele davon aus dem Ausland. Die Gründerin von »Perspektiven« ist eine Deutsche, Margarete von der Borch. Sie hat von ihrem Großvater geerbt und investierte das Geld nach dem Studium in den Verein. Von der Borch hat dafür gesorgt, dass jedes Jahr junge Männer und Frauen für ein Jahr in staatlichen Heimen helfen. Ihr Engagement hat ihr den Spitznamen »Engel von Sankt Petersburg« eingebracht.

Aber das ist nur ein Teil der Geschichte, denn diese Heime sind keine Burgen, die einfach tapfer im Sturm von außen erobert worden wären. Sie wurden mühsam für den Wandel geöffnet, von Aktivisten aus Russland und dem Ausland, aber auch von couragierten Ärzten und Heimangestellten, Direktoren und auch Politikern.

Irrsinn

Der Marienpalast liegt im Zentrum von Sankt Petersburg. Zu Zarenzeiten war der klassizistische Prachtbau Offiziersschule und Fürstenresidenz, nach 1918 machte die Rote Armee eine Kaserne daraus. Heute tagt hier das Stadtparlament. Ljudmila Kostkina hat ein Arbeitszimmer im ersten Stock. Sie ist eine zierliche Dame mit Designerbrille, das Haar trägt sie streng zurückgelegt. Auf ihrem Schreibtisch steht eine russische Fahne. An der Wand hängt ein Porträt von Präsident Putin. Kostkina ist Mitglied der Kreml-Partei »Einiges Russland« und Senatorin des Föderationsrats, dem Oberhaus des russischen Parlaments. Sie wurde im Jahr 1949 geboren. Sankt Petersburg hieß damals noch Leningrad, in Moskau war Sowjetdiktator Josef Stalin an der Macht, in Ost-Berlin gründete Walter Ulbricht die DDR.

Kostkina hat während des Sozialismus Karriere gemacht: Abschluss am angesehenen Krupskaja-Kulturinstitut, einer sowjetischen Kaderschmiede, benannt nach Nadjeschda Krupskaja, der Ehefrau von Revolutionsführer Wladimir Lenin. Sie hat Kulturzentren in Sibirien geleitet und im Uralgebirge. Seit Ende der achtziger Jahre war sie Mitglied des »ausführenden Komitees«, das war zu Sowjetzeiten die Bezeichnung für die Organe der Stadtverwaltung.

Wenn sich Ljudmila Kostkina daran erinnert, wie damals der Umgang mit Behinderten war, erinnert sie sich an: nichts. »Wir haben sie nicht gesehen, im wahrsten Sinne des Wortes. Wir haben sie nicht bemerkt, sie waren nicht auf der Straße. Die ganze Gesellschaft hielt sie für Ausgestoßene, und sie sich selbst auch.« Menschen mit Behinderung seien in ihren Heimen versteckt geblieben. Sofern sie sich doch einmal auf den Straßen von Sankt Petersburg zeigten, gingen bei Kostkinas Verwaltung die Beschwerden der Anwohner ein.

Kostkina, tief im alten System verwurzelt, wurde nach dem Zerfall der Sowjetunion zu einer Architektin von

Sankt Petersburgs neuer Sozialpolitik. Sie besuchte 1994 zum ersten Mal eines der Heime für behinderte Kinder: »Liegende Gruppen, strenges Regime. In den Betten lagen abgemagerte blasse Skelette. Das hat mich schockiert.« Die Erinnerung treibt ihr Tränen in die Augen.

Die Ausgrenzung von Menschen mit Behinderung hat in Russland eine lange Geschichte, genauer betrachtet aber eigentlich wenig Tradition. Zu Sowjetzeiten wurden die Verwahranstalten perfektioniert, die schon zu Zeiten der Zaren entstanden waren. Bis ins 18. Jahrhundert aber hatten Behinderte inmitten der Gesellschaften russischer Dörfer gelebt. Familien hatten viele Kinder, die medizinische Versorgung war rudimentär, Missbildungen und Behinderungen häufig und der Umgang damit deshalb alltäglich. Das klingt noch heute in einem in Russland beliebten Sprichwort nach: »Es gibt keine Familie ohne Missgeburt«, sagen die Russen mit einem Schulterzucken, wenn es um Verwandte geht, für deren Fehlverhalten niemand etwas kann. Früher dagegen war der Ausspruch im Wortsinn gemeint.

Den Mittelpunkt des Lebens bildete damals die Orthodoxie. Klöster und Kirchen wurden zu Anlaufpunkten für behinderte Menschen. Sie wurden oft als *Ubogije* bezeichnet, heute wird das Wort synonym gebraucht für »armselig« und »verkrüppelt«. Es hat seine Wurzeln aber in dem Ausspruch: »Sie sind bei Gott« (»oni u boga«).

Viele halfen bei der Feldarbeit, schlugen sich als Bettler im Umfeld der Kirchen durch oder wanderten über die Dörfer. Die Streuner wurden *Jurodiwy* genannt, heilige Narren. Ihre Verrücktheit wurde als von Gott inspiriert angesehen und verehrt. Der Jurodiwy sprach Dinge

76

aus, die auf den ersten Blick dumm klangen und auf den zweiten wie tiefere Wahrheiten. Händler glaubten, der Jurodiwy bringe ihnen Glück. Es hieß, heilige Narren könnten in die Zukunft sehen. Moskauer Familien gaben ihnen Geld, damit sie bei Hochzeiten oder Begräbnissen in der Kirche Gebete sprachen.

Das änderte sich unter Peter dem Großen. Der Zar stieß »das Fenster nach Europa« auf, 1697 reiste er inkognito über Preußen und Holland nach England, auf der Suche nach Vorbildern für eine Modernisierung seines Reichs. Nicht alle Ideen, die er mitbrachte, waren ein Fortschritt. 1722 erließ der Zar einen Ukas über die »Begutachtung von Idioten im Regierenden Senat«. Der Adel hatte fortan die Geburt eines geistig behinderten Kindes zu melden. »Idioten« wurden vom Staatsdienst ausgeschlossen, ihr Eigentumsrecht beschränkt, Heiraten verboten. 1767 führte Katharina die Große die Meldepflicht für alle »Irrsinnigen« in Sankt Petersburg ein, acht Jahre später begann in Russland – ähnlich wie in Europa und Amerika – die Ära der großen staatlichen Irrenanstalten.

In der Sowjetunion kam kaltes Leistungskalkül dazu. Entscheidend für die Einstufung in eine von drei »Invaliditätsgruppen« war das Maß der Einschränkung der Arbeitsfähigkeit. Das zielte auf Körperbehinderte und in Kriegen Versehrte, geistig Behinderte fielen praktisch komplett durch das Raster. Das Echo dieser Logik ist auf den Korridoren mancher Anstalten immer noch zu spüren. Wenn Leiter durch ihre Heime führen, reden sie selten über den positiven Einfluss, den Malen, Physio- oder Musiktherapie selbst auf Schwerstbehinderte haben.

Dafür kommt die Sprache umso öfter auf Sportwettbewerbe und Medaillen, die besonders talentierte Heimbewohner errungen haben. An den Wänden hängen Zeichnungen, die ausgezeichnet wurden, weil sie auch von einem Menschen ohne Einschränkung stammen könnten. Pädagogen in weißen Kitteln stellen Schützlinge vor, die anrührend schön Tschaikowski auf dem Klavier spielen.

Ljudmila Kostkina sagt, der Staat sei früher nicht bereit gewesen, Geld auszugeben für Menschen, die diese Investition niemals zurückgeben konnten. Das aber sei vorbei. Der Kreml hat umgerechnet eine Milliarde Euro bereitgestellt für Umbaumaßnahmen an Gebäuden und im öffentlichen Nahverkehr, das Programm heißt »Erreichbare Umwelt«. 2014 haben die Kammern des russischen Parlaments 25 Gesetzesänderungen verabschiedet, es ging um Änderungen der Bauregularien, um Rollstuhlrampen für Apotheken und die Einrichtung von Schulklassen, in denen Kinder mit und ohne Behinderung gemeinsam lernen, das Prinzip inklusiver Bildung.

Die Russen sind unbefangener geworden im Umgang mit Menschen, von deren Existenz ein großer Teil der Bevölkerung vor einem Vierteljahrhundert praktisch nichts wusste. Das Lewada-Zentrum stellte 1989 und 2015 die Frage, wie die Russen ihr Verhältnis zu Kindern mit einer Behinderung selbst einschätzen. Auf einer 100-Punkte-Skala stieg der Wert von 22 auf 73. Heute sprechen sich 84 Prozent der Bevölkerung für mehr Förderung behinderter Kinder aus, 1989 befürwortete das nur die Hälfte aller Befragten.

Jeder zweite Russe hätte heute nichts dagegen, wenn in der Klasse seiner Sprösslinge gleichzeitig Kinder mit Behinderung unterrichtet werden, 45 Prozent würden das sogar begrüßen, gerade einmal fünf Prozent wären dagegen. 1989 waren 23 Prozent der Befragten der Meinung, Neugeborene mit Behinderung sollten am besten »liquidiert« werden, neun Prozent wollten sie »von der Gesellschaft isolieren«. Das hat sich dramatisch verändert: 2015 spielten beide Varianten mit zwei beziehungsweise vier Prozent fast keine Rolle mehr. Stattdessen sind 82 Prozent der Russen dafür, ihnen »Hilfe zukommen zu lassen«. 1989 waren es nur 50 Prozent.

Einige schwerwiegende Probleme bleiben. Ljudmila Kostkina klagt, es fehle an Sonderpädagogen, behindertengerechten Ausbildungsplätzen, vor allem an Geld. Die Psychoneurologischen Internate will sie lieber heute als morgen schließen. Zu groß, zu abgeschottet seien sie. »Zu weit weg vom Sozium«, wie es Kostkina nennt. Die Gesellschaft habe sich tiefgreifend gewandelt, es gebe keinen Weg mehr zurück: »Sie können es glauben oder nicht, aber wir sind andere Menschen geworden.«

»Bisschen Krieg führen«

Sascha hat in Peterhof über Nacht die Batterien seines elektrischen Rollstuhls bis zum Anschlag aufgeladen und sich am Morgen auf den Weg gemacht in das 30 Kilometer entfernte Stadtzentrum von Sankt Petersburg: 15 Minuten im Rollstuhl entlang der Hasendurchfahrt, 20 Minuten in einem der neuen Linienbusse mit

Rollstuhlrampe, schließlich eine halbe Stunde Fahrt mit der *Elektritschka*, der ratternden russischen Vorortbahn. Wenn das Sozium nicht zu ihm kommt, muss er eben zum Sozium, so sieht Sascha das.

Zweimal pro Woche unternimmt er seine Ausflüge in die Stadt, fast immer ist er allein unterwegs. Er will den Eindruck vermeiden, er könnte abhängig sein von einem Begleiter: »Ich habe beschlossen, mein Leben in die eigenen Hände zu nehmen.« Wo seine eigenen Hände nicht ausreichen – bei Stufen zum Beispiel –, bittet er um die von Passanten.

Er spürt dann zwar die überraschten Blicke, die seinem Rücken und dem Rollstuhl gelten. Aber er lässt sich nichts anmerken, schon gar nicht seine eigene Aufregung. »Du musst ruhig auf die Leute zugehen«, sagt Sascha. »Wenn du selbst Angst hast, spüren sie das und fürchten sich vor dir. Du darfst keine Angst haben.« Den Unsicheren erklärt er, wie sie seinen Rollstuhl über den Bordstein wuchten oder eine Treppe hinab. Sascha hilft ihnen, ihm zu helfen.

Seine Unternehmungslust hat Tücken. Einmal ist Sascha auf dem Weg in die Innenstadt in den falschen Zug eingestiegen. Er konnte ihn erst in Luga wieder verlassen, das Städtchen liegt 140 Kilometer südlich von Sankt Petersburg. Ein älterer Wachmann hat ihm beim Umsteigen in den nächsten Zug zurück nach Sankt Petersburg geholfen.

U-Bahn-Fahren ist eine doppelte Herausforderung. Sankt Petersburg liegt im Mündungsdelta der Newa, der Boden ist sumpfig, das Metronetz deshalb eines der tiefsten der Welt. Das erste Hindernis sind die stei-

80

len und bis zu 140 Meter langen Rolltreppen. Die Stadtverwaltung hat zwar gelbe Plattformen angeschafft, die Rollstühle über die Rolltreppen befördern können. Zumindest in der Theorie, denn das zweite Hindernis sind die Metro-Mitarbeiter, die eigentlich die Plattform bedienen müssten.

Als Sascha das erste Mal vor der Rolltreppe auftauchte, bekam er zu hören, sein Ausflug in die Stadt sei ohnehin viel zu gefährlich. Sie würden ihm die Plattform natürlich bereitstellen, sofern er mit einem Begleiter wiederkäme. Sascha ist daraufhin jeden Morgen mit seinem elektrischen Rollstuhl zur gleichen Metro-Station gefahren, natürlich ohne Begleiter, hat sein Anliegen geschildert und um die gelbe Plattform gebeten. »Ein bisschen Krieg führen« nennt er seine Zermürbungstaktik. Drei Wochen haben ihn die Metro-Leute auflaufen lassen, dann waren sie es leid. Inzwischen stehen sie schon bereit, wenn sie Sascha in seinem Rollstuhl von weitem sehen.

Sein Weg in die Zukunft hat ihn auch zurückgeführt in die eigene Vergangenheit. Sascha ist in das Städtchen Pawlowsk gefahren, in das Kinderheim, in dem er groß geworden ist. Auf Einladung hat er dort einen Vortrag gehalten vor Jungen und Mädchen, die kurz vor ihrem 18. Geburtstag stehen. Sie fürchten sich vor dem Ende der Welt, wie sie sie kennen, vor der Verlegung in ein Erwachsenenheim. Sie haben Angst, dass wahr sein könnte, was man sich im Kinderheim zuraunt: dass man leicht untergehen könne in den riesigen Blöcken. Dass es vorbei sei mit den Spaziergängen im Freien, ja womöglich schnell auch mit dem Leben an sich.

Sascha gibt Insider-Tipps. »Sie schauen sich euch ganz genau an: Seid ihr ruhig oder aggressiv?« Zu Beginn blieben die Türen oft geschlossen, über Wochen gebe es dann keine Ausflüge, aber das sei eine Art Test. »Lasst euch unter keinen Umständen aus der Ruhe bringen. Was ist die beste Taktik? Seid immer freundlich!«, rät er.

Es gibt freilich Rückschläge, gegen die ist auch mit aller Höflichkeit kein Ankommen. Dann braucht es stärkere Verbundete. Vor einigen Jahren wechselte in Pawlowsk die Heimleitung. Die neue Direktorin drängte die freiwilligen Helfer von »Perspektiven« und anderen Organisationen aus den Gruppen. Sie behielt Kinder auch nach ihrem 18. Geburtstag im Kinderheim und beutete sie als billige Arbeitskräfte aus. Dafür sparte sie beim Personal. Einige der älteren Heimkinder sprachen deshalb eine Botschaft auf ein Diktiergerät und schickten sie nach Moskau. Der Hilferuf war adressiert an den Präsidenten.

Wir bekommen zu wenig zu essen. Der Koch, die stellvertretende Leiterin und die Direktorin klauen Lebensmittel. [...] Die Kinder arbeiten als Straßenkehrer, in der Küche, in der Wäscherei. Sie bekommen dafür 500 Rubel im Monat. [...] Unsere Pässe und unser Geld werden einbehalten. Wir dürfen nicht selbstständig in die Stadt, obwohl wir schon 20 bis 24 Jahre alt sind. Sie wollen uns hier festhalten, bis wir 40 sind. Die Verwaltung lebt gut von unserem Geld. Die Kinder arbeiten ohne Wochenenden, schleppen schwere Tonnen mit Essen. [...]
Wenn eine Revisionskommission vom städtischen Komitee für soziale Sicherheit oder der Staatsanwalt-

schaft kommt, behauptet die Verwaltung, bei uns sei alles gut. Das ist nicht wahr. Wir wissen, was vorgeht. Die Kinder putzen abends die Toiletten, Reinigungskräfte gibt es nicht. Wir haben uns bereits an die Staatsanwaltschaft gewandt, an das Komitee für soziale Sicherheit, alles sinnlos. [...] Im Kinderheim herrscht Chaos. Wenn Sponsoren uns besuchen und Geld spenden, sammelt es die Direktorin ein und steckt es in die eigene Kasse. Die Njanja aus Gruppe 2 des ersten Korpus stiehlt ebenfalls Lebensmittel, erscheint betrunken zum Dienst und raucht abends auf der Toilette. [...] Wenn wir uns an das Komitee wenden oder die Staatsanwaltschaft, droht uns die Direktorin damit, uns mit Spritzen zu quälen oder ins psychiatrische Krankenhaus zu stecken. Alle Kinder werden schlecht behandelt.

Selbst im fernen Moskau bekamen die Medien Wind von dem Skandal. Das Fernsehen berichtete. Aus der Hauptstadt reiste Pawel Astachow an, vom Kreml eingesetzter Beauftragter für die Rechte von Kindern. Astachow hat international einen schlechten Ruf, seit er federführend war bei der Verhängung des umstrittenen Verbots von Adoptionen russischer Waisenkinder durch Amerikaner, Menschenrechtler und NGOs haben gegen das Gesetz protestiert. Im Konflikt in Pawlowsk dagegen stellte sich Astachow auf die Seite der Zivilgesellschaft. Die freiwilligen Helfer aus dem Heim zu jagen sei »dumm, niederträchtig und nicht klug«. Er bestehe auf personellen Konsequenzen. Es sei ein Skandal, dass nur zwei Drittel aller Planstellen des Kinderheims überhaupt besetzt seien.

Mit 55 Jahren liege auch der Altersdurchschnitt der Mitarbeiter viel zu hoch.

Die Direktorin wurde daraufhin von der Leitung entbunden, die Freiwilligen kehrten zurück. Der Sieg war allerdings kein vollständiger. Die gefeuerte Direktorin wechselte auf eine andere Stelle. Sie arbeitet jetzt in einem Psychoneurologischen Internat in Sankt Petersburg, als Chefärztin.

»Zwei Schritte vor, einen zurück«, sagt Sascha.

5. Freiheit wählen

> »Heimat ist dort, wo die Menschen so denken
> wie ich.«

Wera Kitschanowa hat ihren russischen Pass in einen neuen Einband geschlagen, er verbirgt den doppelköpfigen Zarenadler. Zwei Hände sind auf der Hülle abgebildet, sie sprengen eine Kette. Wera trägt Pagenschopf, ein kariertes Hemd und eine der Brillen mit breitem Rand, wie man sie auch in Berlin, Paris oder New York oft sieht. Die junge Frau sitzt im *Eat & Talk*, einem Café in Kreml-Nähe, Treffpunkt für Oppositionelle und Journalisten. Es gibt Internet, billigen Wein und Bleistifte, um Pläne auf die Tischdecken aus Papier zu kritzeln. Wera ist überzeugt, dass sich Russland schnell von unten verändern lässt. Sie kann sich – damals, im Herbst des Jahres 2011 – noch keineswegs vorstellen, dass sie daran fast zerbrechen wird.

Wera hat mit 14 Jahren zum ersten Mal für ein Lokalblatt geschrieben, inzwischen arbeitet sie für die kremlkritische *Nowaja Gaseta*, die Zeitung, an der Michail Gorbatschow Anteile hält und für die Anna Politkowskaja schrieb, die 2006 erschossene Reporterin. Die Auftraggeber des Mordes wurden nie ermittelt, Politkowskajas Kollegen vermuten sie aber im Umfeld von Ramsan Kadyrow, dem Statthalter des Kreml in Tschetschenien. Ein paar Hundert Meter südlich des *Eat & Talk* erschoss ein nationalistischer Killer im Januar 2009 auch den Anwalt Stanislaw Markelow und Anastasija Baburowa, eine Mitarbeiterin der *Nowaja Gaseta*. Seit diesem Tag, sagt Wera, wollte sie für die Zeitung schreiben.

An der Journalismusfakultät der Moskauer Lomonossow-Universität, die Wera besucht, hat auch Politkowskaja studiert. Die »Jourfak« bildet seit über 60 Jahren Journalisten aus. Ein Hort der Pressefreiheit aber ist sie nie geworden. Im Foyer hängen Titelseiten von Magazinen wie *Time* und *Spiegel*, aber auch von sowjetischen Propagandazeitungen wie der *Prawda*. Die Staatsmacht nutzt das klassizistische Gebäude gern als Bühne. Präsident Dmitrij Medwedew ist wenige Tage vor dem Treffen im *Eat & Talk* die Treppen im säulenbestandenen Atrium hinaufgestiegen. Jubel brandete auf für den Kreml-Chef. Selig lächelnd winkte Medwedew ins Rund und lobte die »besondere Energie« des Ortes.

Die hatte der Kreml selbst organisiert. Im Publikum saßen handverlesene Aktivisten loyaler Jugendgruppen, ein TV-Moderator gab Regieanweisungen: »Ihr müsst lächeln und nach jeder Antwort klatschen.« Männer des Geheimdiensts stoppten Jourfak-Studenten am Eingang. Wera Kitschanowa wurde mit zwei Freundinnen festgesetzt, sie trugen Plakate bei sich. »Warum sind Sie bei *Twitter* und Chodorkowski im Knast?«, stand auf einem. Wera sei eine »mittelmäßige Studentin mit einer Vorliebe für Krawall«, rügte Fakultätspräsident Jassen Sassurski später. Wera hat lauter Einsen. Sassurski steht der Jourfak seit 1965 vor. 2011 ist er 82.

Moskau ist zu dieser Zeit in Aufruhr. In Restaurants wie dem Jean-Jacques stecken Intellektuelle die Köpfe zusammen. Eine Frage bewegt alle: Bleibt Präsident Medwedew im Amt oder wird Putin zurückkehren? Zum ersten Mal seit Langem erreicht die Unzufriedenheit über die Intelligenzija hinaus breitere Bevölkerungsschichten. Dabei brummt die Wirtschaft wieder. Russland hat die weltweite Finanzkrise verhältnismäßig gut überstanden, 2011 wächst die russische Wirtschaft um 4,3 Prozent. Und doch macht sich Unzufriedenheit breit, ein diffuser Verdruss, der den Kreml ratlos stimmt.

Wladimir Putins PR-Strategen machen derweil weiter, was sie am besten können: Sie inszenieren ihn als Macho, als zupackenden Alleskönner. Sie haben ihn mit nacktem Oberkörper durch Sibirien reiten lassen, das kam gut an, denn es passte zum Bild von Russlands wachsender Stärke und dem neuen Selbstbewusstsein. Sie haben Putin mit einem Betäubungsgewehr auf eine sibirische Tigerin schießen lassen und dann das Gerücht gestreut, er habe damit das TV-Team in seinem Tross vor einem Angriff der Raubkatze gerettet. Es kam zwar heraus, dass das Tier vorher mit Beruhigungsmitteln ruhig gestellt worden war, die meisten Russen interessierte das aber kaum. Bis die lange erfolgreichen Inszenierungen begannen, nach hinten loszugehen.

Das erste Mal fiel dies auf, als Putin mit einem gelben Lada durch Sibirien tourte. Wera Kitschanowa erinnert sich daran, dass die Staatsmedien ihn damals allein am Steuer und im Kurzarmhemd beim Tanken zeigten, ganz Mann des Volkes. Am Wegesrand zeichneten jedoch nicht nur die Kameras der staatlich kontrollierten TV-Kanäle die Fahrt auf, sondern auch die Handykameras von Schaulustigen. So stellte sich heraus: Putins gelber Lada wurde in Wahrheit von einem stattlichen Tross begleitet, den die großen Medien nie zeigten. Mitglieder des sibirischen Jeep-Clubs »Diversant« zählten mehr als hundert Fahrzeuge, die Polizeiposten entlang der Strecke nicht eingerechnet.

Die Jeep-Fahrer stellten ein Video ins Internet. Darauf braust erst Putins Kolonne vorbei, dann folgen – unter dem Johlen der Zuschauer – zwei gelbe Ersatz-Ladas, davon einer bereits am Haken eines Abschleppwagens. Das Video wurde binnen weniger Tage mehr als eine Million Mal angeklickt. Die Männer des Jeep-Clubs – bislang durchaus angetan von Putins Kurs – ließen wissen, für »Schauspieler« hätten sie nicht viel übrig: Putin habe Russland zwar »wieder aufgerichtet und unsere Schulden getilgt, nun aber bewegt er sich immer mehr wie ein Zar im Reich des Scheins«.

Auch die nächste PR-Aktion brachte Putin mehr Spott als Applaus ein. An der Schwarzmeerküste stieg er im schwarzen Neoprenanzug in die Fluten und tauchte mit zwei Amphoren in der Hand wieder auf, angeblich aus dem 6. Jahrhundert nach Christus. Die Regierungszeitung *Rossijskaja Gaseta* sprach von einem »Fund historischen Ausmaßes«. Im Internet entlud sich dagegen der Spott vieler Russen. Sie schrieben von »Ikea-Vasen« und wunderten sich darüber, dass Putin die angeblich 1500 Jahre alten Amphoren frei von Schlamm und ohne Muschelbesatz aus dem Wasser gezogen hatte.

Blenden und sich blenden lassen hat Tradition in Russland. Fürst Potjomkin ließ für Katharina die Große Fassaden blühender Dörfer auf der Krim errichten. Sowjetische Spitzenfunktionäre ließen sich von Massen bejubeln, die ihre eigenen Behörden vorher zusammengetrieben hatten.

Nach Putins Tauchgang notierte die russische Schriftstellerin Elena Gorokhova in einem Artikel für das Magazin der *New York Times*, die Aktion habe sie an ihre Jugend in der Sowjetunion erinnert, an die großen und kleinen Lügen im Alltag und das Wort *Wranjo*. Das Russische kennt mehrere Ausdrücke für Lüge, *Losch'* ist eine eher neutrale Übersetzung, *Wranjo* die abfällige Bezeichnung für eine dreiste und durchschaubare Lügengeschichte, bei der allerdings auch oft die Belogenen selbst gute Miene zum bösen Spiel machen.

Gorokhova berichtete von der Zeit ihrer Ausbildung, vom strengen Regiment einer Kantinenchefin namens Polja und deren ranziger Küche: »Wir alle wussten, dass sie uns beobachtete. Sie wusste, was wir wussten, und wir wussten, dass sie wusste, was wir wussten. Sie schaute unvermittelt zu uns herüber, und wir kauten gewissenhaft und taten so, als rechneten wir nicht damit, dass sie zu uns schaut. Wir spielten alle dieses Spiel: meine Schwester in der Schule, meine Eltern auf der Arbeit. Wir alle taten so als ob, die Beobachter und die Beobachteten.«

Eine russische Redewendung spiegelt genau das wider: »Mein Chef tut so, als würde er mich bezahlen, dafür tue ich so, als würde ich für ihn arbeiten.« Inszenierungen aufrechtzuerhalten, sie trotz besseren Wissens zu ertragen, war zu Sowjetzeiten eine Überlebensstrategie. Die Stimmung kann aber auch kippen, so wie im Fall der von Putin gehobenen Amphoren. Putins Sprecher konnte die jähe Empörung gar nicht nachvollziehen. Es sei doch »vollkommen normal«, so einen PR-Stunt vorzubereiten. Viele Bürger sahen das aller-

dings mittlerweile anders, und ihre Zahl wuchs. Als
Putin kurz darauf einen Boxkampf besuchte, pfiffen ihn
Zuschauer aus.

Zensur

Nach dem Zwischenfall an der Jourfak lädt der TV-Sender *NTW Wera* zu einem Streitgespräch mit dem greisen
Fakultätspräsidenten Jassen Sassurski. Die Aufzeich-
nung wird nie ausgestrahlt, die Sendereihe wenig später
abgesetzt. Es gibt aber ein YouTube-Video der Debatte.
Sassurski sitzt in seinem Büro zwischen Büchertürmen
und Zeitungsstapeln, er thront auf einem Sessel mit
hoher Rückenlehne und Lederpolstern. Wera rutscht auf
einem unbequemen Bürostuhl hin und her.

Der Fakultätspräsident wirft ihr Profilierungssucht
vor: »Ich weiß aus meinen Quellen viel über Sie, und es
gefällt mir nicht!« Er hält einen Vortrag über den Auftrag
von Journalisten. Sie könnten der Staatsmacht helfen,
ihr Spiegel sein oder sie kritisch begleiten, als »vierte
Gewalt«. Bedauerlicherweise würden manche allerdings den Weg des Journalismus verlassen und Berichterstattung verwechseln mit Engagement für die Opposition, Wera gehöre dazu. Wera kontert, sie lebe in einer
Zeit, »in der es reicht, die Wahrheit zu schreiben, um als
Oppositionelle zu gelten«. Sie findet es falsch, von Journalisten zu verlangen, »dass wir keine Ansichten haben
sollen, keine Haltung«.

Es ist ein Rätsel, warum die Debatte im Giftschrank des
TV-Senders verschwindet. Sie ist ein ungleiches Kräfte-

messen, drei gegen eins, denn auch die beiden Moderatoren schießen sich auf Wera ein: Andrej Kolesnikow, im Hauptberuf Star-Reporter der Zeitung *Kommersant*, lobt Sassurskis Jourfak als »Insel der Freiheit«, Kolesnikow hat selbst dort studiert. Inzwischen begleitet er Putin tagein, tagaus, und berichtet über dessen Dienstgeschäfte. Co-Moderatorin Tina Kandelaki macht Wera darauf aufmerksam, in den USA würden Krawallmacher an Universitäten sehr viel strenger bestraft als in Russland. Als Beispiel führt sie eine Schießerei an der Kent State University 1970 an. Die Nationalgarde hatte auf dem Campus der Hochschule das Feuer auf eine Demonstration gegen den Vietnamkrieg eröffnet, vier Studenten starben, die Verantwortlichen wurden nie verurteilt.

Nach einer knappen halben Stunde verabschiedet Kandelaki die Zuschauer »bis zur nächsten Woche«. Bald darauf verkündet der zum Gazprom-Imperium gehörende Sender allerdings das Ende der Reihe. Moderator Kolesnikow begründet die Entscheidung mit der »Nervosität vor den anstehenden Wahlen«. Im Dezember 2011 soll ein neues Parlament gewählt werden, im März 2012 ein neuer Präsident, und noch haben Putin und Medwedew nicht erklärt, wer von beiden antreten wird.

Wera glaubt, die Sendung sei gestrichen worden, weil sie sich offen zur Opposition bekannt hat. Seit ihrem 18. Lebensjahr geht sie regelmäßig auf Demonstrationen. Sie sagt, sie träume von einem Land, in dem »betrunkene Polizisten nicht mehr auf Bürger losgehen«. Lange wirkt es so, als stehe sie mit ihrer Überzeugung ziemlich allein. Alle zwei Monate geht sie zu Demonstrationen, die Kreml-Gegner veranstalten sie seit Jahren. Immer am 31. eines Monats versammeln sie sich auf dem Triumfalnaja-Platz in Moskau. Sie wollen daran erinnern, dass Artikel 31 der russischen Verfassung eigentlich Versammlungsfreiheit garantiert, der Kreml das Demonstrationsrecht aber immer weiter einschränkt.

Die Kundgebungen haben Wera erst elektrisiert und dann enttäuscht. In der Gemeinschaft mit anderen spüre sie »den Puls der Bewegung«. Sie hat gehofft, die Demos am 31. könnten zum Startpunkt einer großen Protestwelle werden. Doch die Teilnahme bleibt spärlich. Wenn ein Prominenter sein Kommen ankündigt, ein Rockstar zum Beispiel, skandieren ein paar Tausend »Russland ohne Putin«. Aber meist sind es in der Elf-Millionen-Stadt Moskau nur paar Hundert Demonstranten.

Opposition ohne Rückhalt

Russlands Opposition hat wenig Rückhalt im Volk: Der Druck des Kreml macht ihr zu schaffen, ihr Image ist schlecht, Putins Wirtschaftsbilanz im Jahr 2011 dagegen noch gut. Viele Bürger sind zufrieden, weil sie sich an sehr viel chaotischere Zeiten erinnern können. Einige Oppositionsführer haben selbst eine Vergangenheit als Regierungsverantwortliche, die Russen kreiden ihnen den Niedergang in den neunziger Jahren an. Boris Nemzow war damals Vizepremier, der Liberale Anatolij Tschubais der Architekt der umstrittenen Privatisierungen.

Seit damals ist Tschubais für die Russen das Gesicht einer verhassten Politik. 1992 flimmerte sein Bild über alle Fernsehbildschirme im Land. Mit einem Zeigestock

in der Hand erklärte der Chefprivatisierer der Reform-
regierung, man werde die Bürger über Anteilsscheine
an den Staatsbetrieben beteiligen. Das war ein großes
Versprechen: Die volkseigenen Betriebe wurden aufgelöst, stattdessen sollten 140 Millionen Russen privat-
wirtschaftlich Miteigentümer der Fabriken werden, so
wurde es zumindest verkündet. »Staatliches Wertpa-
pier« stand auf den Scheinen, die wenig später allerdings wertlos waren oder von Betrügern in großem Stil
aufgekauft wurden.

Das Volk stand mit leeren Händen da. Viele versanken
in den folgenden Jahren in Armut. Wenn Russen heute
»Demokratie« hören, denken viele deshalb an Chaos und
die gebrochenen Versprechen von damals. Sie hören von
liberalen Plänen – und sehen vor ihrem inneren Auge
Tschubais' Privatisierungsfilm mit Zeigestock aus den
neunziger Jahren.

Erschwerend kommt hinzu: Die pro-westliche Opposition kämpft untereinander kaum weniger erbittert als
mit dem Kreml. Manchmal erinnert ihr Verhalten an das
russischer Großgrundbesitzer im 19. Jahrhundert. Sie
beäugen voller Argwohn die Ländereien der Nachbarn.
In Grundsatzartikeln fordern sie zwar gern eine Modernisierung des Landes und das Aufbrechen alter Strukturen. Ihre Parteien führen sie selbst aber wie Gutshöfe.

Wera ist frustriert von den verkrusteten Strukturen
der Opposition, dem ewigen Streit, der Unfähigkeit, die
Kräfte zu bündeln. Immer wieder scheitern die Versuche
der Opposition, gemeinsam bei Wahlen anzutreten, um
überhaupt eine Chance auf den Einzug in Parlamente
zu haben. Als im Jahr 2006 wieder einmal eine Allianz

zwischen Georgij Jawlinskij, Gründer und bis 2008 Vorsitzender der sozialdemokratischen Jabloko-Partei, und Tschubais' wirtschaftsliberaler SPS scheiterte, klagte ein SPS-Funktionär, Jabloko wolle sie nicht »als ebenbürtige Partner ansehen«. Jabloko konterte mit der Bemerkung, die SPS werde »vom Kreml kontrolliert«, und führte auf acht Seiten Zitate von Tschubais auf, die das belegen sollten. Boris Nemzow wiederum fand wenig schmeichelhafte Worte, um Jawlinskijs Leute zu beschreiben. Über einen Jabloko-Spitzenfunktionär sagte Nemzow einmal, er erinnere ihn »an einen Clown, der einen Sack Scheiße in der Mitte der Manege in die Luft jagt, nur um danach als Einziger in makellos weißen Kleidern durch den Zirkus zu spazieren«.

Wera ist sich sicher: Die traditionelle Opposition hat abgewirtschaftet, manche ihrer Funktionäre träumten insgeheim davon, »einen Kompromiss mit der Staatsmacht zu schließen«. Sie seien hoffnungslos »zerstritten, beleidigt, sie haben ein zu großes Ego. Man könnte über sie lachen, wenn es nicht so traurig wäre. Die Bevölkerung hat kein Vertrauen mehr in sie.« Die junge Frau hofft auf einen Neuanfang, mit neuen Gesichtern. Sie hat deshalb eine neue Partei mitgegründet, sie nennen sich die »Libertären«. Auf den blauen Parteibüchern prangt das Parteimotto: »Ich wähle die Freiheit.«

Die Gruppe veranstaltet Lesungen der Bücher von Adam Smith. Der Schotte lebte im 18. Jahrhundert, war Philosoph, Aufklärer und vertrat als Erster die Theorie vom freien Spiel der Marktkräfte, die in Russland heute verpönt ist. Weras Engagement für die Libertären ist auch eine Art Aufbegehren gegen den Konsens in der russischen Gesellschaft, gegen die weit verbreitete Sehnsucht nach Stabilität und einem starken Staat. Dem setzt ihre Partei einen radikalen Liberalismus entgegen: so viel Freiheit und so wenig staatliche Regulierung wie möglich. Weras Partei tritt für eine weitgehende Privatisierung der russischen Staatskonzerne ein, will aber auch jedem Russen den Besitz einer Schusswaffe erlauben.

Die Auflage der Parteizeitung *Atlant* liegt bei gerade einmal 500 Exemplaren. Die Libertären haben nur ein paar Hundert Mitglieder landesweit. Wera versteht, dass ihre Partei allein keine Wahlen gewinnen kann. Es geht ihr auch nicht um Macht, sondern ums Prinzip. Wera möchte den Russen beweisen, dass es Platz gibt für Idealisten in der Politik, nicht nur für karrierebewusste Umfaller. Sie zitiert ein geflügeltes Wort, es stammt von Jelzins ehemaligem Ministerpräsidenten Wiktor Tschernomyrdin: »Egal welche Partei wir auch aufbauen, am Ende kommt immer eine Art Kommunistische Partei der UdSSR heraus.« Wera möchte das Gegenteil beweisen.

Ihre Eltern machen sich Sorgen, seit sie wissen, wie sehr sich die Tochter für Politik interessiert. Sie sind Demokraten, aber keine Dissidenten. Weras Vater liest den *Moskowskij Komsomolez*, kurz MK, Russlands seriöseste Boulevardzeitung. Die Überschriften sind reißerisch, die Texte aber lang und in kleiner Schrift. Die meisten drehen sich nicht um Stars, sondern um Politik. Das Blatt steht weitgehend loyal zum Kreml, kann sich vielleicht gerade deshalb regelmäßig beißende Kritik leisten. Als überforderte Behörden im April 2015 die Opposition beschuldigten, Waldbrände gelegt zu haben, die

ganze Landstriche heimsuchten, spottete der MK über
»Brände in den Köpfen« einiger Beamter.

Manchmal macht Wera ihren Eltern Vorhaltungen.
Sie fragt dann, wo sie gewesen seien, »als sich Putin
NTW unter den Nagel riss«. Der Präsident ließ 2000 den
damals von Oligarchen kontrollierten Fernsehsender
durch Gazprom übernehmen. Sondereinheiten der Polizei stürmten das Gebäude, sie trugen Sturmhauben und
Kalaschnikow-Gewehre. Seitdem wird *NTW* vom Kreml
gelenkt und sendet immer wieder Schmähberichte über
Oppositionelle und Menschenrechtsaktivisten. Auf die
Vorhaltungen der Tochter antworten Vater und Mutter,
sie seien damals lieber zu Hause geblieben. »Wir haben
auf dich aufgepasst. Wir haben die Familie durch eine
schwierige Zeit gebracht.«

Weras politisches Engagement ist auch der Staatsmacht nicht verborgen geblieben. Zweimal haben sie
Mitarbeiter der Abteilung »Zentrum E« angerufen, einer
Sondereinheit des Innenministeriums für Extremismus-
bekämpfung. Wenn Wera spät nach Hause kommt, weil
sie wieder einmal nach einer Demonstration verhört
wurde, verschont sie ihre Mutter mit der Wahrheit und
sagt: »Ich war tanzen.«

Barrikaden

Einmal im Monat lädt Weras Partei zum Debattierzir-
kel ein. Die Arena ist ein Underground-Café in Moskaus
Innenstadt, das *Artefaq*. Die Decken des Kellergewölbes
sind niedrig, die Beleuchtung schlecht. Hinter der Wand

des DJ-Pults hängt moderne Kunst. Es riecht nach Bier und Zigaretten. Die Diskussionsrunden sind ein Highlight im politischen Leben Moskaus am Ende der Medwedew-Zeit, leidenschaftlich, laut und manchmal hart an der Grenze zu einer Saalschlacht.

Wera bringt Menschen an einem Tisch zusammen, die sich hassen: Der Jabloko-Parteichef streitet mit dem neostalinistischen Schriftsteller Eduard Limonow, dem Anführer der »Nationalbolschewistischen Partei«. Ein liberaler Anwalt diskutiert mit Dmitrij Zorionow, einem ultra-religiösen Straßenkämpfer.

An einem heißen Juliabend treffen sich im *Artefaq* Jungpolitiker der prowestlichen Opposition und Nachwuchskräfte des Putin-Lagers, um sich rhetorisch zu messen. Thema der Debatte soll »Barrikadenabbau« sein. Der Abend lässt aber ermessen, wie tief die Gräben zwischen beiden Lagern tatsächlich sind. Der Saal des *Artefaq* bietet Sitzplätze für 60 Zuschauer, gekommen sind 200. Viele Anhänger von Putins Kurs sind schon zwei Stunden vor Beginn erschienen. Sie johlen, als ihre Diskutanten vorgestellt werden.

Auf der Seite des Kreml-Lagers nehmen drei Vertreter der Jugendorganisation »Die Unsrigen« Platz. Auf der anderen Seite des Tisches sitzen drei Jungaktivisten der Oppositionsbewegung »Solidarität« des ehemaligen Schachweltmeisters Garri Kasparow. Wera trägt ein kariertes Hemd und einen Schlips um den Hals. Sie eröffnet das Streitgespräch: »Bald sind Wahlen, die Opposition bildet eine Koalition, der Kreml eine Volksfront«, sagt sie. Das Mikrofon fiept. »Ist eine Revolution bei uns möglich, auf die manche hoffen und die andere fürchten?«

97

Die »Unsrigen« haben Statistiken mitgebracht. Lebensstandard und Einkommen haben sich in den letzten Jahren vervielfacht: »1999 lag das Durchschnittseinkommen bei 78 Dollar, jetzt sind es 701 Dollar.« Es könne höchstens zu »Provokationen« kommen, »aber eine substanzielle Protestmasse gibt es nicht in unserem Land«.

Die Opposition hat sich ebenfalls vorbereitet, ihr Sprecher streckt einen Zettel mit Grafiken hoch. Sie zeigen, dass Russlands Bevölkerung während Putins Herrschaft sinkt, das Beamtenheer aber immer weiter wächst: »Früher oder später wird die Revolution kommen!« Die Kreml-Jugend wirbt dagegen für Verständnis für Putins autoritären Kurs: »Wenn eine Gruppe auf Wanderschaft in Schwierigkeiten gerät, aus denen sie keinen Ausweg findet, bestimmt sie ja auch einen Diktator.«

Am Ende des Streits geben die Zuschauer ihr Votum ab. Mit 85 zu 80 Stimmen wird das Kreml-Lager zum Sieger erklärt, der Rest hat sich enthalten. Der Abend im *Artefaq* zeigt, wie festgefahren die Überzeugungen des Publikums sind. Viele der Besucher hatten sich schon vor Beginn der Debatte festgelegt. Sie hatten am Eingang nur einen der beiden Stimmzettel mitgenommen, den roten für die Kreml-Jugend oder den gelben für die Opposition.

Die Schicksale, die sich an diesem Abend kreuzen, laufen nur wenig später weit auseinander. Der »Kommissar« Gleb Krajnik ist während der Debatte Wortführer der »Unsrigen«. Er trägt Krawatte zum Dreitagebart, Jackett und kurze Hosen. Krajnik wird später auch im Westen Bekanntheit erlangen. Er startet eine

Schmuck- und Designkollektion mit dem deutschen
Namen »Putin-Versteher«. Ihm gegenüber sitzt Anastasija Rybatschenko von der Opposition. 2012 wird sie landesweit zur Fahndung ausgeschrieben. Ihr drohen bis zu
acht Jahre Haft, nachdem eine Demonstration am Vortag
von Wladimir Putins Rückkehr in den Kreml gewaltsam
eskalierte. Rybatschenko flieht zunächst nach Estland.
Später wird sie in Berlin Mitarbeiterin des Wissenschaft-
lichen Dienstes des deutschen Bundestags.

Wera Kitschanowas Co-Moderator ist Wladislaw
Tschernosub, ein blasser junger Mann mit Stoppelhaar
und Brille. An diesem Abend ahnt er noch nicht, dass
auch er seine Heimat verlassen wird. 2013 beantragt er
politisches Asyl in Litauen.

Warum es in Georgien geklappt hat

Zwei Jahrzehnte nach dem Zusammenbruch der Sowjetunion beeinflussen sich die Entwicklungen in den
Ländern des ehemaligen Ostblocks noch immer stark.
Wera hat viel zur ukrainischen Revolution in Orange
gelesen. Sie ist enttäuscht. Dort habe »de facto nur die
eine korrupte Clique die andere verdrängt«. Verändert
habe sich wenig. Ein anderes Land macht ihr mehr Hoffnung. In ihrer Ledertasche trägt sie ein kleines Buch
mit sich herum. Der Titel lautet »Warum es in Georgien
geklappt hat«. Es ist eine Bestandsaufnahme der georgischen Reformen unter Micheil Saakaschwili, den die
so genannte Rosenrevolution 2004 in den Präsidenten-
palast trug.

Das Buch der Moskauer Wirtschaftswissenschaftlerin Larissa Burakowa beschreibt, wie die neuen Machthaber die alte, sowjetisch geprägte Bürokratie abschafften und die Korruption in der Polizei zurückdrängten. Im Sommer 2011 war Wera deshalb in Georgiens Hauptstadt gereist, zur »In Liberty School«, einer Seminarreihe. 40 Oppositionsaktivisten aus der ehemaligen Sowjetunion waren dabei, Russen, Ukrainer, Weißrussen, Balten, einige aus Usbekistan. Weras Vater warnte damals, sie reise zu »Faschisten«. Die Tochter aber war begeistert von der Stimmung in Georgien, von den Reformen, von der Tatsache, dass man in Tiflis ein Restaurant in fünf Minuten eröffnen kann, ohne viel Papierkram.

Der Georgier Micheil Saakaschwili war gerade einmal 36 Jahre alt, als er zum Hoffnungsträger aufstieg für Regierungsgegner auf dem gesamten Gebiet der ehemaligen Sowjetunion, in Kiew, Minsk, Moskau und den Republiken Zentralasiens. Ein friedlicher Aufstand brachte ihn ins Amt. Die Georgier vertrieben 2003 den greisen Eduard Schewardnadse. Das war mehr als nur ein Machtwechsel. Schewardnadse, einst Gorbatschows Außenminister und entschiedener Vorkämpfer der Perestroika, war 75 Jahre alt und starrsinnig geworden. Dringend notwendige Reformen packte er nicht mehr an. Saakaschwili dagegen, den bald Anhänger wie Gegner bei seinem Kosenamen »Mischa« riefen, hatte im Westen studiert.

Wera Kitschanowa sieht in Saakaschwilis Georgien ein Vorbild, weil es so gründlich wie keine andere der ehemaligen Sowjetrepubliken versucht, das sowjetische Erbe abzuschütteln. In den Anti-Korruptions-Ranglisten von Transparency International machte das Land von 2005 bis 2011 einen Satz von 66 Plätzen auf Rang 64. Georgien rangierte zwischenzeitlich fünf Plätze vor Italien, 65 vor dem Nachbarland Armenien. Im Jahr 2016 liegt Georgien auf einem respektablen 48. Rang, mehr als hundert Plätze vor dem großen Nachbarn Russland.

Von einem Tag auf den anderen setzt Saakaschwili 40 000 Milizionäre auf die Straße, die neuen Ordnungshüter müssen einen harten Auswahlprozess durchlaufen. Sie ziehen in neue Polizeireviere, moderne Gebäude aus Glas und Stahl. Die Transparenz ist mehr als nur ein Symbol: Die Bürger sollen von der Straße leichten Einblick haben in die Behörden, die früher berüchtigt waren für Misshandlungen in dunklen Hinterzimmern. Saakaschwili holt junge Georgier in die Heimat zurück, die im Ausland studiert haben. Viele sind Absolventen amerikanischer Elite-Hochschulen.

Georgiens junge Reformer machen sich daran, den Staat neu aufzubauen. Die Steuerbehörden werden auf den Kopf gestellt. Die Regierung entwickelt kreative Lösungen, um die Einnahmen zu erhöhen. Geschäfte werden verpflichtet, neue Registrierkassen einzuführen. Sie drucken Zahlencodes auf die Quittungen, die gleichzeitig Lose sind für eine landesweite Lotterie. So achten die Georgier bald selbst darauf, dass Supermärkte und Tankstellen Geld nicht mehr am Fiskus vorbei kassieren.

Moderne Bürgerzentren öffnen überall im Land. Ausweispapiere und Reisepässe werden dort innerhalb eines Tages ausgestellt, früher dauerte das drei Monate und war nur mit Bestechungsgeldern zu beschleunigen.

Saakaschwili war angetreten, sein Land entschlossen nach Westen zu führen. Er träumte von einem Beitritt zu Nato und EU und legte sich mit Putins Russland an. Als wollte er diesen Kurswechsel für die Ewigkeit zementieren, ließ Saakaschwili überall im Land internationale Architekten bauen. Sie sollten dem Vier-Millionen-Einwohner-Land ein modernes Antlitz geben und ein sichtbares Gegengewicht schaffen zu den tristen Blöcken, die einst die Sowjets in Tiflis und anderswo hingeklotzt hatten.

»Die Sowjetunion war voll grauer Straßen, bevölkert von grauen Menschen in grauen Anzügen, die in grauen Häusern wohnten«, hat Saakaschwili einmal gesagt. Diktaturen sind eintönig und Demokratien sind bunt, so sein Credo. Deshalb holte er Architekten aus dem Westen, Männer wie den Deutschen Jürgen Mayer H. Der hat im Kaukasus Polizeistationen errichtet und einen Flughafen, insgesamt rund ein Dutzend Gebäude seit 2010. Georgien sei, sagt er, so ziemlich das einzige Land auf der Welt, »das auch einen Grenzposten oder eine Raststätte als Bauaufgabe für gute Architektur begreift, und als Zeichen seiner Erneuerung«.

Mit den Jahren bekam allerdings auch Saakaschwilis Reformer-Image Kratzer. 2007 ließ er Massenproteste niederknüppeln. 2008 dann brach er – durchaus von der Gegenseite provoziert – den Fünf-Tage-Krieg mit Russland vom Zaun. Später wurden Fälle von Folter in Georgiens überfüllten Gefängnissen bekannt.

Saakaschwilis Polizeireform hat zwar die Korruption im Alltag ausgerottet: Wer in einem Taxi in Tiflis sein Handy verliert, hat gute Chancen, dass der Fahrer es am nächsten Tag vorbeibringt, aus Angst vor einer Strafe. Aber auf den höheren Ebenen trieb die Korruption neue Blüten. Nach Angaben von Transparency International gebot Saakaschwilis Verteidigungsminister 2011 über ein einflussreiches Firmengeflecht und die größten Tankstellenketten des Landes. Undurchsichtige Briefkastenfirmen kontrollierten weite Teile der Wirtschaft. Um die wahren Eigentümer zu verschleiern, sind diese Firmen in Offshore-Zonen registriert, winzigen Steueroasen wie den Britischen Jungferninseln oder Panama.

Als seine zweite und laut Verfassung letzte Amtszeit sich dem Ende zuneigte, bereitete Georgiens Präsident seinen Wechsel auf den Sessel des Premierministers vor. Mit anderen Worten: Saakaschwili, der sein Land doch in ein zweites »Singapur oder Dubai« verwandeln wollte, schickte sich an, seinen großen Rivalen Wladimir Putin nachzuahmen. Anders als der Kreml-Chef musste er sich bei den Wahlen einem breiten Oppositionsbündnis geschlagen geben. Saakaschwili vollbrachte damals seine vielleicht größte Leistung: Er fügte sich – wenn auch grollend – in die Niederlage und ließ von der Macht.

Wera bewundert vor allem einen Mann aus Saakaschwilis ehemaliger Mannschaft: Der Unternehmer Kacha Bendukidse hatte Anfang der neunziger Jahre in Russland ein Vermögen gemacht und war 2001 in Putins Unternehmerrat berufen worden. Nach Saakaschwilis Rosenrevolution kehrte er in seine Heimat zurück, wurde erst Wirtschaftsminister und dann Beauftragter für die »Koordinierung der Reformen«. Eine seiner ersten Amtshandlungen war die Entlassung von zwei Dritteln der Angestellten seines Ministeriums, insgesamt mehr als tausend Beamte. Wera hat Bendukidse für die *Nowaja Gaseta* interviewt. Er erzählte ihr, dass die Russen tief in ihrem Innern »heimliche Libertäre« seien, weil jeder Russe um die Ineffizienz des Staates wisse, um die korrupten Beamten.

Im Jahr vor den anstehenden russischen Präsidentschaftswahlen ist Wera sich sicher: 2012 wird sich entscheiden, welchen Weg ihr Heimatland einschlägt. Wenn der Druck von der Straße wachse, seien drei Varianten möglich: echte Reformen nach dem Vorbild Georgiens, eine fruchtlose Revolution wie in der Ukraine oder ein autoritärer Rückschlag, Anziehen der Daumenschrauben also. Sie nennt das »weißrussisches Szenario«. Weißrusslands Diktator Alexander Lukaschenko hatte Massendemonstrationen 2010 und 2011 brutal niederschlagen lassen.

Wera hat Angst, »weil es immer gefährlicher wird, in der Opposition zu Putin zu sein«. Die nächsten Monate könnten entscheidend werden. »Wenn es in Russland eine Chance für Wandel gibt, werde ich bleiben. Vielleicht werden die Menschen auf die Straße gehen, ich hoffe es noch, in einem Jahr wissen wir mehr.« Wera spricht über die Möglichkeit, ihrem Geburtsland zur Not den Rücken zu kehren, sie denkt an Georgien, ihre liberalen Überzeugungen seien dort herrschende Meinung. Wera sagt, ihre Heimat sei »dort, wo die Menschen so denken wie ich«.

6. Kriegskind

»Hauptsache, nie wieder Krieg.«

An einem Herbsttag im Oktober 2011 betritt Taissa das *Qube* – ein Café im Zentrum der tschetschenischen Hauptstadt Grosny. Taissa, 20, kommt gern hierher. Aus den Lautsprechern rieselt westliche Popmusik und der Kellner verzieht nicht gleich das Gesicht, wenn sich eine junge Frau ohne die Begleitung eines männlichen Verwandten an einen der Tische setzt. Taissa zupft züchtig ein Stück Stoff über ihr schulterlanges Haar. Die junge Muslimin trägt Kopftuch, aber eines von Louis Vuitton.

Taissa würde gern Karriere als Modejournalistin machen. Neben dem Studium schreibt sie Artikel für *Sluchi chodjat*, ein Lifestyle-Magazin für Tschetscheniens archaische Gesellschaft, in dem Frauen Tipps für sittsame Kopfbedeckungen finden und Männer Testberichte über Pistolen.

An keinem anderen Ort in Russland hat Wladimir Putins Präsidentschaft tiefere Spuren hinterlassen als in Grosny. In den Jahren 1999 und 2000 ließ Putin die Hauptstadt der islamisch geprägten Republik sturmreif schießen. Vier Jahre später befahl er ihren Wiederaufbau. Von den Fassaden vieler Häuser hängen nun Plakate mit seinem Konterfei. Die Flaniermeile, an der auch das *Qube* liegt und die vor dem Tschetschenienkrieg in Erinnerung an den Triumph der Sowjetunion über Hitlerdeutschland »Prospekt des Sieges« hieß, trägt heute den

Namen »Putin-Prospekt«. Republikchef Ramsan Kadyrow, seit 2007 im Amt, hat die Straße umbenennen lassen, zu Ehren des Gönners, der ihm freie Hand lässt.

Grosny, die Schreckliche

Taissa wurde am 11. November 1991 in Grosny geboren. Zwei Monate zuvor hatten dort tschetschenische
Politiker die Unabhängigkeit ausgerufen. Drei Jahre
später schickte Moskau zum ersten Mal seine Truppen.
25 000 Menschen starben damals allein beim Sturm auf
Grosny. Taissa erinnert sich, wie ihre Familie Schutz
suchte bei den Nachbarn. Sie kauerte mit den Eltern in
dem Erdloch, in dem die Nachbarn sonst ihre Lebens-
mittelvorräte aufbewahrten. Der Boden war matschig,
zwischen ihren Beinen krabbelten Insekten und Ratten. Über dem Viertel kreisten russische Hubschrauber.
Während die Bomben fielen, erzählten die Alten im
Keller Witze. Der Humor des tschetschenischen Volkes
sei unsterblich, sagt Taissa. Weil die Kämpfe andauer-
ten, brachten Verwandte sie und die beiden Geschwister
ins benachbarte Inguschetien. Die Eltern kamen später
nach. Taissa erinnert sich an die Flucht zu Fuß entlang
der Autobahn M-29 Richtung Westen. Am Wegesrand
lagen Leichen. Sie hat sich damals seltsam losgelöst von
allem gefühlt, »schwerelos wie ein Kosmonaut im All«.
Taissa kann nicht sagen, wie sie damals aussah, ob
sie Schleifen im Haar trug oder einen Pferdeschwanz. Es
gibt keine Kinderfotos von ihr. Sie sind verloren gegangen, als das Haus ihrer Eltern in Grosny während des

Kriegs geplündert wurde. Neue hat nie jemand geschossen. »Uns war nicht danach«, sagt Taissa. »Niemand posiert gern vor Ruinen.« Sie ist nie als Kind im Kino gewesen. Die erste Zirkusvorstellung hat sie besucht, als sie 15 Jahre alt war. Es war ein russischer Wanderzirkus, die alte Zirkusmanege in Grosny hatten die russische Luftwaffe und Artillerie zerstört. Taissa hat sich geschworen, dass ihre Kinder eines Tages in den Genuss all dessen kommen sollen, was sie nie hatte.

Grosny war einmal der Stein gewordene Herrschaftsanspruch Russlands über den Nordkaukasus. Grosny heißt auf Deutsch übersetzt »schrecklich«, »drohend« oder »streng«. Es geht die Legende, dass ein russischer General im 19. Jahrhundert den Namen bewusst für die neue Garnison wählte, um die Feinde des Zaren zu beeindrucken. Als der Schah von Persien Anspruch auf das Gebiet erhob, soll General Alexej Jermolow ihm lakonisch beschieden haben: »Den Brief Eurer Hoheit habe ich in der festen und unerschütterlichen Festung Grosny erhalten.«

Grosny, die Schreckliche – so hat sich die Stadt auch in das Gedächtnis des Auslands eingebrannt. Die Hauptstadt der Teilrepublik wurde innerhalb von sechs Jahren zweimal zerstört, 1994 und 2000. Wer Grosny hört und alt genug ist, dem kommen Kriegsbilder aus den Nachrichten von damals in den Sinn: Häuser mit leeren Fensterhöhlen, ausgebombte Straßenzüge und Fassaden, die mit Einschusslöchern übersät sind wie mit Pockennarben.

Heute aber hat die Stadt ein neues Herz von atemberaubender Schönheit. Wo der Putin-Prospekt das sich gurgelnd aus den Bergen in die tschetschenische

Ebene ergießende Flüsschen Sunscha überquert, recken sich die vier Minarette der Moschee »Herz Tschetscheniens« in den Himmel. Türkische Baufirmen haben sie nach dem Vorbild der Sultan-Ahmed-Moschee in Istanbul erbaut, innerhalb von nur zweieinhalb Jahren. Die Fassaden sind mit weißem Marmor von der türkischen Marmara-Insel verziert, das Innere erhellen Kronleuchter aus glitzerndem Kristall.

Grosny, von den Vereinten Nationen im Jahr 2000 zur »am stärksten zerstörten Stadt der Welt« erklärt, ist nicht wiederzuerkennen. Hinter der Moschee erheben sich die gläsernen Fassaden der Grosny City Towers, fünf moderne Bürotürme. In der Ferne schimmern türkis die Kuppeln eines neuen Regierungsgebäudes. Es mutet so futuristisch an, als habe sich der Architekt am Filmset des Science-Fiction-Blockbusters *Krieg der Sterne* orientiert. Sogar die einst zerschossenen Fronten der klobigen sowjetischen Wohnblöcke im Stadtzentrum erstrahlen in neuem Glanz: Republikchef Kadyrow hat die alten Plattenbauten mit Ornamenten aus Stuck und Sandstein schmücken lassen, und wo das Geld für Verzierungen aus Stein nicht reichte, mit Attrappen aus Styropor. In Grosny sprechen sie stolz vom »tschetschenischen Wirtschaftswunder«.

Auch im fernen Moskau ist der Bauboom im Nordkaukasus nicht unbemerkt geblieben, löst aber zwiespältige Gefühle aus. Grosny und Tschetschenien seien in einer Art wiederhergestellt, dass man auf den Gedanken kommen könne, nicht Russland habe die Kriege gewonnen, sondern Tschetschenien, schreibt das einflussreiche Nachrichtenportal *Gaseta*.

Unterwerfung

Der wichtigste Mensch in Taissas Leben ist ihr Vater. Er war Wachmann einer Fabrik. Seit das Unternehmen in den neunziger Jahren schließen musste, hat er sich auf das Taxifahren verlegt, wie so viele Männer über 40 in Grosny. Die Familie stammt aus einfachen Verhältnissen, denkt aber eher modern. Der Vater hat Taissa nie Vorschriften gemacht, welche Kleider sie tragen soll. Er hat die Tochter als Kind mit den Jungen der Nachbarschaft spielen lassen, sie gaben Taissa den Spitznamen »Ataman«, weil sie ungestüm war wie ein Hauptmann der Kosaken.

Der Vater ist mit seiner Tochter fast so umgegangen, als wäre sie ein Sohn. Taissa hat Hosen getragen, bis sie 15 Jahre alt war. Ihr Vater ging mit ihr angeln und brachte ihr bei, wie man einen Fisch so ausnimmt, dass er nicht schnell verdirbt: am Rücken greifen und den Bauch mit dem Messer von hinten nach vorne aufschneiden. Er hat Taissa zu einer selbstbewussten jungen Frau erzogen. Aber sie ist groß geworden in einer Zeit, in der Tschetscheniens Gesellschaft immer reaktionärer wird.

Taissa läuft durch eine der modernen Einkaufspassagen, die am Putin-Prospekt geöffnet hat. Die Boutiquen verkaufen hier wie im hedonistischen Moskau Mäntel der Luxusmarken Burberry oder Cardin. Daneben aber finden sich Anzeichen dafür, dass das säkulare Moskau in Grosny den Kampf gegen einen erstarkenden radikalen Islam doch verlieren könnte. An den Wänden mahnen Koranzitate und fromme Verse zu Gehorsam: »Und jeder, dem Allah den Glauben schenkte, muss Könige und Sultane lieben und sich ihren Befehlen unterwerfen.«

Menschenrechtler beschuldigen Moskaus örtlichen Statthalter der Folter und des Mordes. Der Kreml aber schätzt ihn, weil Kadyrow hart gegen Rebellen vorgeht, die im Nordkaukasus für Unabhängigkeit kämpfen, für einen islamistischen Gottesstaat. Zwei Kriege hat Russland um Tschetschenien ausgefochten. Dank Kadyrow müssen russische Soldaten nun nicht mehr Haus um Haus erobern.

Stattdessen führt jetzt Taissa Tag für Tag einen zähen Abwehrkampf. Sie kämpft um jeden Zentimeter Haut. Die Ärmel hat sie gerade so weit über die Ellenbogen gezogen, wie es Kadyrows Sittenwächter zulassen. Mit bloßem Haupt und ohne langen Rock aber darf sie keine Vorlesung mehr an der Hochschule besuchen. Taissa sagt, sie bekenne sich zu Allah. »Ich liebe meinen Glauben, doch die neuen Sitten haben sehr plötzlich Einzug gehalten.« Sie kennt Fälle, in denen junge Frauen auf der Straße mit Paintball-Gewehren beschossen wurden, weil sie kein Kopftuch trugen.

Russlands Trauma

Tschetscheniens Regime ist auch ein Produkt der Ratlosigkeit. Moskau hat es etabliert, um Frieden zu haben in einer nie restlos befriedeten Region. Die Zaren hatten Tschetschenien im 19. Jahrhundert erobert, aber nie endgültig unterworfen. Der Landstrich von der Größe Schleswig-Holsteins war Schauplatz ständiger bewaff-

neter Konflikte. Zu Zeiten der Zaren griffen Tschetsche-
nen-Trupps russische Nachschubeinheiten auf der nahe
gelegenen Georgischen Heerstraße an. Im Zweiten Weltkrieg paktierten einige Anführer der Tschetschenen
mit Deutschland, um die sowjetische Herrschaft abzuschütteln. Stalin ließ daraufhin 400 000 Tschetschenen
in Viehwaggons nach Zentralasien deportieren, obwohl
nur eine Minderheit der Bevölkerung mit den Nazis kol-
laboriert hatte. Die Strafaktion kostete Zehntausende
das Leben, erst ab 1957 durften die Menschen in ihre
Heimat zurückkehren. Zum Zeitpunkt des Zerfalls der
Sowjetunion war Tschetschenien offiziell teilautonom,
hatte anders als Balten und Ukrainer aber nicht den Status einer selbstständigen Sowjetrepublik.

Das Misstrauen zwischen Russen und Tschetschenen
sitzt tief. Russlands Nationaldichter Alexander Puschkin
hat die Männer aus dem Nordkaukasus einst als heim-
tückische Mörder beschrieben: »Schlafe nicht, Kosake! In
der Dunkelheit der Nacht macht sich der Tschetschene
ans Ufer.« Diese Metapher findet sich auch bei seinem
Schriftstellerkollegen Michail Lermontow. Noch heute
kennt jeder Russe Lermontows Vers über den Tschetschenen, der »ans Ufer kriecht und sein Messer wetzt«.
Auf der anderen Seite fühlen sich die meisten Tschetschenen als russische Bürger zweiter Klasse.

Anfang September 1991 stürmten in Grosny Anhänger der tschetschenischen Unabhängigkeitsbewegung
das moskautreue Regionalparlament. Ihr Anführer war
ein ehemaliger sowjetischer Luftwaffengeneral, Dschochar Dudajew. Der Chef der Kommunistischen Partei in
Grosny kam dabei ums Leben. Es wurde nie geklärt, ob er

bei einem Fluchtversuch aus dem Fenster gestürzt war oder ob er gestoßen wurde.

Dudajew rief die Tschetschenische Republik Itschkerien aus, konnte aber keine Ruhe im Land schaffen. Es folgte ein Bürgerkrieg zwischen Dudajew und seinen Gegnern, von denen Moskau einige unterstützte. Verstärkt durch russische Soldaten unternahmen sie 1994 den Versuch eines bewaffneten Umsturzes, scheiterten aber. Am 1. Dezember desselben Jahres begannen russische Kampfflugzeuge Luftangriffe auf Ziele in Tschetschenien. Präsident Boris Jelzin setzte Truppen in Marsch, um »die verfassungsmäßige Ordnung wiederherzustellen«.

Doch das gelang nie. Der erste Krieg endete im August 1996 – Taissa war gerade fünf Jahre alt – formal mit einem Waffenstillstandsabkommen, in Wahrheit aber mit einer Niederlage der russischen Armee, die schlecht ausgerüstet war, schlecht geführt und demoralisiert. Verhandlungen über den Status der Republik wurden vertagt auf das Jahr 2001. De facto war Tschetschenien in dieser Zeit Moskaus Kontrolle entzogen. Frieden kehrte damit nicht ein. Immer wieder schwärmten islamistische Terrorkommandos aus in die Nachbarrepubliken und ins russische Herzland. Seit 1991 sind mehr als 2000 Menschen in Russland bei Terroranschlägen ums Leben gekommen.

Im August 1999 überschritten tschetschenische Kämpfer unter dem Kommando des Rebellenführers und radikalen Islamisten Schamil Bassajew die Grenze zur Nachbarprovinz Dagestan. Sie riefen dort eine »Islamische Republik« aus. Begleitet wurde die Einheit von einem Mann aus Saudi-Arabien. Ibn al-Chattab war in einem Camp von Osama bin Ladens Al-Qaida in Afghanistan ausgebildet worden. Der Angriff gilt heute als einer der Auslöser für den zweiten Tschetschenienkrieg.

Kurz darauf kam es in Moskau und anderen russischen Städten zu einer Reihe von Sprengstoffanschlägen auf Wohnhäuser, mehr als 300 Menschen starben. Weil der Inlandsgeheimdienst FSB in der Stadt Rjasan zur selben Zeit einen ähnlichen Anschlag simulierte – angeblich zu Übungszwecken –, war danach die Theorie in der Welt, der Kreml selbst stecke hinter den Anschlägen. Putin – 1999 gerade Premierminister geworden – habe den nächsten Krieg provozieren wollen, um als Terrorbekämpfer zu punkten. Am 1. Oktober marschierten erneut russische Truppen in Tschetschenien ein.

So wie Taissa mit ihren Eltern flohen während des zweiten Kriegs 500000 Tschetschenen, fast die Hälfte der Bevölkerung. Über 50000 Menschen kamen ums Leben. Im Kreml reifte damals die Erkenntnis, da Tschetschenien sich ohnehin wohl niemals Moskaus »verfassungsmäßiger Ordnung« unterwerfen werde, könnte man auch gleich ganz darauf verzichten. Offiziell erhielt der Landstrich zwar nur den Status eines autonomen Gebiets wie viele andere in Russland. In Wirklichkeit verloren zahlreiche russische Gesetze in der Republik ihre Wirkung.

Der Chefideologe des Kreml, Wladislaw Surkow, hat die neue Linie einmal in einem Satz zusammengefasst: »Die Tschetschenische Republik muss bei Russland bleiben. Über alles andere können wir reden.« Russland – laut Verfassung ein demokratischer, föderativer Rechts-

staat mit republikanischer Regierungsform – machte
sich daran, in Tschetschenien eine totalitäre Diktatur zu
errichten. Dafür fehlte nur das richtige Personal.

Vater und Sohn

Achmat Kadyrow kannte die Gegner Moskaus in Tschetschenien gut, er war selbst einmal einer von ihnen gewesen. Der Vater des heutigen Republikchefs hatte 1994
als Großmufti zum Dschihad gegen Russland aufgerufen, zum Heiligen Krieg. Bekannt wurde seine Behauptung, zur Not würden die Tschetschenen auch »Wladi-
wostok und Moskau« erobern. Da die Tschetschenen
den Russen zahlenmäßig unterlegen seien, müsse
»jeder Tschetschene 150 Russen töten«. Selbst nachdem
er auf die Seite des Kreml gewechselt war, dementierte
Achmat Kadyrow diese Aussage eher halbherzig. Eine
genaue Zahl habe er nie genannt, er habe von »so vielen
Russen wie möglich« gesprochen.

Zu Beginn des zweiten Tschetschenienkriegs hatte
sich Kadyrow senior in den Dienst Moskaus gestellt. Er
war gegen den wachsenden Einfluss radikaler Dschi-
hadisten aus dem Ausland, außerdem rechnete er sich
als Gefolgsmann Moskaus bessere Karrierechancen aus.
Wladimir Putin setzte Kadyrow senior im Juli 2000 als
Verwaltungschef ein. Im Oktober 2003 wurde er Präsident der Republik.

Für den Kreml war Kadyrow als Partner interessant.
Er war Spross einer der einflussreichsten Sippen Tschetscheniens und verfügte über eine Art Privatarmee von

mehreren Tausend Mann. Um den Krieg zu beenden, verlagerte Russland ihn auf die lokale Ebene. Die Front verlief fortan nicht mehr zwischen föderalem Zentrum und dem rebellischen Volk im Nordkaukasus. Die Tschetschenen kämpften nun untereinander, wobei Moskau die paramilitärische Kadyrowzy, die Leibgarde Kadyrows, unterstützte. Kommandeur der Truppen war dessen Sohn Ramsan.

Am 9. Mai 2004 wurde Achmat Kadyrow bei einer Bombenexplosion im Stadion von Grosny getötet. Noch am selben Tag empfing Putin in Moskau Kadyrow junior, damals 27 Jahre alt. Er wurde zunächst zum stellvertretenden Ministerpräsidenten ernannt, ein Jahr später zum Premierminister. 2007 wurde er Präsident. Der neue starke Mann versprach, die Unruheprovinz in den »blühendsten, stabilsten und demokratischsten Teil Russlands« zu verwandeln.

Geld gewinnt die Schlacht um Grosny

Kadyrows Herrschaft in Tschetschenien beruht auf zwei Säulen: Gewalt und Geld. Wladimir Putin hatte im Mai 2004 einen Rundflug über das Trümmerfeld von Grosny unternommen. Moskaus Truppen kontrollierten damals schon länger die Hauptstadt, die Straßenzüge lagen aber noch immer in Ruinen. Es sehe »furchtbar aus vom Hubschrauber«, erklärte Putin. Man hatte ihm vorgegaukelt, der Wiederaufbau schreite voran. Nach der Visite begannen die Hilfsgelder aus Moskau zu fließen. Pro Jahr sind es seither rund 1,5 Milliarden Euro.

Russlands Geld hat die Schlacht um Grosny gewonnen. Die neuen herrlichen Gebäudefassaden geben Tschetschenien allerdings lediglich den Anschein von Modernität. Die Frage ist außerdem, wie russisch dieses Tschetschenien noch ist. Der Anteil der russischen Bevölkerung ist rapide gesunken, Hunderttausende haben die Teilrepublik wegen der Kriege verlassen. Als die Sowjetunion zusammenbrach, waren ein Viertel der Einwohner Tschetscheniens Russen – heute machen sie nur noch etwa 2 Prozent der Bevölkerung aus. Ihr Exodus erfasste auch die Nachbarrepubliken: In Inguschetien und Dagestan halbierte sich die Zahl der russischen Einwohner.

Taissa hat verschwommene Erinnerungen an ihre *Njanja*, eine russische Kinderfrau aus der Nachbarschaft, die »gütige Wassilisa«. Tschetschenen und Russen lebten vor dem Krieg weitgehend friedlich Tür an Tür. Wenn Taissa, ein wildes Kind, mal wieder Reißaus genommen hatte, suchte Wassilisa sie in den Höfen der Nachbarhäuser. Hatte sie das Kind gefunden, nahm sie Taissa über die Schulter und stapfte zurück. Im Krieg wurde Wassilisa von einer Rakete getötet.

Enfant terrible

Ich bin Ramsan Kadyrow das erste Mal im Februar 2007 begegnet, er stand kurz davor, auch offiziell als Präsident der Republik eingesetzt zu werden. Seine Mannschaft gab sich alle Mühe, diesem seltsamen Zusammentreffen mit einer Gruppe Journalisten den Anschein eines Zufalls zu geben.

Die Moskauer Präsidialadministration hatte eine Pressetour für internationale Medien nach Tschetschenien organisiert. Damals benötigte man eine gesonderte Akkreditierung für die Region, die bis 2009 offiziell noch Gebiet einer Anti-Terror-Operation war. Auf dem Rückweg aus der Provinzstadt Schali leerte sich die Landstraße wie von Geisterhand. Der Bus hielt ohne Erklärung am Straßenrand, im Schatten eines der neuen Stadttore, die Kadyrow an Grosnys Ausfallstraßen hatte errichten lassen. Über den beiden Torbögen hingen Porträts von Putin und von Kadyrows Vater Achmat.

Ein schwarzer Audi kam neben dem Bus zum Stehen. Die Fahrertür sprang auf, Kadyrow stieg aus und machte ein überraschtes Gesicht: »Oh, ausländische Journalisten! Was für ein Zufall!« Wie der Eindruck der Besucher von Tschetschenien sei, wollte er wissen. Wie die Unterkunft gefalle, ob es an etwas mangele. Einen Mann des japanischen Fernsehens knuffte er freundschaftlich in die Nierengegend.

Die Liste der Menschen, die Ramsan Kadyrow freundschaftlich in die Nierengegend gepufft hat, kann sich sehen lassen. Ruud Gullit gehört dazu. Der Niederländer hat 13 Spieltage lang vergeblich versucht, den FC Terek Grosny auf Kadyrows Weisung zur »besten Mannschaft Russlands und Europas« zu formen. Für Gullit ließ Kadyrow Fassaden auf dem Weg zum Stadion orange anmalen, aber nach fünf Monaten ohne Erfolg musste der Niederländer gehen.

Argentiniens Fußballidol Diego Maradona bekam in den Katakomben des Stadions in Grosny einige Klapse ab, Kadyrow hatte ihn und andere Fußballlegenden wie den Portugiesen Luís Figo für das Eröffnungsspiel des neuen Stadions einfliegen lassen. Kadyrow ließ auch schon Lothar Matthäus kommen, um gemeinsam mit dem Weltmeister von 1990 zu kicken.

Jahr für Jahr am 5. Oktober gedenkt Grosny der Gründung der Stadt durch den russischen General Jermolow. Ganz zufällig fällt das Stadtjubiläum mit Kadyrows Geburtstag zusammen. Die Feierlichkeiten sind seit einigen Jahren deshalb besonders pompös. Zu Kadyrows 35. Geburtstag standen Action-Darsteller Jean-Claude van Damme und Oscar-Preisträgerin Hilary Swank auf der Bühne, die Geigerin Vanessa Mae strich für ihren Auftritt 500 000 Euro Gage ein. Ein Durchschnitts-Tschetschene hätte für diese Summe hundert Jahre arbeiten müssen. Das Geld für solche Sausen komme »von Allah«, hat Kadyrow beteuert. Eine nachhakende Journalistin blaffte er an, sie solle doch erst einmal beweisen, dass das Geld aus einer anderen Quelle stamme.

Jedenfalls floss das Geld immer weiter: Kurz darauf wurde bekannt, dass Kadyrows Polizei 15 E-Klasse-Mercedes – Stückpreis: 85 000 Euro – anschaffen wollte, dazu einen Porsche Cayenne. Der Kreml schwieg wie immer zu den Extravaganzen seines Statthalters. Bei Demonstrationen in Moskau wurde aber ein neuer Schlachtruf populär: »Hört auf, den Kaukasus durchzufüttern!«

So richtig schlüssig konnte Kadyrow auch nie erklären, woher das Geld für seine zahlreichen Rennpferde kommt. Der Pferdefan hat mehrere Gestüte, eines davon in Tschechien. Als die Europäische Union ihn 2014 nach der Krim-Annexion mit Sanktionen belegte, waren auch seine Pferde betroffen. Das Preisgeld des Hengsts Dashing Home konnte nicht nach Tschetschenien transferiert werden. Kadyrow war in Rage. Wie im Westen denn von Menschenrechten die Rede sein könne, wenn dort schon »die Rechte von Pferden in gröbster Form verletzt werden, den friedlichsten, gütigsten und zärtlichsten Tieren auf der ganzen Welt?«

Das ist die eine, fast rührend schrullige Seite seines Regimes.

Todesschwadron

Am 13. Januar 2009 wurde ein Mann in der Wiener Innenstadt am helllichten Tag niedergeschossen. Er war aus Tschetschenien geflohen. Umar Israilow, 27 Jahre alt, russischer Pass, verließ gerade einen Supermarkt in der Leopoldstraße, als er von mehreren Kugeln getroffen wurde. Er starb auf dem Weg ins Krankenhaus.

Israilow hatte eine bewegte Vergangenheit. Seine Mutter starb während des ersten Tschetschenienkriegs, da war er 13 Jahre alt. Während des zweiten Feldzugs schloss er sich einer Rebellengruppe an. Er ging »in die Wälder«, wie es in Tschetschenien heißt. 2003 wurde er gefasst.

Was weiter geschah, schilderte Israilow später den österreichischen Behörden. Er wurde nach Zenteroi gefahren, in die Heimatstadt der Kadyrows, und in ein zur Folterkammer umfunktioniertes Fitnessstudio. Männer des russischen Inlandsgeheimdienstes schlugen ihn und forderten ihn auf, den Mord an 17 Menschen zu gestehen. Dann, so hat es Israilow berichtet, übernahm Ramsan Kadyrow persönlich.

Er habe ihn geschlagen und zweimal eine Pistole neben ihm abgefeuert. So steht es in Mitschriften von Israilows Aussage, die österreichische Beamte angefertigt haben. Einer von Kadyrows Vertrauten – später steigt er zum Abgeordneten im russischen Parlament und Kadyrows Kronprinzen auf – prügelte mit einer Schaufel auf Israilow ein. Dann »zeigte mir Ramsan Kadyrow eine Art Gerät mit einer Kurbel und erzählte mir, er hätte es gerade bekommen und würde es an mir ausprobieren. Ich musste mich auf eines der Fitnessgeräte setzen, und Kadyrows Wächter brachten ein Kabel an meinem Ohr an. Dann begann Kadyrow, die Kurbel zu drehen und versetzte mir einen Stromschlag.«

Der Mord an Umar Israilow ist kein Einzelfall. Kadyrow bestreitet zwar vehement, in Auftragsmorde verwickelt zu sein. Gegner und Kritiker seines Regimes kommen allerdings mit bemerkenswerter Regelmäßigkeit gewaltsam zu Tode. Die Reporterin Anna Politkowskaja wurde 2006 von einem tschetschenischen Mordkommando erschossen, die Menschenrechtlerin Natalija Estemirowa 2009. Die Hintermänner wurden nie gefasst. Die Gebrüder Sulim und Ruslan Jamadajew starben ebenfalls durch die Kugeln von Auftragskillern: Ruslan wurde in Moskau erschossen, Sulim in Dubai. Beide waren im zweiten Tschetschenienkrieg mit Moskau verbündete Feldkommandeure, wurden von Russlands Militärgeheimdienst GRU unterstützt und waren ernsthafte Konkurrenten für Kadyrow im Kampf um die Vorherrschaft in Tschetschenien. Immer wieder tauchen

Todesschwadronen auch in der Türkei auf. Zuletzt starb im November 2015 ein ehemaliger Rebellenkämpfer namens Abdulwachid Edelgirejew am Bosporus durch die Schüsse eines Attentäters.

Die österreichische Staatsanwaltschaft bezeichnete Kadyrow offen als Drahtzieher des Anschlags auf Israilow. Drei Mitglieder des Wiener Killerkommandos wurden von einem österreichischen Gericht zu 16 und 19 Jahren Haft verurteilt. Letscha B., einer der Todesschützen, setzte sich rechtzeitig nach Russland ab. Im Jahr 2010 erkannten ihn Mitglieder der tschetschenischen Diaspora auf einem Foto. Es zeigt Letscha B. in Grosny, in der Uniform von Kadyrows Milizionären.

Aufschrei

In Tschetschenien gibt es zwei Meinungen über Kadyrow. Die eine erfährt ein Besucher ungefragt an jeder Straßenecke. Von den Fassaden der Häuser hängen Plakate mit Huldigungen: »Ramsan, danke für Grosny!« Ganz ähnlich klingen auch die Beteuerungen der Bürger, wenn sie die Staatsmacht zu Hunderttausenden zu Kundgebungen in der Innenstadt zusammentrommelt. Ramsan sei »Garant von Stabilität und Wohlstand«. Die andere Meinung bekommt dagegen nur zu hören, wer glaubhaft versichern kann, niemals die Namen seiner Gesprächspartner öffentlich zu machen.

Adam heißt in Wahrheit gar nicht Adam, aber seinen richtigen Namen preiszugeben könnte gefährlich für ihn werden. Der junge Mann trägt seine Loyalität zu Ramsan zur Schau, indem er tagein, tagaus T-Shirts mit dessen Konterfei trägt. Auf seinem Handy aber hat er auch ein Spottvideo gespeichert. Es hat sich rasend schnell in Tschetschenien verbreitet, über den Nachrichtendienst *WhatsApp*. Das Video ist ein Zusammenschnitt aus einer legendären Kadyrow-Rede und einer Knastszene aus dem sowjetischen Kultfilm *Gentlemen des Glücks*. Kadyrow deklamiert da, er sei »Held Russlands, General! Ich bin Russland, und Russland bin ich.« Das hat er tatsächlich einmal genau so behauptet. In dem Video ruht sein Kopf auf dem nackten Oberkörper von Belij, einem Filmschurken, den jeder in Russland kennt. Die Botschaft: Was auch immer Kadyrow von sich behauptet, wir wissen, dass er in Wahrheit ein Verbrecher ist.

Taissa würde nie ein schlechtes Wort über Kadyrow verlieren. Sie nennt ihn den Stolz ihres Volkes, aber sie spürt aber, wie sich die Freiräume in ihrem Leben verengen. Sie hat ein Angebot für einen Job als Buchhalterin bekommen, einen anderen Beruf als Journalistin mag sie sich aber nicht vorstellen. Sie erzählt, als Kind habe sie mit einem Stock in der Hand »Reporter« gespielt, der Stock war ihr Mikrofon.

Für das Magazin *Sluchi chodjat* hat sie eine in Tschetschenien bekannte Hip-Hop-Gruppe interviewt. Die Band nennt sich »Stimme der Straße«. Einer ihrer Songs ist die »Hymne der tschetschenischen Jugend«. »Tschetschenien blüht, Tschetschenien lebt auf«, heißt es im Refrain. Es ist der patriotische Soundtrack für Grosnys Auferstehung aus Ruinen. »Gemeinsam mit unserem Oberhaupt bauen wir unsere Zukunft.« Gemeint ist Kadyrow. Das Lied war eine Auftragsarbeit für das Jugendkomitee der Regierung.

Die »Stimme der Straße« hat aber auch kritische Songs aufgenommen. Die Rapper singen darin vom »Aufschrei der Seele, die in diesem Leben nichts bedeutet«. Manchmal weiß Taissa genau, wie sich das anfühlt. Neulich gab es bei *Sluchi chodjat* einen Eklat. Die Redaktion hatte Aufnahmen eines Modeshootings veröffentlicht, aber auf einem der Fotos schien es dem Eigentümer des Magazins, als trage das Model kein Kopftuch. Er ist ein Mitstreiter von Kadyrow. Taissa hat das Magazin kurz darauf verlassen.

Gewalt

In den Augen des Kreml speist sich Kadyrows Legitimation aus seinem Erfolg im Kampf gegen islamistische Rebellen. Jahr für Jahr verkündet der Republikchef neue Erfolge gegen die »Teufel«. Jahr für Jahr aufs Neue beziffert er die Zahl der verbliebenen Kämpfer auf nicht mehr als ein paar Dutzend. Tatsächlich ist die Zahl ihrer Angriffe zurückgegangen. Verschwunden ist die Gewalt dennoch nicht. Noch immer zieht es junge Männer in den bewaffneten Untergrund.

Taissa hatte einen Klassenkameraden. Sein Name war Ilias, sie kannten sich gut, er wohnte im gleichen Haus am Stadtrand von Grosny. Von einem Tag auf den anderen kam er nicht mehr in die Schule. Gerüchte machten die Runde, er habe sich den Rebellen angeschlossen. »Irgendwann kam er wieder und sprengte sich in die Luft«, sagt sie. Ein anderes Mal beobachteten Taissa und ihre Mitschüler aus den Fenstern der Schule, wie ein Mann auf eine Gruppe von Kadyrows Militärs zulief, die auf der anderen Straßenseite standen. Es war ein Selbstmordattentäter. Der Geruch von verbranntem Fleisch lag noch Tage danach über der Straße.

Warum schließen sich noch immer junge Männer den Terrorgruppen an? Taissa glaubt, sie würden Gerechtigkeit suchen: »Aber sie suchen an der falschen Stelle.«

Die Familie ihres Cousins ist während des zweiten Tschetschenienkriegs nach Europa geflohen. Sie lebt heute in Schweden. Manchmal wünscht sich Taissa, ihre Eltern hätten es den Verwandten gleichgetan. Über das Internet hält sie Kontakt zu ihrem Cousin. Er hat ihr erzählt, er gehe jede Woche ins Fitnessstudio. In Grosny gibt es zwar Sportclubs, die Monatsgebühr von 6000 Rubel kann sich aber kaum jemand leisten, umgerechnet sind das 90 Euro.

Wenn Taissa über ihre Erwartungen an die Zukunft spricht, antwortet sie zögernd. »Hauptsache nie wieder Krieg«, sagt sie dann. Ein gutes Leben, das ist für sie eines im Kreise ihrer Familie. Dann wieder schweifen ihre Gedanken in die Ferne. Sie träumt vom Reisen, Taissa war noch nie jenseits der Grenzen Russlands, hat noch nie das Meer gesehen. Sie würde gern durch Prags Altstadt spazieren oder bei Nacht unter dem hell erleuchteten Eiffelturm. Wenn die Dunkelheit über Grosny hereinbricht, wagt sie sich nicht mehr auf die Straße. Es ist schwierig, in Tschetschenien einen Reisepass zu beantragen. Die Wartezeiten sind lang, die Beamten stellen Dokumente nur gegen Zahlung von Schmiergeld aus. Damit hat man vielen Tschetschenen die Ausreise unmöglich gemacht.

Taissa wünscht sich, ihre Bestimmung zu finden, »den Ort, an dem mir niemand sagt, was ich darf und was nicht«. Sie nennt das »meinen kleinen Traum«. Mit einem Lächeln fügt sie hinzu: Vielleicht sei »dieser Traum aber doch größer, als ich denke.«

7. Zarenkrönung

>»Ein Russe macht alles stets auf seine eigene Art
und Weise. Auch wenn das bedeutet, denselben
Fehler zu wiederholen.«

370 Kilometer westlich von Moskau quält Lena Sanitzkaja ihre Stöckelschuhe durch den Matsch der Lenin-
Straße. Sie hat ihr Mathematikstudium fast beendet und
steht jetzt der Ortsgruppe der Putin-Jugend vor, der »Jungen Garde« in Smolensk. Wenn Lena an ihrem Schreibtisch mit Beamten und Politikern telefoniert, schaut
ihr Wladimir Putin über die Schulter, als lebensgroßer
Pappkamerad. »Putin, unser Held« hat jemand darauf
geschrieben.

Putin sei ein »Vorbild, an dem sich unsere Jugend
messen kann«, sagt Lena. Mit ihm habe ein neuer, patri-
otischer Geist Einzug gehalten. »Früher liefen viele Leute
in T-Shirts mit US-Fahne herum. Heute sind sie stolz auf
unser Land und tragen Russlands Fahne auf der Brust
oder ein Bild von Putin.« Was ist für sie Patriotismus?
»Das Bewusstsein dafür, was dir wirklich wichtig ist:
die Natur, Atmosphäre, die russischen Menschen, dein
Zuhause, Bräuche. Du empfindest Stolz auf dein Land,
fieberst mit ihm mit, feuerst es an, weil du aufrichtig so
empfindest.«

Warum orientiert sich Russland nicht stärker am
Westen? »Die Mentalität von uns Russen unterscheidet
sich sehr von anderen Völkern. Ich habe viel mit Ame-

rikanern, Polen und Tschechen zu tun gehabt. Anders als bei uns ist es in den USA zum Beispiel selten, sich als Kollektiv zu verstehen und für etwas einzustehen. Dort kämpft jeder für sich allein.« Die Russen seien eher bereit, Risiken einzugehen, »vielleicht sogar draufgängerisch. Wir setzen immer viel aufs Spiel. Wenn ein Europäer eine Aufgabe bekommt, erledigt er sie still und leise, wie man es ihm gesagt hat. Ein Russe macht dagegen alles stets auf seine eigene Art und Weise. Auch wenn das bedeutet, denselben Fehler zu wiederholen. Dafür ist das Leben hier aber interessanter.«

Ob bewusst oder nicht, Lena tritt in die Fußstapfen ihrer Eltern. Sie ist die Tochter sowjetischer Romantiker. Ihre Eltern waren Mitglieder im Komsomol, dem Jugendverband der Kommunistischen Partei, zu seinen besten Zeiten zählte er 40 Millionen Mitglieder. Mutter und Vater hatten sich freiwillig gemeldet für ein sowjetisches Prestigeprojekt, den Bau einer Eisenbahntrasse durch Sibirien. Die Baikal-Amur-Magistrale, kurz BAM, sollte bei der Erschließung von Bodenschätzen helfen und im Falle eines Konflikts mit Peking die Transsibirische Eisenbahn ersetzen, deren Gleise nahe der chinesischen Grenze verlaufen.

An der BAM wurde bereits vor dem Zweiten Weltkrieg gebaut, 1974 wurden die Arbeiten wieder aufgenommen und an der Strecke mehr als hundert Städte neu gegründet. Die Sowjetunion kaufte in Westdeutschland 9500 schwere Lastwagen für den Bau. Die Trasse ist heute über 3000 Kilometer lang, sie überquert 16 große Ströme und sieben Gebirgspässe, aber nur wenige Züge fahren über die Gleise. Die BAM erwies sich als gigan-

tische Fehlinvestition. Die Erschließung von Rohstoff-
lagerstätten blieb wegen der Krise der Sowjetunion aus,
geplante Fabriken wurden nicht errichtet. Die Folge war
eine massive Rückwanderung. Die Stadt Tynda, Lenas
Geburtsort, zählte 1989 über 60000 Einwohner, heute
noch die Hälfte.

Lenas Vater Wladimir hat als Militärarzt bei den
sowjetischen Eisenbahnstreitkräften gedient und war
Anfang 40, als der Eiserne Vorhang fiel. Er arbeitet heute
als Arzt in einem staatlichen Krankenhaus. Putin hat
ihn mit dem Titel »Verdienter Mediziner Russlands«
ausgezeichnet, aber sein Monatsgehalt liegt bei umgerechnet 350 Euro. Lena hat ihm vorgeschlagen, in eine
Privatklinik zu wechseln, für den dreifachen Verdienst.
Ihr Vater hat den Kopf geschüttelt. Er könne Menschen
nicht für Geld behandeln. Er fremdelt bis heute mit der
neuen Welt.

Wladimir Sanitzkij erinnert sich daran, wie US-Prä-
sident Ronald Reagan 1982 die Sowjetunion als »Imperium des Bösen« bezeichnete. »Ihr im Westen seid darauf
reingefallen, auf den Stempel, den uns ein Schauspieler
verpasst hat, und ihr glaubt noch heute daran.« Er habe
durchaus von den Repressionen gegen Regimegegner
gewusst, vom Terror unter Stalin. Sein Großvater müt-
terlicherseits saß im Arbeitslager, er hatte im russischen
Bürgerkrieg auf der Seite der »Weißen« gekämpft, der
Anhänger der Zarenmonarchie. Der Großvater väterli-
cherseits saß in Haft, weil er Spottlieder auf die sowjetische Führung gesungen hatte.

Als junger Militärarzt hörte Lenas Vater den russischen Dienst von *Radio Liberty*, nachts, heimlich, über

einen Empfänger des Herstellers Radiotehnika aus Riga. Der von Washington finanzierte Sender übertrug Auszüge aus *Der Archipel Gulag*, Alexander Solschenizyns in der Sowjetunion verbotener Abrechnung mit dem System der sowjetischen Arbeitslager. Er habe gewusst, dass Solschenizyn die Wahrheit schrieb, sagt Wladimir. Nur »der antipatriotische Subtext hat uns nicht gefallen, die Behauptung, wir hätten den Krieg ausschließlich wegen der brutalen Unterdrückung des eigenen Volkes gewonnen.«

Was hat er seiner Tochter darüber erzählt, warum die Sowjetunion unterging? Wladimir Sanitzkij glaubt, die Spitzen der Kommunistischen Partei hätten die wirtschaftlichen Zusammenhänge nicht mehr verstanden, allen voran Michail Gorbatschow. Imponiert habe ihm der neue Mann im Kreml zunächst, allein schon deshalb, weil er noch recht jung war. Gorbatschow hätte die Sowjetunion auf einen ähnlichen Pfad wie China führen müssen: Marktwirtschaft, aber unter staatlicher Kontrolle, auf keinen Fall die strategisch wichtige Schwerindustrie privatisieren, dann wäre »eine Explosion der Wirtschaftskraft unausweichlich gewesen«, so sieht Lenas Vater das.

Er habe Gorbatschow unterstützt, Glasnost und Perestroika, aber die Wirtschaftspolitik sei ein völliges Fiasko gewesen. »Gorbatschow hat Geld drucken lassen, dabei fehlte es an Waren«, so Wladimir. »Die Auslandsspionage hat versagt. Die Amerikaner haben mit großem Tamtam Pläne für eine Raketenabwehr im Weltraum präsentiert, Star Wars hat man das genannt. Was für ein großer Bluff! Die Einzigen, die das für bare Münze nahmen, waren unsere Anführer: Sie haben sinnlos Geld für Gegenmaßnahmen verpulvert. Aber das Wettrüsten gegen ein Phantom kannst du nicht gewinnen.«

Putins Rückkehr

Der 24. September 2011 ist ein historischer Tag. Dunkle Regenwolken hängen über Moskau. Lena erreicht die russische Hauptstadt am Morgen mit dem Nachtzug aus Smolensk, er braucht für die 300 Kilometer sechs Stunden. Von Moskaus Weißrussischem Bahnhof macht sie sich gemeinsam mit Freunden der »Jungen Garde« auf zum Olympiapark. Dort sammeln sich die Delegierten von »Einiges Russland«. Der Parteitag elektrisiert die Öffentlichkeit wie nie zuvor. Moskau diskutiert in diesen Tagen, wer im kommenden Jahr bei den Präsidentschaftswahlen antreten wird. Kandidiert Dmitrij Medwedew für eine zweite Amtszeit? Oder will Premier Putin in den Kreml zurückkehren?

Medwedews Leute haben über Monate durchblicken lassen, der Staatschef würde gern im Amt bleiben. Das Putin-Lager wiederum müht sich, Medwedew als Schwächling dastehen zu lassen. Von der Kreml-Wache heißt es, wenn sich Medwedews Limousine den Toren nähere, kündigten die Männer an, »der Präsident trifft gleich ein«. Sobald Putin angefahren komme, meldeten sie dagegen: »Nastojaschtschij jedet« – »jetzt kommt der Echte«.

Lena bleibt der Tag in Erinnerung mit »Aufregung, Schauer und dem Gefühl, an einem Stück Geschichte teilgehabt zu haben«. Fähnchen schwingende Delegierte, Luftballons und Großbildschirme erinnern an Wahlkampf in Amerika. Als Wladimir Putin gemessenen Schrittes die Stufen zur Bühne des Parteitags erklimmt, wagt allein die Technik, sich seinem Triumphzug zu widersetzen, kurz und ohne Erfolg. Das Mikrofon versagt, und zehntausend Zuschauer im Luschniki-Sportpalast sehen einen zunächst sprachlosen Putin auf der riesigen LED-Wand. »Dann werde ich eben lauter sprechen«, scherzt Putin. Er habe seine »Kommandeursstimme« schließlich noch nicht verloren.

Der Kommandant kündigt an, dass er in Russlands Befehlsstand zurückkehren werde. Nicht sein Adlatus Medwedew, sondern Putin wird bei den Wahlen kandidieren. Er ist zu jenem Zeitpunkt 58 Jahre alt und im besten Politikeralter. Von 2000 bis 2008 war er bereits Präsident. Er schickt sich damit an, ein Manöver zu vollbringen, das noch nie einem Herrscher in der Geschichte Russlands gelungen ist: nach einem Auszug in den Kreml zurückzukehren. Es ist ein Comeback, das überrascht: Beobachter hatten mit einer Entscheidung erst nach den Parlamentswahlen im Dezember gerechnet.

Putins Triumph ist eine Niederlage für Intellektuelle und Unternehmer innerhalb des russischen Establishments. Sie hatten mit Medwedew Hoffnungen auf eine sukzessive Liberalisierung und mehr Demokratie verbunden. Er habe »überhaupt keinen Zweifel daran«, dass Medwedew Präsidentschaftskandidat wird, sagte der Medwedew-Vertraute Igor Jürgens noch Anfang September. Mit Medwedew diskreditiert sich der einflussreichste Hoffnungsträger der liberalen Elite. Sie ist bis heute zu klein, um Wahlen zu gewinnen oder das Ringen um den Kreml zu entscheiden. Ohne sie ist aber auch die Modernisierung des Landes unmöglich.

Trotz fast vier Jahren im Kreml erträgt Medwedew die Degradierung zum Statisten gelassen: Er tritt zwar mit dunklen Augenringen an das Mikrofon, wirkt aber geradezu gelöst, als er von der »besonderen Energie« im Saal schwärmt. »Er sah aus wie ein Mann, von dem nach langer Zeit eine schwere Last abfällt«, sagt einer der Delegierten später.

Beim Parteitag vor zwei Jahren in Sankt Petersburg hatte Medwedew noch Reformen von »Einiges Russland« verlangt. Später erklärte er, die Partei, deren Spitzenbeamte gern einmal nachhelfen, um Wahlerfolge zu gewährleisten, müsse »lernen, ehrlich zu gewinnen und ehrlich zu verlieren«. Bei Putins Krönungsmesse 2011 aber lobt er tapfer sogar die »innerparteiliche Demokratie«.

Russlands ehemaliger und kommender Präsident hat sich viel vorgenommen: »Russland muss stark sein«, verkündet Putin vor dem Publikum im Sportpalast. »Deshalb muss das Tempo unserer Entwicklung viel höher sein als heute.« Russlands Wirtschaft müsse sechs bis sieben Prozent pro Jahr wachsen und in den nächsten Jahren zu den »fünf größten Volkswirtschaften der Welt« aufschließen. Putin schmiedet sogar über 2018 hinaus Pläne: 20 Millionen neue Arbeitsplätze in modernen Industrien will er in den nächsten 20 Jahren schaffen.

Daraus wird nicht einmal ansatzweise etwas. Als 2015 die Ölpreise jäh einbrechen, fällt Russlands Volkswirtschaft nach Berechnungen des Internationalen Währungsfonds auf Platz zwölf zurück, hinter Kanada und Südkorea. Zweifel an den großen Versprechungen werden trotz der großen Töne beim Parteitag 2011 allerdings nicht laut – und das obwohl die Abhängigkeit des Landes von Öl und Gas in den Jahren zuvor kritische Ausmaße erreicht hat: Rund 50 Prozent der Einnahmen des Staatshaushalts stammen aus Verkäufen von Energieträgern. 2015 sinkt dieser Anteil wegen des Preiseinbruchs auf 43 Prozent.

Kein einziger der gut 600 stimmberechtigten Delegierten stellt auch nur eine einzige kritische Frage: Sie billigen Putins Kandidatur per Akklamation und erklären – innerparteiliche Demokratie hin oder her – die Reden Putins und Medwedews kurzerhand zum »offiziellen Wahlprogramm« von »Einiges Russland«.

Noch-Präsident Medwedew hat vor seinem Abgang viele Fans im Internet: 130 000 bei *Twitter*, 180 000 bei *Facebook*. Im Web hat Medwedew, selbst gelegentlicher Blogger, in der Vergangenheit für seine Reformen geworben. Nach dem Parteitag aber entladen sich im Netz Wut und Enttäuschung seiner Anhänger. Unverdrossen veröffentlicht Medwedew Fotos des Parteitags auf *Facebook*. Freunde macht er sich damit aber nicht mehr. »Die letzte Hoffnung ist gestorben«, kommentiert einer mit dem Pseudonym Artjom. Und eine Frau namens Marina spottet über die »angemessene Form der Tribüne«. Das Rednerpult, an dem Medwedew politischen Selbstmord begangen habe, hätte ausgesehen wie »ein halber Sarg«.

Das Auskungeln von Erbfolgen hat Tradition. Das Zentralkomitee der Kommunistischen Partei hob

Sowjet-Apparatschiks wie Leonid Breschnew oder Konstantin Tschernenko auf den Thron. Boris Jelzin übergab die Macht 1999 an Putin. Die Praxis entspringt nicht nur dem Wunsch der politischen Elite nach Machterhalt. Sie entspricht in Teilen auch der Sehnsucht der Bevölkerung nach Stabilität. So trägt Medwedew, von Putin 2007 als Präsident ausgerufen, wenige Jahre später Putin die Präsidentschaft an. Putin, von Medwedew 2008 zum Premierminister gemacht, löst Medwedew 2012 als Regierungschef ab.

Als Putin Medwedew 2011 kurzerhand zum Spitzenkandidaten von »Einiges Russland« ausruft, fällt der Applaus der Delegierten bescheiden aus: Die gesamte Partei wird von der einsamen Entscheidung überrascht. Das Tandem stellt »Einiges Russland« und das ganze Land vor vollendete Tatsachen, dem 143-Millionen-Volk kommt bei den Parlamentswahlen nur noch eine Statistenrolle zu.

Mit Rochaden ist eine Art schleichender Wechsel der Staatsformen einhergegangen. Als Putin 2008 zwischenzeitlich den Kreml verließ und in das Weiße Haus umzog, den Regierungssitz an der Moskwa, nahm er auch einen Großteil der Macht mit. Schnell stellt sich heraus: Im neuen Russland ist relativ gleichgültig, welche Befugnisse die Verfassung für Präsident oder Premier vorsieht. Wichtig ist nur, wo Putin sitzt. Für ihn gilt wie einst für den französischen König: Der Staat bin ich. Mit seiner Rückkehr als Präsident 2012 wechseln die Machtverhältnisse erneut, die alte Machtfülle des Kreml ist wiederhergestellt. Medwedew wird als Regierungschef zum Befehlsempfänger degradiert.

Beim Parteitag 2011 ruft der Putin-Vertraute Boris Gryslow den Delegierten zu, man habe »den Zerfall des Landes verhindert. Machtlosigkeit ist eine tödliche Gefahr für Russland.« Aus Gryslows Worten spricht die Überzeugung, Putin und sein Team hätten den russischen Staat wieder stark gemacht. In Wahrheit wirkt es mehr so, als hätten sie ihn gekapert. Russlands Verfassung garantiert Gewaltenteilung, Presse- und Versammlungsfreiheit. Doch sie ist nicht mehr als eine leere Hülle. Die Boulevardzeitung *Moskowskij Komsomolez* nennt das Land am Tag nach dem Parteikonvent gar »Putlandia« – als sei Russland ein neuzeitliches Großfürstentum.

Gauner und Diebe

Lena trägt Netzstrümpfe und Ohrringe mit pinkfarbenen Teddybärchen. Sie wohnt noch bei ihren Eltern, träumt aber von einer Politikerkarriere in Moskau: Am liebsten würde sie im Weißen Haus an der Moskwa arbeiten. »Wenn ich in die Politik gehe, dann nur in die Exekutive«, sagt Lena. Sie hat bereits etwas erreicht, worauf alle Aktivisten der Kreml-Jugend hoffen: Die Staatsmacht ist aufmerksam auf sie geworden. Wenn sie durch Smolensk läuft, stoppt schon mal ein Land Rover neben ihr. Der Gouverneur kurbelt dann die Scheibe herunter und fragt, ob er sie ein Stück mitnehmen darf.

Putin hatte 2004 die Direktwahlen für die Provinzgouverneure abgeschafft, der Kreml ernennt sie seither. Erst unter dem Druck von Protesten will er den Wählern wieder ein Mitspracherecht einräumen: Sie sollen über vom

Kreml vorgeschlagene Kandidaten abstimmen dürfen.
Lena findet das völlig richtig. »Das ist eine sehr delikate
Frage. Auf der einen Seite sind wir für die Demokratie
und für Wahlen. Nüchtern betrachtet aber kann es passieren, dass irgendein dahergelaufener Dörfler namens
Wasja Pupkin als Gouverneur oder Bürgermeister kandidiert. Alle Verwandten werden ihn wählen, alle Freunde,
mit denen er früher auf dem Motorrad durch das Dorf
gefahren ist. Ist das richtig? Eine ideale Demokratie ist
für mich utopisch.«

Wenn aber das Zentrum einen Gouverneur ernennt,
werde es, so glaubt Lena, einen Mann mit Erfahrung
wählen, dessen Fähigkeiten bekannt sind und der den
Herausforderungen in der Provinz gewachsen ist. Bei der
Ernennung würden auch lokale Besonderheiten berück-
sichtigt, hofft die junge Frau. Handele es sich um eine
landwirtschaftlich geprägte Region, werde »unser Präsident« jemanden schicken, der sich im Agrarsektor aus-
kennt.

So könne nicht passieren, was sich zum Beispiel bei
den Bürgermeisterwahlen in ihrer Heimatstadt Smolensk ereignete. Sie waren von Skandalen überschattet
und brachten einen zweifelhaften Kandidaten an die
Macht. 2010 wurde der Bürgermeister nach nur einem
Jahr im Amt verhaftet. »Er war Unternehmer und Ban-
dit«, sagt Lena.

Eduard Katschanowskij wurde von Ordnungshütern
noch in seinem Arbeitszimmer festgenommen. Er wurde
der Korruption überführt und zu vier Jahren Lagerhaft
verurteilt. Der Bürgermeister hatte Genehmigungen
für große Bauprojekte an Unternehmer vergeben, die

im Gegenzug seinem Strohmann eine Wohnung in den Neubauten überschrieben. Katschanowskij war schon zuvor mit Skandalen aufgefallen. 2010 hatte er einen Raub gemeldet, da ihm während einer Fahrt mit dem Nachtzug nach Berlin die Brieftasche entwendet worden. Darin befand sich eine Million Rubel, umgerechnet rund 25 000 Euro, ein Vielfaches seines Monatssalärs. Der Bürgermeister hatte während der Fahrt mit Fremden gezecht. Ein Sprecher der russischen Bahn berichtete, man habe in dem betreffenden Abteil vier leere Wodkaflaschen gefunden.

Katschanowskij hatte vor seiner Wahl zum Bürgermeister lautstark gegen Korruption in Smolensk gewettert. Im Jahr 2006 war sogar ein Attentat auf ihn verübt worden. Angreifer schütteten ihm Säure ins Gesicht. 2009 explodierte ein Sprengsatz am Auto seines Anwalts. Katschanowskij versprach, das »Vertrauen in die Politik zu erneuern«. Seine politischen Überzeugungen wechselte er dann allerdings selbst so routiniert wie die Designeranzüge, die er trug.

Zunächst war er Mitglied der rechtspopulistischen Partei *Rodina* (»Heimat«). Dann schloss er sich den »Patrioten Russlands« an. Später wechselte er zu »Einiges Russland«. Als die Smolensker Ortsgruppe der Kreml-Partei 2009 jedoch einen anderen Kandidaten für die Bürgermeisterwahl benannte, trat er auf eigene Faust an.

»Einiges Russland« warf ihn daraufhin wegen »Verletzung des Parteistatuts« hinaus. Der Beschluss wurde auf der Webseite der Partei veröffentlicht. Vier Wochen später – Katschanowskij hatte die Wahl wider Erwarten klar gewonnen – war davon allerdings keine Rede mehr. »Die Bürger haben ihre Wahl zu Gunsten von Eduard Katschanowskij getroffen, einem Mitglied der Partei ›Einiges Russland‹«, verkündete der Gouverneur von Smolensk ohne mit der Wimper zu zucken.

Im Internet verglich ein Smolensker Blogger »Einiges Russland« daraufhin spöttisch mit der Baath-Partei des ehemaligen irakischen Diktators Saddam Hussein. Die habe ihr ideologisches Profil auch früh verloren, ihr sei es nur noch um Machterhalt gegangen.

Ende 2011, nachdem Lena Zeugin wurde, wie Wladimir Putin seine erneute Kandidatur beim Parteitag erklärte, stehen die Zeichen für »Einiges Russland« auf Sturm. Fast jeder Russe hat von Skandalen korrupter Parteimitglieder gehört. Die »Partei der Macht« gerät in die Defensive. Der Begriff von der »Partei der Gauner und Diebe« macht die Runde. Der Blogger Alexej Nawalny hat ihn erdacht. Wenn Lena an der Universität gefragt wird, warum sie für »Einiges Russland« kämpft, fallen ihr keine Antworten ein, außer dieser einen: »Es gibt keine Alternative.«

8. Aufstand

>»Nach einiger Zeit wird vielleicht endlich ein Ende
>dieser kindlichen Klage gesetzt, dass es zu Putin
>keine Alternative gibt.«

Der 10. Dezember 2011 ist der Tag, an dem Wera Kitschanowa überzeugt ist, vor ihren Augen verändere sich
der Lauf der Geschichte. Sie ahnt nur nicht, in welche
Richtung. Die Opposition hat für diesen Tag zu einer
Kundgebung aufgerufen. Die Stimmung in Moskau ist
gespannt, die Staatsmacht nervös. Polizisten der Sondereinheit OMON stehen an den Straßenrändern, die dunklen Visiere der Helme heruntergelassen, die Kreml-Gegner nennen sie spöttisch »Kosmonauten«. Wera schlägt
den Kragen ihres grauen Mantels hoch und bricht auf in
die Innenstadt. Unterwegs checkt sie noch einmal die
Neuigkeiten auf *Twitter*. Ein Oppositionsaktivist gibt den
Rat, aus der Apotheke Mundschutzmasken mitzuneh-
men, der Einsatz von Tränengas sei möglich.

Dann steht Wera vor dem Bolotnaja-Platz, über den
Baumwipfeln schimmern golden die Kuppeln des Kreml.
Die Temperatur liegt bei drei Grad unter Null, einzelne
Schneeflocken fallen vom tristen Winterhimmel, aber
Wera ist nicht kalt – ihre Stimmung ist festlich. Vor sich
sieht sie eine unüberschaubare Menschenmenge. Sogar
ihr Vater ist gekommen. Er hat seine Klassenkameraden
mitgebracht. Sie wollen »bei der Revolution dabei sein«,
sagt er.

Die Menschen stauen sich auf der Luschkow-Brücke. Sie führt über einen Kanal auf den Platz. Die Polizei fürchtet zwischenzeitlich, sie könnte unter der Menschenmenge zusammenbrechen. Sie stauen sich auch am gegenüberliegenden Kanalufer, weil sie keine Chance mehr haben, auf den Platz zu gelangen. Die Polizei nennt die Zahl von 25 000 Teilnehmern, die Veranstalter sprechen von 100 000. Die Wahrheit liegt dazwischen, wahrscheinlich sind es rund 50 000. Es ist die größte Kundgebung seit Mitte der neunziger Jahre, und sie trifft alle unvorbereitet: den Kreml, der die Opposition marginalisiert glaubte, und auch die Organisatoren selbst.

Über der Menge surrt ein Mini-Helikopter mit Kamera. Der Blogger Ilja Warlamow hat ihn angeschafft und mehrere Reporter mit iPhones losgeschickt, sie übertragen die Demonstration live auf Warlamows Nachrichtenseite *Ridus*. Der Inlandsgeheimdienst FSB hat versucht, auf sozialen Netzwerken Seiten zu blockieren, die zu der Demonstration aufrufen. Pawel Durow, Gründer des russischen *Facebook*-Klons *VK.com*, hat sich dagegen zur Wehr gesetzt und den Fall öffentlich gemacht. »Noch stehen wir«, schreibt er auf *Twitter*.

Junge Männer klettern auf Bäume, um wenigstens einen Blick auf die winzige Bühne zu erhaschen. Manche haben sich eine weiße Schleife an das Revers der Mäntel geheftet, als Symbol des Protests. »Weiß ist die Farbe der Reinheit«, sagt der 21-jährige Moskauer Andrej. Für ihn sei das Band ein »Zeichen des Widerstands, dass wir genug haben von Dreck und Betrug. Wir wollen Veränderung und Wahrheit.« Andrejs Freundin trägt einen Strauß weißer Chrysanthemen.

Der Dreck, das sind die manipulierten Parlamentswahlen wenige Tage zuvor. Sie werden zum Auslöser einer Protestwelle, mit der die Opposition den Kreml zu Zugeständnissen bewegen will, die letztlich aber zum Gegenteil führt: Der Kreml zieht die Daumenschrauben an.

93 Prozent in der Psychiatrie

Bei der Abstimmung am 4. Dezember 2011 wenden sich Millionen Russen von »Einiges Russland« ab, der »Partei der Macht« des Kreml. Die Partei erringt zwar noch die absolute Mehrheit der Mandate, sackt aber von 64 auf 49 Prozent ab. Insgesamt stimmen zwölf Millionen Russen weniger für Putins »Einiges Russland« als bei den Wahlen vier Jahre zuvor. Die Organisation für Sicherheit und Zusammenarbeit (OSZE) stuft die Abstimmung als »weder frei noch fair« ein. Zu diesem Urteil ist sie allerdings auch in früheren Jahren immer wieder gekommen, ohne großen Unmut der Russen zu erregen.

Die Führung hatte sich deshalb an den Gedanken gewöhnt, das Volk lenken und manipulieren zu können. Die »Polit-Technologen« des Kreml treten beliebig Schmutzkampagnen los, schaffen Parteien und lassen sie bald darauf wieder sterben. Selbst die sonst recht kremlkritisch gestimmte Boulevardzeitung *Moskowskij Komsomolez* kommt 2011 zunächst zu dem Schluss, die Führung im Kreml zeige mit dem »glaubwürdig erscheinenden Wahlergebnis, dass sie ihren Machtinstinkt nicht verloren hat«. Eine Fehleinschätzung.

Es ist nicht auszuschließen, dass die Wahl 2011 tatsächlich nicht stärker manipuliert wird als frühere Abstimmungen. Verändert haben sich dagegen die Möglichkeiten und die Bereitschaft der Wähler, dem Staat auf die Finger zu schauen. Vor allem in Moskau spielt das eine Rolle, der Hauptstadt, auf die das ganze Land schaut. Tausende haben sich dort als Wahlbeobachter registrieren lassen, darunter viele Journalisten neu entstandener Onlinemedien. Der Internetsender *TV Rain* hat praktisch die ganze Redaktion als Wahlbeobachter angemeldet. Dazu kommen Organisationen wie die NGO *Golos* (»Stimme«), die im Internet alle Informationen über Verstöße gegen das Wahlgesetz zentral sammelt.

Bei Schließung der Wahllokale erreicht die Zahl der gemeldeten Vorfälle 7800. Das wichtigste Hilfsmittel der Wahlbeobachter ist das Smartphone. So filmt ein Beobachter im Moskauer Wahlbezirk Nummer 2501, wie ein Mitglied der Wahlkommission offenbar mehrere Wahlzettel selbst ausfüllt. In flagranti ertappt, schiebt der Offizielle die Protokolle verschämt beiseite. In Sankt Petersburg beklagen Wähler, für sie sei offenbar bereits abgestimmt worden, bevor sie selbst ihre Wahlzettel ausfüllen konnten. In der Stadt Orenburg an der Grenze zu Kasachstan rücken 40 Soldaten geschlossen zur Abstimmung an und bringen mehr als 200 Pässe von Kameraden mit, für die sie ebenfalls abstimmen wollen. In Tschetschenien holt »Einiges Russland« angeblich 99,47 Prozent. Das Fernsehen macht sich zum Gespött: Laut einem Schaubild des Kanals *Rossija 24* hat »Einiges Russland« in der Region Rostow im Süden des Landes 58,99 Prozent der Stimmen erhalten – sechs weitere

Parteien kommen allerdings zusammen nochmals auf 87,48 Prozent. Solche Pannen können passieren. Für viele Russen wirkt der Fauxpas aber wie eine Bestätigung ihres Verdachts, dass die Auszählung der Stimmen nicht mit rechten Dingen zugegangen ist.

Als die Schuldigen der Misere macht der Kreml die Wahlbeobachter aus. Das kremlnahe Internetportal *Lifenews* veröffentlicht unmittelbar nach der Wahl den E-Mail-Verkehr von *Golos*, darunter Briefwechsel mit amerikanischen Diplomaten. Das Material sei von »Hackern« erbeutet und der Redaktion zugespielt worden. *Lifenews* ist allerdings auch mit Russlands Geheimdiensten gut verdrahtet.

Es ist nicht die erste Attacke auf *Golos*: Am Tag der Wahl wird die Webseite der Organisation mit so genannten DDoS-Attacken überzogen. Die Abkürzung steht für »Distributed Denial of Service« (»Dienstblockade«, »Dienstverweigerung«) und bezeichnet eine Art Datenlawine, mit der die Angreifer ihr Ziel so lange beschießen, bis die angegriffene Webseite zusammenbricht. Sie erstickt praktisch im Datenmüll. DDoS-Angriffe gehören zu den primitivsten Hackertechniken. Selbst mäßig talentierte Computer-Nerds sind so bereits mit geringem Aufwand in der Lage, eine Internetseite zumindest für kurze Zeit lahmzulegen. Es ist eher Cybervandalismus als echter Cyberkrieg. Merkwürdig ist allerdings, dass nicht nur die *Golos*-Seite unter DDoS-Angriffen zusammenbricht, sondern fast zeitgleich auch die Portale von Medien wie der Tageszeitung *Kommersant* oder dem Radiosender *Echo Moskau*, die groß über Wahlmanipulationen berichten.

Golos wird in der Folge zu einer Art »Staatsfeind Nummer 1«. Das liegt auch daran, dass die Organisation Zuwendungen von amerikanischen Geldgebern erhalten hat, darunter zum Beispiel USAID, die US-Behörde für Entwicklungszusammenarbeit. Das daraufhin 2012 erlassene Gesetz gegen »ausländische Agenten« zielt in erster Linie auf Golos. Zahlreiche Unterstützer der Organisation geraten ebenfalls unter Druck. Zum Beispiel die russische Ausgabe des *Forbes*-Magazins, damals noch herausgegeben vom deutschen Axel-Springer-Verlag, der in der Folge aber angesichts des massiven Drucks einknickt und seine Anteile verkauft. *Forbes* hatte auf seiner hochfrequentierten Webseite die von *Golos* gesammelten Wahlverstöße veröffentlicht.

Die verblüffendsten Belege, dass etwas mit den Wahlergebnissen nicht stimmt, veröffentlicht allerdings keine vom Westen unterstützte NGO und auch kein liberales Medium. Es ist die staatliche Wahlkommission selbst, und zwar auf ihrer Webseite. Dort steht, dass etwa die Patienten des Psychiatrischen Krankenhauses Nr. 3 im Nordosten Moskaus fast geschlossen für »Einiges Russland« gestimmt haben sollen: 93 Prozent der dort abgegebenen 379 Stimmen entfallen auf die Kreml-Partei, an die gesamte Opposition gehen dagegen nur 26 Stimmen. Im Städtchen Kurtamysch an der Grenze zu Kasachstan stimmen 82 Prozent der Patienten der örtlichen Nervenheilanstalt für »Einiges Russland«. Verdächtig hoch fällt die Unterstützung auch im Moskauer Pensionat Nr. 1 für Veteranen aus, einem Altersheim. Mehr als 96 Prozent der Bewohner stimmen für Putins Partei. In Putins eigenem Wahlkreis dagegen muss sich seine Partei mit dem zweiten Platz begnügen: Im Moskauer Gagarin-Viertel erreicht »Einiges Russland« lediglich 23,7 Prozent, es gewinnen die Kommunisten.

Rechte Kameraden

Wera steht auf dem Bolotnaja-Platz zwischen russischen Nationalisten. Über ihrem Kopf flattert eines der Symbole der Rechten, die schwarz-gelb-weiße Fahne des alten Zarenreichs. Wera verbindet mit ihnen nicht mehr als die Gegnerschaft zu Wladimir Putin. Viele Nationalisten haben Putin nach seinem Amtsantritt im Kreml zunächst unterstützt. Weil er seine Reden schon mal mit einem zackigen »Ruhm Russlands!« beendete, hielten sie ihn für einen der ihren. Über die Jahre aber haben sie sich von ihm abgewandt, Putin ist ihnen nicht radikal genug.

Rechtes Gedankengut ist unter jungen Russen weit verbreitet, auch in Weras Generation. Swetoslaw Wolkow ist so ein Fall. Er ist ebenfalls 1991 geboren, hat breite Schultern und ein Faible für Deutschland. Ein schwarzer Pullover des Brandenburger Neonazi-Labels Thor Steinar bedeckt sein Tattoo: »Meine Ehre heißt Treue« hat er sich auf den linken Arm stechen lassen, den Wahlspruch von Hitlers SS. Swetoslaw wuchs auf, wo Russland »in den neunziger Jahren am kriminellsten war«, wie er sagt. Seine Heimat Ljuberzy ist eine gesichtslose Plattenbausiedlung hinter der Stadtgrenze Moskaus. Mafiagruppen verübten dort Raubüberfälle, sie kontrollierten Nachtclubs und ganze Fabriken. Vor dem Haus, in dem er heute wohnt, erinnert eine Gedenktafel an das Opfer eines Attentats. Swetoslaw war drei, als er mit seiner Mutter vom Spielplatz aus verfolgte, wie die Killer abdrückten.

Swetoslaw trinkt und raucht nicht, treibt viel Sport. »Straight Edge« heißt die Philosophie, der er folgt, übersetzt heißt das so viel wie »klare Kante«. Er gehört zu einer neuen Generation von Neonazis. Sie fallen nicht auf wie die Skinheads von früher und können gut reden. Wie der norwegische Attentäter Anders Breivik, der in einem Ferienlager 69 Menschen erschoss und eine Bombe im Regierungsviertel von Oslo zündete, predigen sie den bewaffneten Kampf gegen den Staat.

»Der Hauptfeind ist die Russische Föderation«, sagt Swetoslaw. »Das Ziel ist die Ergreifung der Macht.« In einem Wald vor Moskau übt er dafür mit Gleichgesinnten im Kampfanzug Schießen an einem Jagdkarabiner. »Ich kann jene verstehen, die in Gewalt den letzten Ausweg sehen, weil der Staat alle unsere Organisationen verbietet«, erklärt Swetoslaw. »Deshalb töten sie jetzt nicht mehr Ausländer und Gastarbeiter, sondern Polizisten, Richter und von den USA gesponserte Menschenrechtler. Das hat nichts mit Hass zu tun. Wir reagieren auf Gewalt mit Gegengewalt.« Er bereite sich auf einen nationalen Kampf vor.

Russische Experten beobachten einen Wandel der militanten rechten Szene: Neonazis zündeten 2011 fünf Polizeireviere an. 2010 starb der Moskauer Strafrichter Eduard Tschuwaschow nach Schüssen aus einem Revolver. Die Polizei hält einen Neonazi mit zwei Hakenkreuz-Tattoos auf der Brust für den Täter, der sich im Oktober 2011 mit einer Granate versehentlich selbst in die Luft sprengte. Eine Machtergreifung der Rechten ist das Schreckensszenario für den Vielvölkerstaat. Swetoslaw will ein neues Russland, aber es soll anders aussehen, als Wera es sich erträumt: national, slawisch, ohne den Kaukasus.

Schneerebellion

Die Akustik auf dem Bolotnaja-Platz ist ein Desaster. Die Demonstration war ursprünglich für 300 Teilnehmer angemeldet, hundert Meter von der Bühne entfernt sind die Reden der Organisatoren nicht mehr zu hören. Wera gefällt auch nicht, was sie hört: zu viele Allgemeinplätze. Sie hat das Gefühl, niemand auf der Bühne ist in der Lage, die richtigen Worte zu finden, »und niemand weiß, was weiter zu tun ist«.

Die Demonstranten harren drei Stunden lang aus. »Hört auf zu lügen« steht auf einigen der Plakate. Die wichtigste Botschaft des Tages aber ist keine Parole, sondern es sind Größe und Zusammensetzung der Demonstration. Unter den Teilnehmern sind anders als früher auch Unternehmer, höhere Beamte, Moskaus erfolgreiche Oberschicht. Sie geht zum ersten Mal überhaupt auf die Straße. Außer einigen Unentwegten skandiert die Menge auch nicht das übliche »Putin muss weg« der Opposition. Die bloße Präsenz der neuen Unzufriedenen ist Forderung genug: Moskaus Bürgertum will den Beginn eines demokratischen Prozesses.

Die Kundgebung auf dem Bolotnaja-Platz ist die erste einer Serie von Demonstrationen im Winter 2011/2012.

Wegen der frostigen Temperaturen bekommt sie den Spitznamen »Schneerevolution«. Der Chef des staatlichen Gesundheitsamts hofft, die Moskauer mit Warnungen vor einer Grippewelle vom Demonstrieren abzuhalten. Zehntausende harren dennoch über Stunden im Freien aus, bei bis zu minus 25 Grad Celsius.

Die Organisatoren der Kundgebung am 10. Dezember sind die gleichen, die noch vor Kurzem Mühe hatten, ein paar Tausend zu mobilisieren, um alle zwei Monate für die Versammlungsfreiheit zu demonstrieren. Was hat sich verändert? Ist es der Einfluss des Internets? Der Ärger der Menschen über den Wahlbetrug? Warum haben sie dagegen nicht früher aufbegehrt? Bei der nächsten Demonstration am 24. Dezember schwillt die Menschenmenge noch einmal an. Rund 100 000 Moskauer versammeln sich auf dem Sacharow-Prospekt. Der Schriftsteller Dmitrij Bykow, einer der Organisatoren, stellt von der Bühne die rhetorische Frage, »wie das bloß enden soll«. Dann ruft er: »Das hier hört nie auf!« Ihre Wucht entwickelt die Protestbewegung in Wahrheit deshalb, weil ihr Entstehen niemand so recht versteht, der Kreml ebenso wenig wie die Opposition selbst.

Die Kreml-Gegner machen eine verblüffende Entdeckung: Sie sind fast über Nacht cool geworden, angesagt, irgendwie sexy. Der Schriftsteller Georgij Tschchartischwili, einem Millionenpublikum in Russland besser bekannt unter seinem Pseudonym Boris Akunin, hält viel beachtete Reden. Das einstige Partysternchen Xenija Sobtschak – 2,9 Millionen Follower auf *Instagram*, 1,6 Millionen auf *Twitter* – vollzieht ihre Wandlung von der Moderatorin des russischen »Big Brother« hin zur seriösen

Journalistin. Sobtschak ist Tochter des früheren Petersburger Oberbürgermeisters, eines Ziehvaters Putins. Sie ist hübsch, reich und war jahrelang eher unpolitisch, aber das hat sich geändert. Nachdem auf Druck des Kreml ihre regierungskritische Talkshow eingestellt wird, sagt sie: »Ich bin zwar keine Revolutionärin, würde jetzt aber gern lernen, wie man einen Molotowcocktail bastelt.«

2011 beginnt Sobtschak sogar eine Romanze mit dem Oppositionsaktivisten Ilja Jaschin. Jaschin hat es im September 2007 einmal mit einer Protestaktion in die Schlagzeilen der Weltpresse geschafft: Mit einem Benzinkanister marschierte er auf den Roten Platz, in der Hand hielt er ein Plakat mit einer Botschaft an Putin: »Schmor in der Hölle«. Dann steckte sich Jaschin selbst an – trug allerdings einen feuerfesten Anzug. Er wollte so Aufmerksamkeit auf die »Operation Nachfolger« lenken. Putin hatte damals beschlossen, Medwedew solle ihm als Präsident nachfolgen. Jaschins Aktion ließ die Russen kalt. Vier Jahre später dagegen verkörpert seine Liaison mit Sobtschak ein neues Phänomen: Die High Society umarmt die Straßenkämpfer.

Die klügste Rede auf dem Bolotnaja-Platz hält kein Politiker oder Oppositionsaktivist, sondern der Journalist und TV-Moderator Leonid Parfjonow. Er ist eines der bekanntesten Gesichter des russischen Fernsehens.

Seit zwölf Jahren kennt das TV nur einen Helden. Daher kommen die politischen Umfragewerte, aus nichts anderem. Wenn aber diese Wahlen eines gezeigt haben, dann ist es das Bedürfnis nach Wandel, nach einem Schritt nach vorn. Es muss endlich einen gesellschaftlichen Dialog geben, den es über all die Jahre nicht gab, einen Dialog darüber, wie wir unser Russland sehen wollen. Dann wird es auch politischen Wettbewerb geben, neue Anführer, neue Ideen, und nach einiger Zeit wird vielleicht endlich dieser kindlichen Klage ein Ende gesetzt, dass es zu Putin keine Alternative gibt.

Die Proteste jagen dem Kreml einen Schrecken ein. Sie kratzen an Putins Nimbus der »überwältigenden Mehrheit«, mit der er seinen Kurs bis dahin legitimiert hat. Ob bei der Übernahme der Kontrolle über die Fernsehsender, der Zähmung des Parlaments oder der Gouverneure: Die große Mehrheit billigte die Schritte, Massenproteste blieben aus. Die plötzlichen Massendemonstrationen lassen auch erste Risse innerhalb des Systems erkennen: Beamte und einige führende Funktionäre der Präsidialverwaltung schauen vorbei, darunter Michail Abysow, ein Milliardär, der wenige Monate später Minister werden soll, ein Mann des Medwedew-Lagers. Wladislaw Surkow, der für Innenpolitik zuständige Vizechef der Kreml-Verwaltung, lobt die Demonstranten als »besten Teil unserer Gesellschaft, genauer gesagt, ihren produktivsten«. Westliche Zeitungskorrespondenten stellen Surkow ihren Lesern damals immer noch als »Chef-Ideologen des Systems Putin« vor, aber das ist bloße Gewohnheit. Tatsächlich hat sich Surkow immer stärker dem etwas liberaleren Medwedew angenähert.

Bemerkenswert ist das Verhalten von Alexej Kudrin, der Putin länger als ein Jahrzehnt treu als Finanzminister gedient hat. Beide sind Freunde seit gemeinsamen Tagen in der Sankt Petersburger Stadtverwaltung

Anfang der neunziger Jahre. 2011 aber geht Kudrin auf die Demonstranten zu. Er hält sogar eine Rede. Er bricht darin freilich nicht mit dem Kreml, offenbart den Regierungsgegnern allerdings, er teile »ihre negativen Gefühle in Bezug auf die Ergebnisse der Parlamentswahl in unserem Land«.

Im Fernsehen tauchen Sendungen auf, deren Ton gegenüber Putin so kritisch ist wie seit Jahren nicht. Beim Gazprom-Sender *NTW* heißt es, die von Putins Fans gerade erst gedruckten Putin-Kalender seien für ein Zehntel des ursprünglichen Preises zu haben, niemand wolle sie kaufen. Putins Umfragewerte lägen nur noch bei 44 Prozent, vor einem Jahr seien es noch 70 Prozent gewesen. Der Moderator reißt sogar Witze über Putins jährliche Live-Fragestunden im TV, die immer monotoner werden: Die letzte hat rekordverdächtige vier Stunden und 32 Minuten gedauert. Putin »trennt immer weniger von den weltweiten Rekordhaltern in Sachen Dialog mit dem Volk«, spottet *NTW* – und blendet im Hintergrund ein Bild von Kubas greisem Revolutionsführer Fidel Castro ein. Zum Abschluss vergleicht der Moderator Putin dann noch mit der Schlange Kaa aus dem *Dschungelbuch*, die ihre Opfer hypnotisiert, um sie dann zu verschlingen.

Für einen Moment wirkt es so, als könnten sich Teile der Eliten in Politik und Medien auf die Seite der Demonstranten stellen. Es bleibt zwar nur ein Strohfeuer: Die Redakteure der NTW-Sendung verlassen den Kanal, Surkow tritt zurück in Reih und Glied. Der Kreml zieht dennoch seine Schlüsse.

Das Verschwinden der Putin-Fans

Gegenüber dem Bolotnaja-Platz, am anderen Ufer der Moskwa, wo der Quadratmeter 80 Euro Miete pro Monat oder mehr kostet, sitzt der Ökonom und Soziologe Michail Dmitrijew in seinem Büro und erklärt die Ursachen der Proteste: Wladimir Putin ist Opfer seines eigenen Erfolgs geworden.

Die Welt werde Zeuge einer »wachsenden Kluft zwischen Volk und Regierung«. Dmitrijew ist promovierter Wirtschaftswissenschaftler, hat als Soziologe gearbeitet und war lange im Staatsdienst. Bis 2004 war er Stellvertreter des damaligen Wirtschaftsministers German Gref, den Putin damals mit der Ausarbeitung einer liberalen Reformagenda für die russische Wirtschaft betraute. Dmitrijew hat an der Strategie mitgeschrieben. Der »Gref-Plan« sei damals zu 40 Prozent umgesetzt worden, »nicht schlecht für russische Verhältnisse«, sagt Dmitrijew. Seit seinem Ausscheiden aus der Regierung leitet er das Zentrum für strategische Entwicklungen. Der Think Tank ist aus Putins erstem Wahlkampfstab hervorgegangen.

Dmitrijews Zentrum hat als einziges Institut die Massenproteste kommen sehen. »Triebkräfte und Perspektiven der politischen Transformation Russlands« lautete der Titel des entsprechenden Berichts, Dmitrijew stellte ihn am 7. November 2011 vor. Die Öffentlichkeit habe darauf damals ungläubig reagiert, wie auf »Donner bei Sonnenschein«, erinnert sich Dmitrijew. Fünf Wochen später begannen die Demonstrationen.

Dmitrijew hat früher als andere das Umschlagen des politischen Klimas registriert, den wachsenden Unmut.

Der Grund: Er fragt anders. Sein Zentrum macht nicht nur Meinungsumfragen am Telefon, sondern setzt ergänzend auf so genannte Fokusgruppen: Das sind moderierte Gesprächszirkel, in denen sich die Soziologen mit den Befragten regelmäßig an einen Tisch setzen und bestimmte Fragestellungen diskutieren. Die Technik ist aufwändig; anders als die in der Öffentlichkeit bekannten repräsentativen Umfragen, auf denen in Deutschland etwa das ZDF-Politbarometer basiert, erlaubt sie auch keine eindeutigen Aussagen darüber, welcher Politiker gerade beliebter ist, ob nun 70 Prozent der Bevölkerung zufrieden sind mit der Politik des Präsidenten oder doch fünf Prozent weniger.

Die Fokusgruppen liefern dafür etwas viel Wertvolleres: Schattierungen und Zwischentöne, Grade von Begeisterung oder Enttäuschung und damit Fingerzeige für die mögliche weitere Entwicklung. Dmitrijew hat solche Gruppenbefragungen über Jahre durchgeführt, in Moskau, in der Großstadt Samara an der Wolga und – um die Provinz abzubilden – in Gus-Chrustalnij, einer strukturschwachen Kleinstadt.

Fokusgruppen werden oft im Marketing eingesetzt, um zu testen, wie gut ein neues Produkt aufgenommen wird, wie hoch die Kundenbindung ist. Viele Produkte weisen dabei einen typischen Lebenszyklus auf. Ein Beispiel sind die Smartphones des US-Konzerns Apple: Sind sie neu, kennt die Begeisterung kaum Grenzen. Menschen übernachten vor den Geschäften, um die Geräte als Erste zu kaufen. Darauf folgt eine Phase der Gewöhnung. Das iPhone ist beliebt, verliert aber den Reiz des Besonderen. Später kann die Gewöhnung in

Ablehnung umschlagen, wenn zum Beispiel die Kamera-
auflösung zu gering ist im Vergleich zur Konkurrenz oder
das Design überholt. Die Leute wollen ein neues Modell.

Dmitrijew hat festgestellt, dass die Beliebtheit erfolg-
reicher Politiker ähnlichen Mustern folgt, auch in Russland. Am Anfang ihrer Karriere schießen die Umfragewerte in die Höhe, das war bei Wladimir Putin ebenso
wie bei Moskaus ehemaligem Bürgermeister Juri Luschkow. Natürlich spielte eine Rolle, dass beide Kontrolle
über Fernsehsender hatten. Beide trafen aber auch einen
Nerv bei vielen Russen: Luschkow, weil er ein schlitzoh-
riger Volkstribun war, der den Laden im Griff zu haben
schien, und Putin, weil er nach dem kranken Boris Jelzin
Aufbruch und Stärke symbolisierte.

Putins Umfragewerte blieben über Jahre so hoch, dass
Politiker aus dem Westen hätten neidisch werden können. Von 2001 bis 2010 lagen sie praktisch konstant über
der Marke von 70 Prozent. Gleichzeitig zeigte sich in
Dmitrijews Fokusgruppen, dass sich die Motivation seiner Unterstützer veränderte. Sie waren weiter für Putin,
doch der Enthusiasmus ließ nach. »Das erste Zeichen der
Alterung einer politischen Marke ist das Verschwinden
der Fans«, sagt Dmitrijew. »Die Leute wiederholen zwar
die nahezu identischen Formulierungen der Unterstützung. Motivation und emotionale Intensität aber werden schwächer. Gleichzeitig tauchen zum ersten Mal die
Thesen von der Alternativlosigkeit auf.«

Michail Dmitrijew sagt, Putins »Fans« seien ab dem
Jahr 2005 sukzessive aus den Fokusgruppen verschwunden. Die Umfragewerte aber seien dennoch gestiegen,
der fehlenden Konkurrenz wegen. Ab 2010 begannen

die Umfragewerte von Putin dann tatsächlich zu sinken. Eigentümlicherweise taten sie es nicht trotz Putins guter Wirtschaftsbilanz, sondern gerade deswegen.

In den zehn Jahren nach Putins Amtsantritt hatte sich Russlands Bruttoinlandsprodukt in absoluten Zahlen von 250 Milliarden Dollar auf 1,9 Billionen Dollar fast verachtfacht. Dmitrijew kann die Kennzahlen des Aufschwungs herunterrattern wie kein Zweiter: Die Arbeitslosigkeit liegt bei fünf Prozent, die Einkommen sind dreimal schneller gewachsen als die Produktivität, 1999 lebten noch sechs Prozent der Russen von weniger als 2 Dollar pro Tag, heute kaum noch jemand. Hundert Prozent der Haushalte haben mittlerweile einen Kühlschrank und eine Waschmaschine, auf hundert Russen kommen 180 angemeldete Mobiltelefone. Selbst von den als arm eingestuften Haushalten hat fast die Hälfte einen eigenen PC.

»Gewaltmarsch in die Konsumgesellschaft« nennt das Dmitrijew. Daraus folgt aber nur bedingt politische Dankbarkeit. Immer mehr Bürger hätten – nun, wo ihr materielles Überleben gesichert scheint – den Kopf frei für neue Ziele. »Putins größter Erfolg ist jetzt Quell des Drucks«, sagt Dmitrijew. In seinen Gruppen geben die Befragten immer häufiger an, dass sie der Filz in der Politik störe, das schlechte Bildungswesen, die korrupte Gesundheitsversorgung. Dmitrijew spricht von »Entwicklungswerten«.

Das Parteiensystem hat diesen Prozess nicht nachvollzogen. Russlands neue Mittelklasse ist politisch heimatlos. Dmitrijew ist aber überzeugt, dass es die Mittelschicht ist, die Russlands Entwicklung vorantreibt.

Das sei bereits zu Sowjetzeiten so gewesen. Das Fundament der Mittelklasse sei von 1970 bis 1990 entstanden. Als Indiz für den wachsenden Wohlstand in dieser Zeit führt Dmitrijew den Anstieg der Zahl der PKW an: Während der zwei Jahrzehnte vor dem Zusammenbruch der Sowjetunion hatte sie sich verzehnfacht. Es gebe »allen Grund zu der Annahme, dass die neue sowjetische Mittelklasse eine bedeutende Rolle gespielt hat bei den Prozessen der Perestroika und dem Fall des kommunistischen Regimes«. Während der Krisen der neunziger Jahre dann sei das Bürgertum verarmt. Nun steige sein Einfluss wieder. Die Mittelschicht sei gefährlich für die Staatsmacht: »Sie ist in den großen Städten konzentriert, formt die meisten Inhalte der Medien, dominiert im Internet, verfügt über soziales Kapital und das Potenzial, sich selbst zu organisieren.«

Dmitrijew stellt den Teilnehmern seiner Fokusgruppen auch die ungewöhnliche Frage, mit welchem Tier sie die russische Staatsmacht assoziieren würden. Der Wolf werde inzwischen am häufigsten genannt, sich selbst vergleichen die Bürger mit Hasen. »Zum ersten Mal diskutieren die Teilnehmer unserer Fokusgruppen die Möglichkeit einer Revolution«, bemerkt Dmitrijew im Winter 2011. Unter den gegebenen Umständen habe die Opposition klare Vorteile, »wenn es um die Erneuerung der Rhetorik und politischer Marken geht«.

Für den Kreml wiederum sprächen zwei Faktoren: Erstens stehe dem stärker werdenden »Nukleus der Modernisten« ein noch immer starker »Nukleus der Traditionalisten« gegenüber. Vor allem außerhalb der Metropolen seien viele abhängig von staatlichen Leistungen: Rentner, Beamte, die Arbeiter der international kaum wettbewerbsfähigen Industriekonglomerate. Zweitens hat Dmitrijew eine Beobachtung gemacht, die ihm Sorgen bereitet: »Wladimir Putins antiwestliche Außenpolitik gefällt den Leuten sehr.«

Wahlkampf

Die junge Journalistin Wera Kitschanowa bedauert, auf den Bolotnaja-Platz keine Kamera mitgenommen, keine Fotos gemacht zu haben. Sie hält es für möglich, dass »dies der wichtigste Tag in meinem Leben war«. Alles hänge davon ab, wie sich die Dinge in Russland nun weiter entwickeln. Falls die Kundgebung zum Ausgangspunkt einer großen Protestwelle werde, »kann ich meinen Enkeln erzählen: Ich war dabei.« Unter dem Eindruck der Demonstration hat sie entschieden, den Marsch durch die Institutionen zu wagen. Sie will bei den nächsten Kommunalwahlen kandidieren, als Abgeordnete für Süd-Tuschino, ihr Moskauer Heimatviertel mit 120000 Einwohnern. »Wir wissen noch nicht, wie wir vorgehen werden, und ich bin in Sachen Politik nicht der kompetenteste Mensch«, gesteht Wera. Doch sie will Erfahrungen sammeln. Gewählt wird am 4. März 2012, in Süd-Tuschino das Parlament – und in ganz Russland ein neuer Präsident.

Wera stürzt sich in den Wahlkampf, und auch der Kreml trifft Vorbereitungen. Er beginnt mit der Mobilisierung jener, die Michail Dmitrijew »Nukleus der Traditionalisten« nennen würde. Am 23. Dezember 2011 bestellt Putin den Gründer der rechtsnationalen Partei *Rodina*, Dmitrij Rogosin, aus Brüssel ein. Rogosin war dort Russlands Botschafter bei der Nato. Er ist ein Scharfmacher: »Je näher uns die Nato-Basen sind, desto leichter können wir sie auch erreichen«, hat er mal in einem Interview gepoltert. Jetzt macht der Kreml Rogosin zum stellvertretenden Regierungschef. Anfang Februar nimmt Putin auch einen Mitstreiter Rogosins bei der *Rodina*-Gründung in sein Team auf: Der Nationalökonom Sergej Glasew, Idol der russischen Hardliner, wird Mitglied in Putins Wahlkampfteam. Glasew ist davon überzeugt, die USA würden massenhaft Dollar drucken, um damit später Russlands Firmen aufzukaufen. Im Sommer 2012 steigt Glasew zu Putins Berater in Ukrainefragen auf. Den späteren ukrainischen Präsidenten Petro Poroschenko hält Glasew für einen Nazi.

Die Protestbewegung, die nach den Manipulationen der Parlamentswahl so energisch entstand, büßt bereits im Januar 2012 wieder an Kraft ein. Nachdem am 24. Dezember 2011 immerhin rund hunderttausend Moskauer dem Ruf auf die Straße gefolgt sind, verabschieden sich die Anführer der Opposition in den Urlaub. Alexej Nawalny fliegt nach Mexiko, Boris Nemzow verbringt die ausgedehnten russischen Neujahrsferien bis Mitte Januar mit seiner Freundin in Dubai. Als die Putin-Gegner zurückkehren, müssen sie feststellen, dass der Kreml nicht untätig war. Er hat die Dreckschleuder angeworfen: »Sex-Skandal: Nemzows 1001 Nacht«, betitelt das Moskauer Boulevardblatt *Twoi djen* einen Bericht über Nemzows Dubai-Trip.

Die Zeitung druckt Aufnahmen des Kreml-Gegners am Strand, begleitet von einer jungen Frau im kurzen Kleid. Anastasija Ognjowa, 25, hat rote Haare und entfernt Ähnlichkeit mit der in den USA aufgeflogenen russischen Ex-Spionin Anna Chapman. Die »Muse des Predigers der russischen Demokratie« sei in Wahrheit ein Callgirl für tausend Dollar die Nacht, so ätzt *Twoi djen*. Das ist zwar gelogen. Aber viele Moskauer fragen sich doch, wie ernst es der Opposition wohl mit der Umgestaltung des Landes ist, wenn sich ihre Führer auf dem Höhepunkt der Proteste für zwei Wochen in den Urlaub verabschieden.

Für Wladimir Putin sind die Demonstrationen ein Weckruf. Drei Monate lang reist er rastlos durch das Land, schüttelt Hände, macht so engagiert Wahlkampf wie zuletzt im Jahr 2000, als er das erste Mal gewählt wurde. Seine Leute trommeln derweil Anhänger zusammen. Anfang Februar 2012, vier Wochen vor der Präsidentschaftswahl, zeigen sie in Moskau Stärke: Die Polizei zählt 140 000 Demonstranten für Putin im monumentalen »Park des Sieges«. Es sind viele Staatsbedienstete darunter, Lehrer, Rentner, aber auch Geschäftsleute mit konservativem Weltbild. Die Rhetorik gleicht den Parolen, die zwei Jahre später nach der Maidan-Revolution aus Moskau zu hören sind. So ruft der Publizist Maxim Schewtschenko von der Bühne, die Oppositionsdemos würden von »Leuten geführt, die ich für Feinde meines Landes halte«.

Auch Alexander Prochanow kommt zu neuen Ehren. Der Herausgeber der Stalinisten-Zeitung *Sawtra* ist ein Vordenker der radikalen Rechten. Prochanow fordert,

Putin müsse endlich entschieden gegen die Liberalen in der Machtelite vorgehen. Für Prochanow und seinesgleichen sind sie Verräter, die es zu »vernichten« gilt. Prochanow hasst die Reformer der neunziger Jahre wie Nemzow oder Tschubais. Ihr »schwarzes Sperma« habe die russische Wirtschaft und den Staat zersetzt. Weil Putin über Jahre wenig Anstalten machte, solchen Ratschlägen zu folgen, schrieb Prochanow ein Buch mit dem Titel *Der Putin, an den wir glaubten*, eine Abrechnung.

Ende 2011 aber steigt der Ideologe plötzlich zu einem der beliebtesten Gäste in russischen Talkshows auf. Prochanow darf Putin vor laufenden Kameras eine Frage stellen: Auf welche Truppen, auf welche Leibgarde sich der Kreml »bei der Umgestaltung Russlands« stützen wolle? Putin weicht aus. Er hält einen längeren Monolog. Aber auf andere Art hat er die Frage bereits beantwortet: Die Machtverhältnisse hinter den Kreml-Mauern sind in Bewegung geraten. Die Wirtschaftsliberalen verlieren an Einfluss, Falken wie Rogosin und Glasew, die konservativen Kreml-Kräfte, gewinnen an Gewicht.

9. Konterrevolution

»Defätistische Stimmung im Stab verboten. Strafe
für Sprüche übers Auswandern: 850 Rubel.«

Im Schatten der Kreml-Türme, auf einer Insel in der
Moskwa, ist das neue Russland in die Lücken gestoßen,
die das alte hinterlassen hat: Künstlercafés, Nachtclubs
und Internet-Start-ups haben hier Quartier bezogen, in
ehemaligen Hallen der Schokoladenfabrik »Roter Oktober«. Der Betrieb war nach der Oktoberrevolution 1917
als »Süßwarenfabrik Nr. 1« verstaatlicht worden. Heute
ist das Areal ein Treffpunkt des aufstrebenden Moskaus,
der Künstlerszene und der It-Girls der Hauptstadt.

Wera Kitschanowa schreibt inzwischen für das Internetportal *Slon*. Wenn sie aus den Redaktionsräumen auf
die Dachterrasse hinaustritt, genügt ein Rundblick, um
das Spannungsfeld zu verstehen, in dem die Redaktion
agiert. Links liegt das Denkmal für Peter den Großen,
den Reformerzar, vor ihr die Christ-Erlöser-Kathedrale,
in der die Band *Pussy Riot* im Februar 2012 ihren Skan-
dal-Auftritt hatte, und wenige Hundert Meter westlich
der Bolotnaja-Platz, Symbol der Revolution, die ausblieb.

So überraschend die Protestbewegung im Winter 2011 gegen die Manipulation der Parlamentswahl
wuchs, so schnell hat sie auch wieder an Fahrt verloren. Wera glaubt, dass die Anführer der Opposition eine
historische Chance vergeben haben: »Entweder war es
Unfähigkeit oder Verrat.«

Die Redaktionsräume von *Slon* sind hell, die Fenster hoch, die alten Fabrikwände weiß getüncht. Für Konferenzen steht ein Glaskasten mitten im Großraumbüro. In den Ecken liegen bequeme Sitzsäcke. *Slon* ist Teil der Gegenöffentlichkeit zu den staatlich kontrollierten großen Fernsehsendern, die sich seit Mitte der 2000er im Runet gebildet hat, dem russischen Segment des Internets.

Weil die Zahl der Internetnutzer in Russland sprunghaft gestiegen ist, haben Portale wie *Slon* oder das Schwesterprojekt *TV Rain* erstmals eine Chance, ein Massenpublikum zu erreichen. Da die Wirtschaft brummt, steigen auch die Werbeeinnahmen. Viele der neuen Medien werden zu Auffangbecken für Top-Journalisten, die früher bei Zeitungen und Nachrichtenmagazinen arbeiteten. Chefredakteur von *TV Rain* ist ein ehemaliger Reporter der russischen Ausgabe von *Newsweek*, die 2010 auf Druck der Behörden eingestellt wurde. International bekannt wurde *TV Rain*, weil das Portal im Winter 2011 als einziger russischer Kanal live von den Demonstrationen sendete, die Staatsanwaltschaft hat deshalb ermittelt – wegen möglicher »Finanzierung durch ausländische Fonds«.

Im Januar 2014 – die Krim ist noch ukrainisch, aber auf dem Maidan brennen schon Autoreifen – stehen die Hilfstruppen von Wladimir Putins Konterrevolution vor den Türen der Redaktion. Wera passiert sie jeden Morgen auf dem Weg zur Arbeit. Die Aktivisten der Kreml-Organisation »Junge Garde« belagern das Redaktionsgebäude. »Schande« steht auf ihren Plakaten, und »*TV Rain* spottet über das Heilige«. Auslöser ist eine kontroverse Umfrage des Kanals, der von seinen Zuschauern wissen wollte, ob die Sowjets im Zweiten Weltkrieg »Leningrad nicht besser den Deutschen hätten übergeben sollen, um Hunderttausende Leben zu retten«. Während der Belagerung des heutigen Sankt Petersburg durch die Wehrmacht in den Jahren 1941 bis 1944 kam fast eine Million Menschen ums Leben.

Die Redaktion löscht die Umfrage bereits nach 30 Minuten und entschuldigt sich, kann den Sturm aber nicht mehr stoppen, der über *TV Rain* hereinbricht. Der Sender hat kein Gesetz verletzt, kein Gericht Strafen verhängt, doch wie auf ein Zeichen hin werfen die 25 wichtigsten Kabel- und Satelliten-TV-Anbieter den Kanal aus dem Programm. Innerhalb weniger Tage verliert *TV Rain* 90 Prozent seines Publikums. Erst springen die Werbekunden ab, dann wird dem Sender Reklame verboten, im Sommer 2014 wirft der Vermieter die Redaktion aus den Räumen der ehemaligen Schokoladenfabrik. Chefredakteur Michail Sygar sagt, man habe ihnen »im Laufe eines Jahres ein Körperteil nach dem anderen weggeschossen«. Die Redaktion muss in ein improvisiertes Büro in einer Privatwohnung umziehen. Sie startet eine Crowdfunding-Kampagne, in zwei Wochen kommen umgerechnet zwei Millionen Dollar zusammen, nur deshalb können *TV Rain* und *Slon* fürs Erste weitermachen.

Putins Gegenschlag

Wladimir Putin hat ein unheimliches Gespür für den richtigen Augenblick. Viele Beobachter haben seine Begeisterung für Judo als eine seiner öffentlichkeitswirksam inszenierten Macho-Marotten abgetan. Er liebt Judo aber tatsächlich und betreibt den Sport seit dem elften Lebensjahr. Putin trägt den schwarzen Gürtel und hat 1976 die Stadtmeisterschaft in seiner Heimatstadt Leningrad gewonnen. Gelegentlich misst Putin noch heute seine Kräfte auf der Matte mit anderen Judoka, manchmal sind die Kameras des Staatsfernsehens dabei. Die Zuschauer erleben dann einen Mann, der gelernt hat, Gegner zu besiegen, die größer und stärker erscheinen als er selbst.

Putin stürmt nicht vor. Er greift die Jacke seines Gegenübers, tänzelt mal vor, mal zurück und schleudert den Gegner genau dann zu Boden, wenn dieser den Fehler macht, zu ungestüm anzugreifen. Judo ist eine Kunst von Timing und Technik. Erfolg hat, wer im richtigen Moment die Bewegung des Angreifers umzuwandeln vermag in einen eigenen Wurf. Putin sagt, Judo sei »mehr als ein Sport, es ist eine Philosophie«.

So ähnlich funktioniert auch die Mechanik von Putins Konterrevolution: Je größer Druck und Kritik aus dem Ausland werden, desto beliebter wird Putin in den Augen der meisten Russen.

Nach den Bolotnaja-Protesten 2011 lässt er die Angriffe seiner Gegner allerdings erst einmal ins Leere laufen. Sein Adlatus Dmitrij Medwedew gibt dafür noch einmal den Musterliberalen. Der scheidende Präsident nutzt seine letzte Rede zur Lage der Nation im Dezember 2011, um dem verdutzten Volk überraschend eine »komplexe Reform unseres politischen Systems« anzukündigen. Er sichert die Wiedereinführung der Direktwahlen der Provinzgouverneure zu, niedrigere Hürden für neue Parteigründungen und die Schaffung eines vom Kreml unabhängigen großen Fernsehkanals. Das soll dem Unmut der Demonstranten die Spitze nehmen, die Proteste hatten sich zuletzt vor allem auf die plumpe Propaganda des Staatsfernsehens eingeschossen. So verspricht Medwedew – ein halbes Jahr vor dem Ende seiner Amtszeit –, noch schnell all das umzusetzen, was er bis dahin versäumt hat.

Nach Putins Rückkehr auf den Präsidentensessel im Mai 2012 bleibt von den versprochenen Liberalisierungen allerdings nicht viel übrig: Der Kreml behält weiter die volle Kontrolle über die Ernennung der Gouverneure, die Parteien in der Duma kommen an eine noch kürzere Leine. Das auf Medwedews Geheiß neu gegründete »Gesellschaftsfernsehen« OTR klagt schon über Geldmangel, bevor es überhaupt auf Sendung gehen kann. 2015 taucht der Kanal nicht mal unter den 25 größten Sendern des Landes auf, hat also – anders als etwa der russische *Disney-Channel* oder *Euronews* – weniger als 0,2 Prozent Marktanteil.

Medwedew verbreitet dennoch weiter den Eindruck, der Kreml habe die Klagen der Demonstranten erhört. Er wagt sich im Januar 2012 sogar noch einmal zu einer Veranstaltung an die journalistische Fakultät der Lomonossow-Universität. Es werden, anders als noch bei der ersten Visite, keine Studenten wie Wera Kitschanowa ausgesperrt. Der Moderator bittet die angehenden Jungjournalisten vor Beginn der Debatte, »keine stumpfen oder scharfen Gegenstände auf den Präsidenten zu werfen. Wir wissen doch: Die schärfste Waffe, die tiefste Wunden schlägt, ist das Wort.«

Medwedew zeigt volle zwei Stunden lang Nehmer-
qualitäten und antwortet sogar auf die Frage, ob er –
sofern es zur Revolution kommt – bereit sei, für die
Wahlfälschungen »Verantwortung vor einem Volks-
gericht zu übernehmen«. Er, der Präsident, sei selbstverständlich »bereit, für meine Ideale zu sterben. Aber für
eine Revolution fehlen in Russland die Voraussetzungen.
Das Land hat sein Limit an revolutionären Ereignissen
schon im 20. Jahrhundert ausgeschöpft.«

Während sich Medwedew dem rebellierenden Groß-
stadtbürgertum stellt, mobilisiert Putin den Rest des
Landes. In den Wochen vor der Wahl veröffentlicht er
sieben Programmartikel. Sie sind so lang, dass sie – in
Buchform gebunden – mehr als 150 Seiten füllen würden. Natürlich liest kaum jemand alle, aber das ist auch
gar nicht beabsichtigt. Es geht darum, dass nach Möglichkeit jeder Russe wenigstens *einen* der Texte liest.

Putins Wahlkampfstab lässt sie genau in jenen großen
Tageszeitungen abdrucken, die am besten die jeweilige
Zielgruppe erreichen: In der Regierungszeitung *Rossijskaja Gaseta* referiert Putin über »Garantien der nationalen Sicherheit«, das Blatt wird von vielen Beamten
gelesen. Die liberale Wirtschaftszeitung *Wedomosti* veröffentlicht unter der Überschrift »Wir brauchen eine neue
Wirtschaft« Putins Plan für eine ambitionierte Reformagenda. Die Intellektuellenzeitung *Nesawissimaja Gaseta*
druckt ein Bekenntnis des Kandidaten zum Vielvölkerstaat Russland. Im Boulevard- und Unterschichtenblatt
Komsomolskaja Prawda geht es dagegen um die »Schaffung von Gerechtigkeit« und eine neue russische Sozialpolitik.

Putin macht sich daran, seine Klientel zu mobilisieren: 37 Millionen Rentner, 4,6 Millionen Ärzte und Angestellte im Gesundheitswesen, sechs Millionen Lehrer, Professoren und Erzieher, drei Millionen Angestellte der Rüstungsindustrie und zehn Millionen Soldaten, Geheimdienstler, Beamte von Polizei, Justiz und Verwaltung. Zusammen sind es rund 60 Millionen Wahlberechtigte, deren Wohl und Wehe unmittelbar vom Staat abhängig sind.

Zur Symbolfigur dieses anderen Russland fernab der glitzernden Fassaden der Millionenstädte wird ein Mann namens Igor Cholmanskich. Er ist Vorarbeiter in einer Panzerfabrik im Ural. Als er im Dezember 2011 in Putins wohl inszenierte TV-Fragestunde zugeschaltet wird, bietet er an, »mit den Jungs nach Moskau zu kommen und unsere Stabilität zu verteidigen, falls unsere Miliz mit den Demonstrationen nicht klarkommt«. Die Panzerbauer aus dem Ural kommen tatsächlich, zwei Wochen vor dem Wahltag rollt ihr Sonderzug Nr. 219 in Moskau ein, in den Abteilfenstern hängen Transparente mit Zeichnungen von Panzern. »Bewährter Kurs, verlässliche Staatsmacht: Putin lässt das Land nicht fallen«, steht auf den Plakaten.

Die Stahl- und Rüstungsschmieden im Ural profitieren von der »beispiellosen« Aufrüstung, die Putin versprochen hat. Flotte, Heer und Marine sollen für 500 Milliarden Euro neue Waffen bekommen, damit sich die »Tragödie von 1941« nicht wiederholt, wie Putin sagt. Damals überfiel Hitlerdeutschland die schlecht auf den Krieg vorbereitete Sowjetunion.

Putins Tränen

Um Vorwürfen der Wahlmanipulation wie nach der letzten Parlamentswahl zu begegnen, setzt sich der Kreml de facto selbst an die Spitze der Bewegung für mehr Transparenz. Es ergeht die Anordnung, in allen Wahllokalen des Landes Kameras aufzuhängen, die am Wahltag live ins Internet übertragen. Wir haben nichts zu verbergen, so lautet die Botschaft. Dennoch stellen die Wahlbeobachter der OSZE auch dieses Mal wieder Unregelmäßigkeiten fest – in jedem dritten Wahllokal wird der Prozess des Stimmenauszählens von der Organisation als »schlecht« gerügt.

Am Wahltag, dem 4. März 2012, erreicht Putin mit 45 Millionen Stimmen ein schlechteres Ergebnis als in den Jahren 2000 und 2004. Er schneidet auch deutlich schlechter ab als Interimspräsident Medwedew 2008. Aber mit 64 Prozent liegt Putin dennoch fast 50 Prozentpunkte vor dem Kommunisten Gennadij Sjuganow auf Platz 2. Anders als bei den Parlamentswahlen setzt sich bei der Mehrheit der Bevölkerung der Eindruck durch, selbst wenn es Manipulationen gegeben hat, sie hätten auf das Ergebnis – den Sieg Putins – keinen entscheidenden Einfluss.

Die Proteste gegen Wahlfälschungen haben auf den Kreml Eindruck gemacht, nur ist er anders, als es die Demonstranten erhofft hatten. Putin sieht sich durch die Kundgebungen in seiner Auffassung bestätigt, der Westen wolle versuchen, ihn mithilfe einer Revolution zu stürzen. Waren es nicht amerikanische Stiftungen, die den Wahlbeobachtern von *Golos* ein Gehalt bezahlt haben? Hatte nicht Barack Obamas Stellvertreter Joe

Biden vor den Wahlen in Moskau zu erkennen gegeben, Washington wolle lieber Medwedew für eine zweite Amtszeit im Kreml sehen? Schon als Barack Obama 2009 das erste Mal zu Besuch in Moskau war und den »Neustart« der Beziehungen proklamierte, gab sein Russlandberater Michael McFaul die unsinnige Parole aus, das Weiße Haus solle sich in Zukunft vor allen Dingen auf Medwedew konzentrieren. Putin sei ein Mann der Vergangenheit. Von da an war das Verhältnis ruiniert.

Das *Time*-Magazin titulierte Putin noch kurz vor der Präsidentschaftswahl als »Russia's incredible shrinking Prime Minister«. Medien und Politiker im Westen erwarteten eine Fortschreibung des Abwärtstrends, der mit den Parlamentswahlen begonnen hatte. Aber ihre Interpretation des Ergebnisses der Parlamentswahl als Misstrauensvotum gegen Putin entpuppte sich als zu simpel. Während sich im Westen Ärger über Missstände über kurz oder lang zwangsläufig gegen Regierungschefs oder Staatsoberhäupter richtet, lässt sich in Russland von Zeit zu Zeit das umgekehrte Phänomen beobachten: Der Zar ist gut, nur Minister und Beamte sind Schurken, die ihn hintergehen, so sehen das viele Bürger.

Das ist paradox. Wladimir Putin ist Gründer von »Einiges Russland«, das als »Partei der Gauner und Diebe« verschrien ist. Er hat die Gouverneure eingesetzt, denen die Hälfte der Russen nicht über den Weg traut, und die Minister der Regierung ernannt, die vom Volk für Versager gehalten werden. Doch die Mehrheit der Bevölkerung verurteilt ihn nicht für das System, das er geschaffen hat. Russische Soziologen nennen das Phänomen »Teflon-Präsident«. Ob abflauendes Wirtschaftswachstum oder die wuchernde Korruption: An Putin bleibt nichts hängen. Im Gegenteil, die Mehrheit hält das Staatsoberhaupt weiter für den Einzigen, der für Ordnung und Gerechtigkeit sorgen kann.

Auch deshalb erreichen den Kreml Jahr für Jahr zwei Millionen Briefe. Im Internet gibt es Hunderte Seiten mit Formulierungsvorschlägen für die Schreiben. Sie beginnen mit der Darstellung einer meist von lokalen Beamten verübten Ungerechtigkeit und enden mit der formelhaften Bitte »proschu prinimat mery« – Ergreifen Sie bitte die notwendigen Maßnahmen.

Am Abend des Wahltags überwältigen Putin die Gefühle. Als er auf der Bühne steht, den Roten Platz und den Kreml im Rücken und an die hunderttausend jubelnde Menschen vor sich, rinnen einige Tränen über seine Wangen. Putin, der die Macho-Pose so kultiviert, weint. Er hat einen Sieg errungen, und zwar aus seiner Sicht nicht gegen einige rebellische Großstädter (»fette Moskauer Kater«, wie sie sein Wahlkampfchef nannte), sondern gegen die Architekten einer »Farbenrevolution«, gegen Kräfte im Westen, die Russland ins Chaos stürzen wollen. Davon sind er und sein Umfeld überzeugt.

Der Begriff der Farbenrevolution ist seit 2005 ein Schlüsselbegriff in Moskaus politischem Vokabular, eine Sammelbezeichnung für die Revolution in Orange 2004/2005 in der Ukraine und ähnliche Machtwechsel in Georgien und Kirgisien. Der Kreml sieht darin eine neue Art der Kriegführung, die darauf abziele, Russland durch vom Westen gesteuerte NGOs zu schwächen und den Einfluss von Nato und EU zu vergrößern. Darauf spielt Putin an, als er seinen Anhängern zuruft, am Wahltag hätten sie bewiesen, »dass uns niemand etwas aufzwingen kann«. Das Land habe sich in Acht genommen vor »politischen Provokationen, die nur ein Ziel haben: die russische Staatlichkeit zu zerstören und die Macht an sich zu reißen«.

Wer sich gegen Putin stellt, steht gegen Russland an sich, so lautet die Botschaft an jenem Tag. Putins aggressive Rhetorik gibt einen Vorgeschmack darauf, was Kreml-Gegnern, Aktivisten und Menschenrechtlern in den folgenden Jahren blühen wird: die Stigmatisierung als Agenten des Auslands.

Abkehr vom Westen

Wera Kitschanowa hat eine Freundin, sie haben sich auf einer Kundgebung kennengelernt, als die Oppositionsdemos noch so übersichtlich waren und viele der Teilnehmer persönlich miteinander bekannt. Anfang Februar 2012 borgt sich diese Freundin Weras Diktiergerät. Sie wolle mit ihrer Band ein Lied aufnehmen. Die Freundin ist Nadja Tolokonnikowa, die Band heißt *Pussy Riot*.

Tolokonnikowa und ihre Mitstreiterin Maria Aljochina werden wenig später wegen einer Anti-Putin-Performance verhaftet. Ihnen wird »Rowdytum« zur Last gelegt, nachdem sie am 21. Februar 2012 in Strumpfmasken in die Moskauer Christ-Erlöser-Kathedrale gestürmt sind und Sätze riefen wie »Mutter Gottes, heilige Jungfrau, verjage Putin«, »Scheiße, Scheiße, Gottesscheiße« und »Der Patriarch glaubt an Putin, der Schweinehund sollte lieber an Gott glauben«. Die beiden Frauen werden zu zwei Jahren Arbeitslager verurteilt. Das drakonische Vorgehen wird in westlichen Medien vielfach als Indiz gewertet, der Kreml habe panische Angst vor den *Pussy-Riot*-Frauen und wolle Gegner kaltstellen, die ihm gefährlich werden könnten.

In Wahrheit geht der Kreml sehr berechnend vor. Das hohe Strafmaß belastet das Verhältnis zum Westen stark, aber das nimmt Moskau billigend in Kauf. Putin nutzt die Reaktion des Westens sogar, um seine innenpolitische Botschaft zu verstärken: Russland lässt sich nichts von außen diktieren. Der Gerichtsprozess erfüllt mehrere Aufgaben: Einerseits wirkt er wegen der hohen Strafen abschreckend, andererseits führt er dazu, dass sich der konservative Teil der Gesellschaft hinter Putin schart. Die Mehrheit der Bevölkerung empfindet den Auftritt von *Pussy Riot* wenn nicht als Gotteslästerung, so doch als Geschmacklosigkeit.

Das Staatsfernsehen verstärkt diesen Effekt noch, indem es derlei Aktionen als Folge westlichen Einflusses darstellt. Gesendet werden Aufnahmen früherer Aktionen des Künstlerkollektivs *Woina* (»Krieg«), zu dessen Umfeld Tolokonnikowa gehört. Die Gruppe protestierte 2008 sehr eigenwillig gegen die damalige Kür von Dmitrij Medwedew zu Putins Nachfolger im Kreml, und zwar mit einer Gruppensex-Orgie in einem Moskauer Museum. »Fick für das Nachfolger-Bärchen« war das Motto, eine Anspielung auf Medwedews Namen (*Medwed* ist das russische Wort für Bär). Das Fernsehen sendet auch verpixelte Videos, auf denen sich eine *Woina*-Aktivistin in einem Supermarkt ein Suppenhuhn so weit wie möglich in die Vagina schiebt und den Laden anschließend verlässt.

Nicht nur die meisten Russen haben Probleme, in solchen Aktionen einen tieferen Sinn oder ein demokratisches Bekenntnis zu entdecken. Auch viele Oppositionsführer verurteilen den Auftritt von *Pussy Riot*. Alexej Nawalny bezeichnet die Bandmitglieder als »dumme Hühner«, die Publicity wollen. Er erkennt aber zugleich sein Dilemma: Natürlich müsse er sich trotzdem für die jungen Frauen stark machen. Angesichts des völlig überzogenen Vorgehens »kann ich gar nicht anders, auch wenn ich mich bei vielen meiner Anhänger damit nicht beliebt mache«.

Es ist gut möglich, dass Wladimir Putin damals auch der eigenen Propaganda erliegt. Bei seinem Antrittsbesuch in Berlin Anfang Juni jedenfalls versucht der Präsident Angela Merkel weiszumachen, bei den Protesten gegen seine Rückkehr habe es sich lediglich um sehr kleine Kundgebungen von Kommunisten, Faschisten und »sexuell Deformierten« gehandelt. Die Behauptung macht Putin im Kanzleramt nicht beliebter. Daheim schadet ihm solche Rhetorik nicht. Dass auch internationale Stars wie Madonna demonstrativ ihre Solidarität mit *Pussy Riot* bekunden, hat nicht den erhofften Effekt. Ganz im Gegenteil: Der Kreml nutzt dies als Munition in seinen Kampagnen, die Europa und die USA als verdorben darstellen sollen.

Es ist wichtig zu verstehen, dass der Kreml die Abkehr vom Westen schon lange vor dem Ausbruch der Ukrainekrise eingeleitet hat. Die Reaktivierung alter Feindbilder ist die Reaktion auf die in den Jahren 2011 und 2012 offenbar werdenden Probleme der Führung. Damals macht der Kreml auch jene stark, die keine Angst vor einem Wirtschaftskrieg mit dem Westen haben, sondern ihn im Gegenteil kaum erwarten können. Der neue Präsidentenberater Sergej Glasew fordert seit Langem, alle Wirtschaftsbeziehungen zum Westen zu kappen. Nur in Isolation könne Russland seine wahre Stärke erreichen. Wenn es nach Glasew geht, soll Moskau seine Devisenreserven nicht länger in Dollar oder Euro halten. Er will eine eigene Rating-Agentur aufbauen, als Gegengewicht zu den großen amerikanischen Instituten. »Eurasische Kreditkarten« sollen Visa- und Mastercard ersetzen, und China Europa als Russlands wichtigsten Partner.

Der Kreml beginnt nach den Bolotnaja-Protesten auch mit der so genannten »Nationalisierung der Elite«, dem schrittweisen Rückzug des Riesenreiches aus der Welt. Seit 2013 dürfen russische Beamte und Politiker keine Konten, Firmen oder Häuser mehr im Ausland besitzen, der Westen soll kein Druckmittel gegen sie in die Hand bekommen. Seit dem Frühjahr 2014 dürfen vier Millionen Polizisten, Militärs und Geheimdienstler nicht mehr im Westen Urlaub machen, Beamte nur noch in Russland gebaute Dienstwagen fahren.

Der ehemalige Abgeordnete und russische Oppositionspolitiker Wladimir Ryschkow fürchtet, dass »Reiseverbote vor allem bei Mitarbeitern der aufgeblähten Sicherheitsapparate dazu führen, dass ihre anti-westliche Paranoia noch wächst. Es ist viel einfacher, ein Image des Landes als belagerte Festung zu kultivieren, wenn Soldaten, Polizei und Geheimdienste nicht mehr in der Lage sind, die Außenwelt mit eigenen Augen zu sehen.«

Das Ende der jungen Wilden

Innerhalb kurzer Zeit findet sich Russlands Opposition in verzweifelterer Lage als je zuvor wieder. Alexej Nawalny, der die Proteste gegen die Parlamentswahlen 2011 angeführt hat, droht zwei Jahre später nicht nur das Ende seiner politischen Karriere, bevor sie überhaupt richtig Fahrt aufgenommen hat, sondern auch eine Haftstrafe.

Nawalny sitzt im Polohemd im Abteil eines Zugs, der von Moskau durch die Nacht nach Osten braust. Vor ihm liegt sein iPhone, er hat einen Aufkleber auf die Rückseite gepappt. »Putin ist ein Dieb« steht darauf. Nawalny, studierter Jurist, hat Staatskonzerne und Putin-Vertraute der Korruption bezichtigt und die Vorwürfe in seinem Blog mit internen Berichten des Rechnungshofs untermauert. Sein erster großer Scoop war die Aufdeckung von Unterschlagungen in Höhe von umgerechnet 2,9 Milliarden Euro beim Bau einer Pipeline zum Pazifik. Nawalny war es, der »Einiges Russland« als »Partei der Gauner und Diebe« brandmarkte. Seitdem gilt er nicht zu Unrecht als der Mann, der Putins Partei die Parlamentswahl vermasselt hat.

Er kann mitreißend reden, bis hin zur Demagogie. Beim »Russischen Marsch«, der jährlichen Demonstration der rechten Opposition, rief Nawalny Rechtsextremen und Neonazis zu, man müsse »dieses Schurkenpack vernichten, das unser Blut trinkt«. Gemeint waren Beamte und Politiker der derzeitigen Staatsmacht. Das Publikum skandierte daraufhin: »Putin vor Gericht!« Auf *Twitter* folgen Nawalny 1,4 Millionen Menschen.

Nun aber schlägt die Staatsmacht zurück. Nawalny ist unterwegs nach Kirow. Die Provinzstadt liegt 13 Zugstunden östlich von Moskau. Es ist eine unfreiwillige Reise und eine, die für ihn mit bis zu zehn Jahren Lagerhaft enden kann. In Kirow wartet auf den Oppositionsführer ein Gerichtspräsident, der sich rühmt, »im Leben noch nicht einen einzigen Freispruch gefällt« zu haben. Auf seinem Laptop klickt sich Nawalny durch die Ermittlungsakten, 10000 Seiten sind es insgesamt. Vor vier Jahren soll er, so die Anklage, als Berater des liberalen Gouverneurs von Kirow beim Verkauf von Holz aus dem Staatswald umgerechnet 370000 Euro unterschlagen haben. Nawalny bestreitet dies.

Nawalny steht stellvertretend für eine ganze Generation junger Politiker, die Anfang des Jahrtausends ihre Karrieren als Querköpfe begannen, für die sich aber nie ein Platz fand in Russlands Politik. In einem offenen System hätten sie sich wahrscheinlich über die Jugendorganisationen großer Parteien auf den Weg ins Zentrum der Macht begeben. In Wladimir Putins »gelenkter Demokratie« aber sind sie Außenseiter. Es sind Leute wie die Ex-Regionalministerin Marija Gaidar, der Straßenkämpfer Ilja Jaschin und der Parlamentsrebell Dmitrij Gudkow. Alexej Nawalny ist ihr prominentester Vertreter.

Am Bahnhof in Kirow springt Nawalny in ein wartendes Auto. Seine Anhänger haben eine Partei gegründet, aber das Radio meldet an diesem Tag, dass seiner »Volksallianz« die Registrierung durch das Justizministerium verwehrt werde. Im Gerichtssaal dann sitzen Nawalny zwei Staatsanwälte in blauer Uniform gegenüber. Wie zu Sowjetzeiten trägt das Gericht den Namen des kom-

Rollstuhlfahrer Alexander, Peterhof: »Ich habe beschlossen, mein Leben in die eigenen Hände zu nehmen.«

Dachkletterer Marat, Moskau: »Ich will eine Familie, ein Auto. Das Fernsehen regt mich auf. Je weniger Zeit ich für Nachrichten habe, desto ruhiger werde ich. Ist das Selbstbetrug? Natürlich.«

Patriotin Diana, Sotschi: »Eines ist sicher: Unsere Stadt hat noch nie solch eine Hoffnung gehabt«

Patriotin Lena, Smolensk: »Es schadet, wenn sich alle überall einmischen. Nicht alle Bürger können auf dem gleichen Level stehen. Es gibt Präsidenten und es gibt Hausmeister.«

Oppositionelle Wera, Moskau: »Ist eine Revolution bei uns möglich, auf die manche hoffen und die andere fürchten?«

Tschetschenin Taissa, Grosny: »Ich wünsche mir, meine Bestimmung zu finden. Den Ort, an dem mir niemand sagt, was ich darf und was nicht.«

Taissa vor Baustellen in Grosny: »Mein Platz ist an der Seite meines Sohnes.«

Rollstuhlfahrer Alexander im Park von Schloss Peterhof: »Oft geht es zwei Schritte vor und einen zurück. Bedauerlicherweise ist es manchmal auch umgekehrt: Einen vor, zwei zurück.«

munistischen Revolutionsführers Lenin, wie zu Sowjetzeiten rechnen alle mit einem Schuldspruch. Das wäre
das vorläufige Ende der politischen Karriere Nawalnys.
Wird er verurteilt, darf er nach russischem Recht nicht
mehr bei Wahlen antreten. Der Blogger hält den Prozess
in Kirow deshalb für »politische Rache«.

Vor dem Gerichtsgebäude hängt eine verwitterte
Holztafel. Sie erinnert an Offiziere des Zaren, die 1825
gegen Leibeigenschaft und Zensur aufbegehrten. Nikolai
I. schickte sie dafür nach Sibirien, die Kolonne der Ver-
bannten zog auch durch Kirow. Am Umgang Russlands
mit Dissidenten hat sich fast zwei Jahrhunderte später
noch wenig geändert. Davon zeugen die Schicksale von
Kampfgenossen und Freunden Nawalnys aus den frühen Putin-Jahren.

Der Straßenkämpfer

Ilja Jaschin sitzt auf der Rückfahrt von Kirow nach
Moskau im Speisewagen. Er war Nawalnys Sekundant
in zahllosen Schlachten. Meistens verloren sie. Beide
haben ihre Karriere vor mehr als einem Jahrzehnt in der
sozial-liberalen Partei Jabloko begonnen. Später radika-
lisierten sich die Jungpolitiker. Nawalny forderte, Putin
vor Gericht zu stellen. Jaschin schaffte es mit seiner Protestaktion 2007 auf dem Roten Platz – »Schmor in der
Hölle, Putin« – in die Schlagzeilen.

Als Chef der Moskauer Jabloko-Jugendorganisation
hatte Jaschin 2002 einen Schreibtisch im Keller der Par-
teizentrale, ihm gegenüber saß Nawalny, der bis zum

Chef des Moskauer Jabloko-Wahlkampfstabs aufstieg. Erreichte ein Laster mit Plakaten die Stadt, klingelte Nawalny Jaschin aus dem Schlaf. Der fuhr los, entlud die Plakate, wenn nötig nachts um drei. Während Jabloko 2003 mit 4,3 Prozent den Einzug ins Parlament knapp verpasste und vier Jahre später nur noch auf kümmerliche 1,6 Prozent kam, machten Jaschin und Nawalny Front gegen den Jabloko-Patriarchen, den auch im Westen angesehenen Reformpolitiker Georgij Jawlinski. Nawalny, aufgewachsen in einer Garnisonsstadt, wollte die Partei für gemäßigte Nationalisten öffnen, die in Russland zahlreicher sind als Liberale westlichen Schlags.

Jaschin plädierte für drastische Aktionen und einen eisernen Konfrontationskurs gegen den Kreml. Bei einer Demonstration für Pressefreiheit rief Jaschin: »Den Fernsehturm Ostankino, dieses Sprachrohr der Regierung, werden wir den Kreml-Leuten früher oder später in ihre Ärsche schieben.« Jaschin und Nawalny waren die jungen Wilden der Opposition.

Dem Parteichef, der sie lange gefördert hatte, wurden sie zu wild. Jawlinski hoffte darauf, mit dem Segen des Kreml wieder zurück in die Duma zu kommen – und schmiss Jaschin und Nawalny aus der Partei. Er ließ Nawalny sogar vom Titelbild einer Parteibroschüre wegretuschieren – fast so, wie Stalin einst den in Ungnade gefallenen Revolutionär Trotzki von Fotos tilgen ließ. Der Skandal bei Jabloko zeigt eines der Probleme des neuen Russland: Es ist nicht leicht, eine Demokratie aufzubauen, wenn an echten Demokraten Mangel herrscht.

Die Ministerin

Wenn es in Russland überhaupt so etwas wie Familien mit demokratischer Tradition gibt, dann kommt Marija Gaidar aus der bekanntesten. Ihr Vater diente als Premierminister unter Boris Jelzin: Jegor Gaidar war der Mann, der mit liberalen Wirtschaftsreformen Anfang der neunziger Jahre die Planwirtschaft beerdigte. Die Anhänger der Kommunisten hassen ihn deshalb noch heute. Vor acht Jahren tauchte seine Tochter Marija in der Moskauer Politszene auf. Zusammen mit Nawalny organisierte sie Debatten in Kneipen. Im Gegensatz zu den feinorchestrierten Talkshows im Staatsfernsehen waren sie frei und mitreißend.

Mit Ilja Jaschin, dem ewigen Straßenkämpfer, seilte sich Mascha Gaidar von einer Brücke ab und spannte in Sichtweite des Kreml ein Transparent über die Moskwa: »Gebt dem Volk die Wahlen zurück, ihr Scheusale« stand darauf. Das war ihr Protest gegen die notorischen Wahlfälschungen und die Abschaffung direkter Gouverneurswahlen. 2008 dann wechselte Gaidar auf einen Ministersessel: Medwedew – schwach, aber Reformen nicht abgeneigt – hatte in Kirow den Kreml-Gegner Nikita Belych als Gouverneur eingesetzt. In der Stadt, in der Nawalny 2013 vor Gericht steht, begann ein Feldversuch, Medwedew öffnete der Opposition eine Nische. Die Regierungsgegner sollten beweisen, dass sie selbst regieren können.

Gaidar wurde Ministerin für Gesundheit und Soziales in Kirow. »Viele Probleme, aber ein kleines Budget«, klagt sie heute. Die Schlangen der Patienten, die auf einen

Arzttermin warteten, reduzierte sie, indem sie Online-Anmeldungen einführte. Die Löcher im Haushalt aber konnte sie nicht stopfen. 2011 trat Gaidar zurück. Um ein Jahr in Amerika zu studieren, wie sie sagt. Weil sie gescheitert ist, heißt es in Kirow.

Gaidar sitzt in einem Café unweit des Radiosenders *Echo Moskau*. Dort darf sie nun eine politische Radioshow moderieren. Der Sender wettert täglich gegen die Regierung, gehört aber dem staatlichen Energieriesen Gazprom. Aus dem Kabinett ist Gaidar wieder auf eine vom Kreml gerade noch tolerierte Insel der Kritik zurückgekehrt. Ihr Marsch durch die Institutionen ist gescheitert. Das hat sie mit einer anderen Nachwuchshoffnung der Opposition gemeinsam, dem jungen Sozialdemokraten Dmitrij Gudkow.

Der Parlamentarier

Dmitrij Gudkow hat sein Büro im zwölften Stock des russischen Parlaments – noch, denn die breite Putin-Mehrheit würde den unbequemen Politiker lieber heute als morgen aus der Duma werfen. Ein Kühlschrank brummt in der Ecke, auf dem Boden steht ein Wasserkocher. Fünf Schreibtische zwängen sich auf 20 Quadratmetern, vier für die Mitarbeiter, einer für Gudkow.

Zusammen mit Gaidar und Nawalny hat er 2006 eine »Jugend-Gesellschaftskammer« gegründet. Sie war als Plattform für die Opposition gedacht und als Gegenpol zur »Gesellschaftskammer«, einem von Putin ersonnenen willfährigen Beratungsorgan aus Stars und Sternchen. 2011 zog Gudkow für die Partei »Gerechtes Russland« ins Parlament ein. Der Kreml hatte die Partei schon fünf Jahre zuvor gründen lassen, um den Kommunisten Stimmen abzujagen. Gudkow hoffte, aus dem Retortenprojekt eine sozialdemokratische Partei formen zu können. Nirgendwo in Europa ist Reichtum so ungleich verteilt wie in Russland, Sozialdemokraten könnten mit sachter Umverteilung von den Oligarchen zur Mittelklasse punkten, die Russen mit der Demokratie versöhnen.

Nach 70 Jahren Kommunismus ticke Russlands Seele eher links, glaubt Gudkow. »Wir werden um Wahlsiege kämpfen«, sagt er – und scheitert. »Gerechtes Russland« zieht zwar mit Nawalnys Schlachtruf gegen die »Gauner und Diebe« in den Parlamentswahlkampf 2011 und verdoppelt so fast die Zahl seiner Mandate. Dann aber lässt sich die Truppe vom Kreml wieder an die Kette legen. Die Parteiführung schließt Gudkow im März 2012 wegen seiner Putin-Kritik aus der Partei aus.

»Den Autoritarismus hat uns schon Putins Vorgänger Boris Jelzin in die Verfassung geschrieben«, sagt Gudkow. Russlands erster Präsident verlangte 1993 mehr Vollmachten. Das Parlament verweigerte dies. Als Jelzin die Duma auflösen lassen wollte, verbarrikadierten sich Abgeordnete in dem Gebäude, Jelzin ließ sie beschießen, 120 Menschen starben. »Russlands Parlamentarismus liegt seitdem in Trümmern«, so Gudkow.

Selbst wenn die Opposition eine Mehrheit im Parlament erringen sollte, hätten die Abgeordneten nicht mal Hebel, die Regierung zu feuern. Gudkow glaubt, die Opposition müsse deshalb über neue Wege nachdenken.

Eine Amnestie für Vertreter des Regimes wäre eine Möglichkeit. Er hofft auf Überläufer aus dem Putin-Lager: »Wir brauchen Verbündete in der Elite.«

In Deutschland wäre Gudkow vielleicht Chef der Jusos, Ilja Jaschin wohl bei den Grünen, Marija Gaidar die Nachwuchshoffnung der Liberalen, und Alexej Nawalny würde bei der CSU um die Stimmen der Jugend werben. In Russland aber sieht es so aus, als bliebe der Opposition nur die Wahl zwischen Kapitulation oder Knast.

Schuldig – oder nicht?

Am Ende des Verhandlungstags tritt Alexej Nawalny aus dem Kirower Gericht. Vor dem Gebäude hängen Transparente seiner Unterstützer, es geht um Korruption, Verschwendung und Diebstahl bei den Vorbereitungen für die Olympischen Winterspiele 2014 in Sotschi. Putins Prestigeprojekt wird Russland mehr als 50 Milliarden Dollar kosten, das Doppelte dessen, was die vergangenen sieben Olympischen Winterspiele zusammen gekostet haben. »Kirow könnte davon hundert Jahre leben«, ruft Nawalny. Aber es sind nur wenige Bürger gekommen, die ihn hören.

Das Verfahren endet mit einem Schuldspruch. Nawalny wird zu fünf Jahren Gefängnis verurteilt und umgehend in Haft genommen. Tags darauf aber wirft die Staatsanwaltschaft auf einmal ihre Position über den Haufen. Die gleichen Ankläger, die zuvor über Monate argumentiert haben, Nawalny müsse zwingend hinter Gitter gebracht werden, legen nun Revision gegen das

Urteil ein. Es bestehe auch gar keine Notwendigkeit, Nawalny ins Gefängnis zu werfen. Nawalny wird freigelassen, wenige Wochen später wird das Urteil in eine Bewährungsstrafe umgewandelt.

Nawalnys Anhänger wollen glauben, der Kreml habe einen Schreck bekommen, weil nach der Urteilsverkündung knapp 10000 Menschen vor dem Kreml demonstrierten. Wahrscheinlicher ist aber, dass es Streit in Putins Führungsmannschaft darüber gab, wie man mit Nawalny umgehen sollte. Moskaus Bürgermeister Sergej Sobjanin – präsidententreu, aber kein Mann aus dem Geheimdienstlager – wollte Nawalny als Sparringsgegner bei den anstehenden Regionalwahlen in Moskau. Wjatscheslaw Wolodin, Vizechef von Putins Präsidialverwaltung, unterstützte den Plan. Uneins waren sie wohl mit einer Fraktion, angeführt von Alexander Bastrykin, Chef des russischen Ermittlungskomitees. Die Hardliner sind bekannt für ihren strengen Kurs gegen die Opposition. Nawalny wiederum ist Bastrykin ein Dorn im Auge: Der Blogger hat den Chefermittler im Internet der Korruption bezichtigt.

Bei der Wahl in Moskau bekommt Nawalny für einen Oppositionskandidaten beachtliche 23 Prozent der Stimmen und zwingt damit Bürgermeister Sobjanin fast in eine Stichwahl. Am grundsätzlichen Verhalten der Staatsmacht gegenüber dem Oppositionellen ändert sich in der Folge allerdings nichts. Die Behörden überziehen Nawalny weiter mit Prozessen, das Staatsfernsehen diffamiert ihn als US-Agenten. Die CIA habe ihm sogar einen Decknamen gegeben: »Freedom«.

183

Erster Wahlsieg

Wera Kitschanowas Auftreten erinnert an eine Sprecherin der britischen *BBC* in den späten Achtzigern: stets
adrett gekleidet, nüchtern in der Analyse, beherrscht in
jeder Situation. Sie wirkt in sich ruhend, fast unterkühlt.
Aus diesem Grund hat niemand etwas geahnt, nicht die
Freunde und nicht die Kollegen – von der Verzweiflung,
die an ihr zehrte.

So wie Putin seine große Präsidentschaftswahl gewinnt
auch sie am 4. März 2012 ihre Wahl. Wera erringt eines
von zwölf Stadtratsmandaten in ihrem Moskauer Heimatviertel Süd-Tuschino. Sie holt 19 Prozent der Stimmen, das drittbeste Ergebnis aller Stadtratskandidaten.
Die Medien sehen in ihr daraufhin eines der aussichts-
reichsten Talente der Demokraten. Es braucht nicht viel
in diesen Tagen, um zum Hoffnungsträger der Opposition zu werden.

Wera ist enttäuscht, dass Putin der Sieg bei der Präsidentschaftswahl so leicht gelungen ist. Öffentlich bleibt
sie aber kämpferisch. Dem *Wall Street Journal* sagt sie,
dass »echte Politik mehr ist als nur Straßenkampf. Es
geht darum, den Menschen in ihrem Alltag zu helfen.«
Sie stürzt sich in die Kommunalpolitik, sammelt Freiwillige, arbeitet sich ein in das Ausschreibungsrecht für
Bauaufträge. An Wochenenden klettert sie hinauf auf
Dachböden und hinunter in Keller, um zu kontrollieren,
ob die Kommunalverwaltung Rohrbrüche und Löcher
im Dach auch sachgemäß ausgebessert hat – oder das
Geld für die Arbeiten in den Taschen korrupter Beamter gelandet ist.

»Wir müssen das System kennen, wenn wir es ändern wollen«, lautet ihr Schlachtruf. Aber das System wehrt sich, und es ist stark. Wenn der Stadtrat in Süd-Tuschino zusammenkommt, sitzt nur noch ein weiterer liberaler Politiker neben Wera. Bei den Abstimmungen steht es zehn gegen zwei, selbst die sich oppositionell gebenden Kommunisten stimmen für fast jede Initiative der Stadtverwaltung. Die Kommunalverwaltung ist der äußerste Ast von Putins »Vertikale der Macht«, dem System, das dem Kreml den Einfluss bis auf lokale Ebene sichert. Leiter von Stadtteilverwaltungen wie in Süd-Tuschino werden nicht gewählt, sondern von Präfekten ernannt, die wiederum vom Moskauer Oberbürgermeister Sergej Sobjanin eingesetzt werden, dem Putin-Vertrauten. Die gewählten Abgeordneten können gerade einmal über zwei Prozent des Budgets bestimmen.

Wera will in Süd-Tuschino Erfahrungen sammeln, bekannter werden, um dann mit Rückenwind aus ihrem Viertel für das Direktmandat in Moskaus Stadtparlament zu kandidieren, in dem die Putin-Kritiker seit Jahren nicht mehr vertreten sind. Das ist zumindest der Plan.

Die junge Frau lässt Schaukeln reparieren und wilde Müllkippen beseitigen. Sie hofft, dass sie so die Bürger für die Demokraten gewinnen kann. Das ist nach 2012 eine beliebte Strategie bei Anhängern der Opposition. Sie gründen NGOs oder arbeiten als Freiwillige. »Theorie der kleinen Taten« nennen sie das. Ob bewusst oder unbewusst folgen sie dabei historischen Vorbildern. Im Zarenreich des 19. Jahrhunderts träumten revolutionär gestimmte Intellektuelle davon, den Graben zwischen passivem Volk und Großstadt-Intelligenzija zu überbrücken: Die *Narodniki* (»Volksfreunde«) machten sich auf, um mit der Landbevölkerung zu leben und deren Probleme zu teilen. Für die meisten *Narodniki* endete das Experiment enttäuschend: Ihre revolutionäre Begeisterung stieß auf wenig Gegenliebe.

Wera sieht sich in der Rolle eines Vermittlers. Sie gibt Bürgern Tipps, damit diese ihre Lage selbst verbessern können. Hilfe zur Selbsthilfe, das ist die Idee. Wera stellt aber auch fest, dass »die Leute glauben, es reiche als Engagement aus, alle paar Jahre einmal wählen zu gehen«. Die Initiative übernehmen wollen die wenigsten.

Wohnungsnot

Wohnungen in Russlands großen Plattenbauten sind in der Regel in Privatbesitz. Sie wurden in den neunziger Jahren privatisiert, das heißt: In der Regel wurden sie ihren Bewohnern einfach überschrieben, und auch die Grundstücke gehören dem Staat. Sie werden von der kommunalen Wohnungswirtschaft verwaltet. Die Folgen dieser Aufteilung kennt jeder, der wenigstens einmal in Moskau ein Wohnhaus betreten hat: Während viele Wohnungen in der Hauptstadt renoviert wurden und modern eingerichtet sind, verlottern die Treppenhäuser.

Die kommunale Wohnungswirtschaft ist ineffizient und von Korruption zerfressen. Es gibt keinen Russen, der nicht über sie fluchen würde. Wera hat deshalb versucht, den Bewohnern von Süd-Tuschino die Vorteile von Selbstverwaltung schmackhaft zu machen: Nach russischem Recht können die Bewohner ihr Wohnhaus in Eigenregie übernehmen, wenn sie eine Genossenschaft gründen. Aber das Interesse bleibt gering.

Eines der Häuser in ihrem Viertel war so lange nicht instand gesetzt worden, bis es kurz vor der Unbewohnbarkeit stand. Wera setzte sich mit den Bewohnern in Verbindung. Ihr war es ein Rätsel, warum die Leute nie die Behörden eingeschaltet hatten. Die Antwort verblüffte Wera: Die Hausbewohner hatten ihre Nöte sehr wohl formuliert und über drei Jahrzehnte Briefe an den Präsidenten geschrieben: erst an Michail Gorbatschow, dann an Boris Jelzin, später an Putin und zuletzt an Medwedew. Auf die Idee aber, der örtlichen Verwaltung direkt Druck zu machen, kamen sie nie. Die Menschen dächten noch immer paternalistisch, sagt Wera. »Sie erwarten, dass ein Zauberer im Hubschrauber vorbeikommt und all ihre Probleme löst.«

Wera hat die Wohnungsinspektion kontaktiert. Das Haus ist inzwischen saniert. Anerkennung hat ihr das aber kaum gebracht. Die patriotische Welle, die Russland nach der völkerrechtswidrigen Annexion der Krim erfasste, hat auch Süd-Tuschino erreicht. »Ich melde mich zu Wort bei einer öffentlichen Anhörung, und die Leute stürzen sich auf mich und brüllen: Wer hat euch gekauft?«, berichtet Wera. »Ich habe Unterschriften gesammelt, es ging um kaputte Fenster, aber die Leute haben mir alle gesagt: Schön und gut, aber was sagst du zur Krim? Aha, ihr seid also Verräter.«

Durchhalteparolen

Wera ist auch wegen ihrer Arbeit als Journalistin unter Druck geraten. Im Sommer 2014 erschien bei Slon ein von ihr geführtes Interview. Ihr Gesprächspartner Artjom Loskutow machte sich darin für eine »Föderalisierung Sibiriens« stark. Das war eine Anspielung darauf, dass Moskau unter dem Schlagwort »Föderalisierung« zwar Druck auf die Maidan-Regierung in Kiew macht, der Ostukraine mehr Autonomie einzuräumen, die eigenen Provinzen aber weiter an der kurzen Leine hält. Loskutow ist Künstler und Satiriker. Seine Forderung hatte ungefähr so viel reales politisches Gewicht wie der Ruf von Martin Sonneborns Satiretruppe »Die Partei« nach einer neuen Mauer zwischen West- und Ostdeutschland. Russlands Behörden nutzten den Vorwand dennoch, um gegen Slon vorzugehen. Die Redaktion wurde verwarnt wegen der Verbreitung eines Aufrufs zum Separatismus, das Interview gelöscht. Wera begann sich zu sorgen, ob sie mit ihrer Arbeit womöglich die Existenz der Redaktion, die Arbeitsplätze der Kollegen in Gefahr bringt.

Anmerken lässt sie sich weiter nichts. Auf ihrem Blog verkündet sie wie gehabt: »Verehrte Diebe in Tuschino! Wir lassen euch auch in Zukunft nicht in Ruhe.« Gemeint sind korrupte Beamte. In dem winzigen Büro, in dem Wera ihre freiwilligen Helfer koordiniert, hängt ein Schild: »Defätistische Stimmung im Stab verboten. Strafe für Sprüche übers Auswandern: 850 Rubel.«

Aber mit jedem Tag wird ihr der Widerspruch klarer, in dem sie lebt. Sie preist gegenüber Mitstreitern den Wert auch kleiner Taten, aber sie selbst glaubt ihre eige-

nen Durchhalteparolen längst nicht mehr. Wera hat den
Eindruck, jeder kleine Sieg gehe »unter im globalen Alb-
traum«. Sie bekommt Herzrasen, vermeidet Treffen mit
anderen Menschen, will weder Freunde noch Verwandte
sehen. Schließlich wird sie in ein Krankenhaus eingelie-
fert. Die Diagnose: Depression. Psychologen verschreiben ihr teure Medikamente, ihr Vater hält das für Schar-
latanerie. Besserung tritt ein, als Wera klar wird: Krank
macht sie ihr Land.

10. Stolz und Vorurteil

>»Der Glaube, dass wir das nicht hinbekommen,
die Ansicht, dass wir die Spiele nicht verdient
haben – das ist der Skeptizismus des Westens.«

Diana Exusjan steht hinter den Sicherheitsschleusen
am Eingang zum Olympiapark von Sotschi, sie trägt den
blauen Schneeanzug, den alle freiwilligen Helfer bei
den Spielen tragen. Es ist Anfang Februar 2014, hinter
ihr leuchtet das Fischt-Stadion, in dem gleich die Eröffnungsfeier beginnen wird, vorn kann sie den überdi-
mensionalen Fackelstab sehen, der jetzt noch kalt ist.
Ihre Augenbrauen sind gezupft, die Lippen nachgezo-
gen. Sie soll den Besuchern erklären, wie sie zu ihrem
Platz kommen, wie weit es ist, wo sie die nächsten Toiletten finden. Ihre Aufgabe ist es, zu lächeln. »Es soll ein
Lächeln sein, das von Herzen kommt«, sagt sie. »Kein
Hollywood-Lächeln.«

Diana ist 22 Jahre alt, sie studiert in Sotschi Jura und
Public Relations. Sie wohnt zehn Kilometer vom Olympiapark entfernt, an der Grenze zu Abchasien. Die Olympischen Spiele hält sie für das Beste, was Russland und
Sotschi passieren konnte. »Endlich können wir wieder beweisen, dass wir Großes erreichen können.« Sie
lächelt.

Am Himmel schweben Zeppeline, die das Gelände
scannen, Überwachungskameras hängen an allen Ecken,
und Polizisten bewachen den alten Friedhof der ortho-

doxen Christen, die für die sechs Arenen im Olympiapark umgesiedelt wurden. Auch Diana Exusjan hält
Augen und Ohren offen, man hat sie trainiert, verdäch-
tige Personen sofort zu melden. »Ich spüre Verantwortung für die Stadt«, sagt sie. »Eines ist sicher: Sotschi hat
noch nie solch eine Hoffnung gehabt.« Dreimal hat sich
die Stadt um Olympische Spiele beworben, das erste
Mal 1991, Michail Gorbatschow regierte noch die Sowjetunion. Dann wieder 1995.

Die Eröffnungsfeier der 22. Winterspiele ist dann
weniger ein Fest für die Jugend, sondern folkloristischer
Geschichtsunterricht. Die *Troika* schwebt durch das Stadion, ebenso wie ein riesiger Zug, Tänzer zur Musik von
Schwanensee. Und es passiert eine Panne, als sich fünf
künstliche Schneeflocken zu den olympischen Ringen
öffnen sollen und eine geschlossen bleibt. Die wider-
spenstige Flocke wäre eine gute Gelegenheit für ein
Augenzwinkern: Seht her, das neue Russland kann auch
mit einen Lapsus souverän umgehen. Zuschauer in aller
Welt sehen, wie sich eine der Schneeflocken nicht öffnet.
Das russische Fernsehen aber steigt aus der Liveübertra-
gung aus und zeigt einen Teil der Generalprobe: fünf Flo-
cken, die zu makellosen Ringen werden.

Die Winterspiele in Sotschi gehen als größtes Miss-
verständnis in die an Missverständnissen reiche olympische Geschichte ein. Russland will zeigen, wozu es
ein Vierteljahrhundert nach dem Zusammenbruch der
Sowjetunion wieder imstande ist: Wintersport in einem
Badeort, Party im unruhigen Kaukasus, nichts ist unmöglich, das ist schon seit der Bewerbung so etwas wie das
inoffizielle Motto. Wladimir Putin flog damals persönlich

zur entscheidenden Abstimmung des Internationalen Olympischen Komitees (IOC) nach Guatemala City. Zu den Klängen von Tschaikowskis Klavierkonzert Nummer 1 stellte er die russische Bewerbung vor.

Einige Mitglieder des Komitees hatten Zweifel, ob Russland der Aufgabe gewachsen sein würde, in den Subtropen Sotschis Winterspiele auszurichten. Der russische Präsident gab jedoch eine Art meteorologische Ehrenerklärung ab: Naturschnee sei garantiert. Er ließ – sicher ist sicher – auch eine mobile künstliche Eisbahn in Guatemala City aufbauen und den Eislaufchampion Jewgenij Pljuschtschenko darauf mit dem Chef von Russlands größter Bank eine Runde Eishockey spielen. Dazu wurden Wodka, Bliny und schwarzer Kaviar gereicht. Das IOC hat das überzeugt, die Weltöffentlichkeit eher alarmiert. Seitdem stand die Frage nach der Nachhaltigkeit dieser Spiele beständig im Raum.

Vor den Spielen entdeckt der Westen das Schicksal der Tscherkessen – eines Volkes, das von den Russen vor 150 Jahren brutal aus Sotschi vertrieben wurde –, nur um es nach den Spielen gleich wieder zu vergessen. Es geht um Menschenrechte, um Gastarbeiter, die ohne Lohn bleiben, um Homophobie, Umweltzerstörung und Korruption. Russland lässt das Olympische Feuer 65 000 Kilometer durch das Land tragen, Kosmonauten bringen es auf die Raumstation ISS, ein U-Boot auf den Grund des 1600 Meter tiefen Baikalsees. Das trägt Züge von Größenwahn, macht viele Russen aber auch stolz. Laut einer Umfrage des angesehenen Lewada-Zentrums von 2013 fiebern 70 Prozent der Bevölkerung den Spielen entgegen.

Diana Exusjan führt bei den Spielen eine Gruppe von 358 Freiwilligen an. In den vergangenen Monaten hat sie jedes Wochenende in der Fußgängerzone Müll gesammelt, ihr Motto lautet: »Was tust du für dein Olympia?« Sie sagt, es gebe keine russische Provinzstadt, der es annähernd so gut gehe wie Sotschi. Die Stadt sei nicht wiederzuerkennen. Sechsmal war Diana in Berlin, bei ihren Besuchen habe sie immer genossen, wie sauber und modern alles sei. Jetzt müsse sie niemanden mehr beneiden. »Die Olympischen Spiele haben Europa nach Sotschi gebracht«, so hat sie das vor dem Beginn der Spiele einem Reporter aus dem Westen gesagt. Er hat danach geschrieben, die Jugend der Stadt sei verblendet. Ist sie das? »Der Glaube, dass wir das nicht hinbekommen, die Ansicht, dass wir die Spiele nicht verdient haben – das ist der Skeptizismus des Westens«, sagt sie.

Diana ist Mitglied des Jugendstadtrats. Sie spricht beherrscht, fließend Deutsch und Englisch und ist Mitglied des deutsch-russischen Jugendparlaments. Es tagt im Rahmen des Petersburger Dialogs, den Putin und Gerhard Schröder gegründet haben. Sie hat einen Auftritt des Milliardärs Michail Prochorow in Sotschi organisiert, als er 2012 bei der Präsidentschaftswahl gegen Putin antrat. Mitglied in einer Partei aber ist sie nicht: »Politische Farbe bekommst du nicht mehr ab«, sagt sie.

Als die Olympischen Spiele in Sotschi beginnen, werden sie überschattet von den Demonstrationen in der Ukraine, auf Kiews Unabhängigkeitsplatz wurden erst Studenten zusammengeknüppelt, jetzt brennen Autoreifen. Die Schlussfeier am 23. Februar 2014 geht völlig unter im Strom dramatischer Nachrichten aus der

ukrainischen Hauptstadt: Mehr als hundert Menschen
sterben durch Schüsse auf dem Maidan, Präsident Wiktor Janukowytsch flieht erst auf die Krim und dann mithilfe von Moskaus Truppen nach Russland. Bereits am
22. Februar hat der Kreml mit der Verlegung zusätzlicher
Spezialkräfte auf die Halbinsel begonnen.

Diana steht den Demonstrationen in Kiew ablehnend
gegenüber, aber sie wiederholt nicht die dumpfen Phra-
sen der russischen Propaganda. Sie erwarte von einem
Umsturz nichts Gutes. »Wir haben schon viele Revolutionen gesehen, aber keine Resultate. Die Menge wurde
benutzt, passiert ist nichts.« Beim Zeltlager der Kreml-
Jugend am Seeliger See wurde Diana 2013 zum besten
Diskutanten gewählt. Der Bürgermeister von Sotschi
hat ihr zum Sieg gratuliert und versprochen, die Stadt
sei »einfach verpflichtet, so ein Potenzial zu nutzen«. Er
könne sich vorstellen, drei oder vier junge Leute in der
Verwaltung einzustellen.

An manchen Tagen fühlt sich Diana, als könnte sie
über Wasser laufen. Nicht weil sie übernatürliche Kräfte
hat. Sie gehe nicht unter, weil sie sich so schnell bewegt.
Diana will sich selbst und ihrer Umgebung etwas beweisen, wie so viele, die sich aus kleinen Verhältnissen
hochgearbeitet haben.

Kindheit als Flüchtling

Das Haus ihrer Eltern steht auf einem Bergkamm. Wenn
Diana vor die Tür tritt, sieht sie das Schwarze Meer und
in zehn Kilometern Entfernung das perlmuttweiße

Olympiastadion. Der Stadtteil, in dem sie lebt, heißt
Weseloje, »das fröhliche Dorf«. Es liegt an der Grenze zu
Abchasien, das völkerrechtlich zu Georgien gehört. Ihre
Eltern stammen von dort, 1992 sind sie geflohen, in den
ersten Tagen des blutigen Kriegs zwischen Abchasen
und Georgiern.

Abchasien ist halb so groß wie Schleswig-Holstein,
seine palmengesäumten Uferpromenaden waren in
der Sowjetunion ein beliebtes Urlaubsziel. Dianas Familie lebte an der Küste, die Eltern bauten Mandarinen an
in einem Städtchen namens Nowij Afon. Der Ort hatte
1989 3235 Einwohner, vor allem Russen, Abchasen, Georgier. Heute leben noch 1500 Menschen dort, die meisten
Russen sind geflohen, die Georgier wurden vertrieben.
Der ethnische Konflikt brach nach dem Zerfall der Sowjetunion aus. Georgien erklärte am 9. April 1991 seine
Unabhängigkeit, in der Folge forderte Abchasien die
eigene Souveränität von Georgien.

Die Georgier verwiesen auf das Völkerrecht, und 1991
war fast die Hälfte der Einwohner Abchasiens georgisch.
Die Abchasen sagen, sie seien in der Sowjetzeit unterdrückt und gezielt von Georgiern verdrängt worden. Sie
stützen sich auf die lange Geschichte ihres Landes. Als
Fürstentum war Abchasien seit dem 15. Jahrhundert
unabhängig, ab 1810 Teil des Russischen Imperiums,
aber erst 1931 der Führung der Georgischen Sowjetrepublik unterstellt.

Beide Seiten waren nicht wählerisch bei der Wahl
ihrer Verbündeten: Die Georgier wurden unterstützt von
ukrainischen Nationalisten, sie sahen den Konflikt als
Stellvertreterkrieg gegen Russland. Den moskaunahen

Abchasen wiederum halfen tschetschenische Freischärler, ihr Kommandeur war Schamil Bassajew, der spätere Geiselnehmer.

Auch Gräueltaten wurden auf beiden Seiten gemeldet. Es gibt Berichte über Vergewaltigungen und Erschießungen von Zivilisten, als georgische Truppen die abchasische Hauptstadt Suchumi zeitweise eroberten. Den Ton gab damals Georgiens Präsident Swiad Gamsachurdia an. Seine Parole lautete »Georgien den Georgiern«. Die Abchasen rächten sich mit ethnischen Säuberungen. Nach zwei Jahren Krieg waren von einst 520 000 Einwohnern mehr als zehntausend tot und Hunderttausende geflohen. Heute leben in Abchasien 240 000 Menschen.

Dianas Familie bestieg 1992 Hals über Kopf den blauen Tatra-Laster des Vaters. Sie verließ Abchasien mit nicht mehr als der Kleidung am Leib. Unterwegs zielte ein georgischer Soldat auf den Laster, schoss aber nicht, vielleicht wegen der Kinder in der Fahrerkabine. Viele Flüchtlinge wurden in dem Stadtteil Weseloje untergebracht. Es gab kein warmes Wasser, oft keinen Strom. Erst 1997 bekam die Familie russische Pässe.

Für Dianas Familie war das ein Neuanfang in einem anderen Land, in einem neuen Wirtschaftssystem: Russlands wildem Kapitalismus der neunziger Jahre. Dianas Vater kaufte Zement billig in einer Nachbarstadt ein und fuhr ihn mit dem Laster nach Sotschi, wo er ihn teuer weiterverkaufte. Oft nahm er seine Tochter mit. Er zeigte ihr Verstecke, in denen man unterwegs ungestört von Banditen Pause machen konnte. Manchmal passten sie ihn direkt vor der Zementfabrik ab, die Polizei kam immer erst, wenn die Gangster längst weg waren. Den blauen Tatra-Laster haben sie eines Nachts angezündet, da musste er sich einen neuen kaufen.

Dianas Mutter sagt heute, Gorbatschows Perestroika sei ohne Zweifel notwendig gewesen. »Wir haben an ihn geglaubt, aber er hat unser Vertrauen verspielt. Die Idee war gut, aber er hat es angefangen und nicht zu einem guten Ende gebracht.« Die Privatisierung sei ein Schritt in die richtige Richtung gewesen. Vielen gehe es dank der Marktwirtschaft heute besser, manchen aber zu gut. »Viele haben sich bereichert.«

Diana hat zwei ältere Geschwister. »Ich kann mich daran erinnern, dass es regnet und der Regen durch das Dach tropft«, erzählt sie. »Wir sitzen zu fünft auf einem Bett und singen Lieder. Uns war immer eine gewisse Leichtigkeit zu eigen, mit der wir durchs Leben gingen. Sie hat uns immer oben schwimmen lassen. Wir hatten eine Kerosinlampe und Bücher zum Lesen. Mehr brauchten wir nicht.« Die Mutter war streng. »Das war ihre Eigenheit. Wenn ich etwas gut gemacht habe, hat sie mich nicht gelobt. Sie hat gesagt: Schön, aber vielleicht schaffst du es beim nächsten Mal noch etwas besser?«

Diana ist stolz darauf, was sie selbst erreicht hat, ihre Familie und auch ihr Land. Früher hat sie vom Haus ihrer Eltern in Weseloje anderthalb Stunden mit dem Bus zur Universität gebraucht, jetzt setzt sie sich in die »Schwalbe«, den neuen Zug, den Siemens gebaut hat, und ist in 45 Minuten da. Die Geburtenrate in Sotschi ist in den vergangenen Jahren um 38 Prozent gestiegen, die Zahl der Studenten wächst. Es gibt ein Filmfestival, ein Investmentforum, die Formel 1 gastiert im Herbst 2014 zum ersten Mal in der Stadt. Diana glaubt, Sotschi werde von den Olympischen Spielen auf Jahre profitieren.

All das spielt vor dem Beginn der Olympiade in der Berichterstattung aber kaum eine Rolle. Der *Economist* spottet über die »Sandburgen« von Sotschi. Tatsächlich gibt es in der Stadt nicht einmal einen Fußball-Erstligisten, der das rund 780 Millionen Euro teure Fischt-Stadion mit seinen 47 659 Plätzen annähernd füllen könnte. Allerdings verliert die Kritik an den Spielen jedes Maß.

Häme

Das offizielle Rahmenprogramm der Winterspiele war eine seelenlose Veranstaltung, aber Sotschi und seine Bewohner gaben sich Mühe mit ihren Gästen, und man musste schon beide Augen fest zudrücken, um nicht zu sehen, dass die Welt zu Gast bei Freunden war. Die Welt war aber viel zu sehr damit beschäftigt, ihre Schreckensbilder von Russland zu reproduzieren. Es stimmte natürlich: Korruption und desolate Planung hatten die Kosten in schwindelerregende Höhen getrieben. An vielen Stellen wurde die Natur zerstört. Der Umweltschützer Jewgenij Witischko, ein Gegner der Winterolympiade, wurde während der Spiele zu drei Jahren Lagerhaft verurteilt, und Putin ließ Stimmung machen gegen Lesben und Schwule.

Die Lage von Homosexuellen in Russland ist prekär. Im Juli 2013 hat Putin ein Gesetz unterschrieben, das »Propaganda von nicht-traditionellen sexuellen Beziehungen gegenüber Minderjährigen« unter Strafe stellt. Das

Gesetz ist ein Eckstein einer Strategie der konservativen Abgrenzung Russlands, auf die der Kreml seit einigen Jahren setzt, Pfeiler eines Kulturkampfs, um die Bevölkerung zu mobilisieren. Auf der einen Seite steht der vermeintlich verdorbene Westen, das von russischen Falken immer wieder beschworene »Gayropa« mit seinen »Liberasten«, auf der anderen Seite Russland als Bewahrer angeblich echter christlicher Werte. Eine Woche vor dem Beginn der Spiele schlossen die Behörden den Verein »Kinder 404«, der Teenager beim Coming-out berät.

Putin kann sich auf eine breite Zustimmung zu seinem Kurs berufen. Laut einer Umfrage des WZIOM-Instituts sind 88 Prozent der Russen dafür, Homosexualität prinzipiell wieder unter Strafe zu stellen. Das ist nur zu einem Teil der Kampagne geschuldet, die Parlament, Medien und rechte Scharfmacher seit 2013 gegen Homosexuelle gestartet haben. Auch in den neunziger Jahren lag laut Daten der Anteil der Bürger, die Homosexualität für eine Krankheit beziehungsweise eine »schlechte Angewohnheit« halten, bei 68 Prozent.

Der einzige Schwulenclub in Sotschi heißt *Majak* (»Leuchtturm«). Der Eingang befindet sich in einer stillen Seitenstraße nahe der Strandpromenade. Frauen zahlen als Eintrittsgeld 200 Rubel mehr als Männer. Die Garderoben-Dame fragt Besucher fürsorglich, ob sie auch »wissen, was das hier für ein Laden ist«. Im *Majak* singen Dragqueens schnulzige Lieder. Im Vorfeld der Spiele wurde der Club zu einem der wichtigsten Anlaufpunkte westlicher Reporter, die Gästen und Personal ein paar Worte darüber zu entlocken hofften, wie grässlich ihre Lage sei.

Anatolij Pachomow ist Bürgermeister von Sotschi und Mitglied von »Einiges Russland«, ein blasser Apparatschik, der wegläuft, wenn ihn Reporter mit unerwarteten Fragen überraschen. Er kommt eigentlich aus der Nachbarstadt Anapa, der Kreml hat ihn vor den Spielen in Sotschi als Statthalter installiert. Pachomow hat der BBC kurz vor der Eröffnungsfeier ein Interview gegeben. »Hier gibt es keine Schwulen«, lautete der Satz, mit dem ihn Medien weltweit zitierten. Das Problem an diesem Satz war, dass Pachomow ihn nie gesagt hat. Sotschi hat zwar 360 000 Einwohner, ist aber eine kleine Stadt, man kennt sich. Andrej Tanitschew ist Direktor des *Majak*, einen Monat vor dem Beginn der Spiele klingelte sein Telefon, Bürgermeister Pachomow wollte sich von ihm auf den aktuellen Stand bringen lassen über die Lage Homosexueller in Sotschi. »Er hat sich extra von mir briefen lassen für das Interview mit der BBC«, so Tanitschew.

Im Bürgermeisteramt heißt es, Pachomows Aussage sei aus dem Zusammenhang gerissen worden. Auf dem Videomitschnitt ist zwar zu hören, wie er sagt: »Solche Leute haben wir nicht in unserer Stadt.« Der Bürgermeister beteuert aber, er habe die Frage beantwortet, ob es homosexuelle *Aktivisten* in der Stadt gebe. Ohne die schwierige Lage von Schwulen und Lesben in Russland beschönigen zu wollen: Das ist ein großer Unterschied. Andrej Tanitschew, der Betreiber des *Majak*, sagt, die BBC habe Pachomow »vorgeführt«. Das war vor der Olympiade kein Einzelfall. In Sotschi wurde jeder defekte Türknauf mit Schadenfreude quittiert, jede kaputte Parkbank, und was nicht recht in das Bild von Katastrophenspielen passen wollte, wurde passend gemacht.

Simon Rosner ist Journalist, er schreibt für die *Wiener Zeitung*. Er ist bei *Twitter* und nutzt den Kurznachrichtendienst »primär, um mich zu ärgern«, so steht es in seinem Profil. Man tut Rosner kein Unrecht, wenn man behauptet, das Interesse an seinem Ärger ist überschaubar. 970 Follower haben seine Nachrichten im April 2016 abonniert, da freut man sich über jeden Retweet, jede Meldung, die ein anderer Nutzer weiterverschickt.

Kurz bevor die Spiele begannen, hat sich Rosner in den Sotschi-Shitstorm eingeklinkt, er musste dafür Wien nicht einmal verlassen. Er schoss ein Foto von einer kaputten Straße in der österreichischen Hauptstadt und veröffentlichte es, versehen mit dem Hashtag #SochiProblems. Daraufhin meldete sich *CNN* bei ihm, der Sender wollte die Aufnahme für eine Fotosammlung: die größten Peinlichkeiten von Sotschi.

Rosners Bild wurde 474 Mal retweetet, der Hinweis darauf, es habe sich um einen Scherz gehandelt, dagegen nur noch viermal, das war dem Journalisten selbst unheimlich. Rosner schrieb: »Wären beispielsweise die Shuttle-Busse in Sotschi die exakt selben wie jene in Vancouver, man würde sie sicher als Relikte aus der Sowjetunion bezeichnen. Dabei waren es nur uralte kanadische Busse.«

Die Kritik an Sotschi zielte auf Putin, aber sie traf auch viele einfache Russen. Im Land grassierte das Olympiafieber, 69 Prozent gaben an, sich auf die Spiele zu freuen, zwei von drei Russen verfolgten die Wettkämpfe im TV, obwohl sie von Korruption und Umweltzerstörung sehr wohl gehört hatten. Die Häme aus dem Westen verletzte sie.

Wagenburg

Die Darstellung von Sotschi war ein besonders krasses Beispiel, aber kein Einzelfall. In der Russlandberichterstattung lässt sich seit Jahren ein Trend beobachten, den man salopp »Nordkoreanisierung« nennen könnte. Über das menschenverachtende Stalinisten-Regime von Pjöngjang gelangen immer wieder Schauergeschichten in die Medien, deren Wahrheitsgehalt sich wegen der Abschottung des Landes kaum überprüfen lässt. In Russland ist das weitgehend anders, kritische Journalisten stehen hier zwar unter starkem Druck, ausländische Reporter aber werden nicht in ihrer Arbeit behindert. Dennoch lässt sich beobachten, dass Putins Reich wie Pjöngjang im Zweifelsfall jede Schandtat zugetraut wird, auch ohne Bestätigung aus einer zweiten Quelle.

Ein Beispiel dafür war der Fünf-Tage-Krieg zwischen Russland und Georgien im August 2008. Russische Truppen intervenierten damals auf der Seite der Separatistenrepublik Südossetien, sie hatte sich ähnlich wie Abchasien nach 1991 von der Zentralgewalt in Tiflis losgesagt. Georgiens Präsident Micheil Saakaschwili war zu jener Zeit allgegenwärtig in den Berichten westlicher Sender, er wurde zum Gesicht der Krise. Russland habe sich, so Saakaschwili, über Jahre auf den Feldzug vorbereitet: »Georgien wird attackiert, die Zivilbevölkerung wird gezielt angegriffen. Wir haben erst reagiert, als russische Panzer einrückten.«

Das war gelogen. Saakaschwili hatte schon am Morgen vor Kriegsbeginn 12 000 Soldaten und 75 Panzer an der Grenze zu Südossetien zusammengezogen, ein

General verkündete im georgischen Fernsehen den Beschluss, »in der gesamten Region die verfassungsmäßige Ordnung wiederherzustellen«. Eine EU-Untersuchungskommission unter Leitung der Schweizer Diplomatin Heidi Tagliavini kam zu dem etwas umständlich formulierten Schluss, man sei nicht in der Lage, »georgische Behauptungen über einen massiven russischen militärischen Einfall als ausreichend begründet anzusehen«. Einfacher ausgedrückt: Es war Saakaschwili, der – wenn auch nach Provokationen der Gegenseite – den ersten Schuss abgab.

Solche verzerrten Darstellungen bleiben in Russland nicht unbemerkt. Gerade die internetaffine Jugend verfolgt durchaus auch die Berichte westlicher Medien. Die amerikanische Soziologin Ellen Mickiewicz hat für eine Studie 108 Studenten russischer Elite-Universitäten befragt. Bei einem Gespräch zum Thema Medien verwies ein Befragter auf einen *CNN*-Bericht von Dezember 2010. In Moskau hatten sich damals mehrere Tausend vermummte Rechtsextreme und gewaltbereite Hooligans zusammengerottet. Sie zeigten den Hitlergruß, riefen »Russland den Russen« und machten Jagd auf Menschen aus dem muslimisch geprägten Nordkaukasus. Die *CNN*-Sprecherin verkündete allerdings, Moskau sei gerade Schauplatz einer großen Kundgebung der demokratischen Opposition. Sie gehe auf die Straße, weil der Kreml die Winterzeit abschaffen wolle.

Falschdarstellungen wie diese sind fatal, weil sie die Russen in ihrer Meinung bestätigen, Medien im Westen berichteten genauso verzerrt wie das russische Staatsfernsehen, nur unter umgekehrten Vorzeichen.

Im August 2015 wusste das US-Magazin *Forbes* Sensationelles zu berichten: Russland habe »aus Versehen seine Verluste in der Ukraine veröffentlicht«. Die Rede war von 2000 toten und 3200 verletzten russischen Soldaten. Der Artikel ist ein besonders krasses Beispiel für unterlassene Recherche und Borniertheit: Einzige Quelle für die Behauptung war eine obskure russische Webseite namens »Businesslife«. Das Portal hatte noch nicht einmal ein Impressum. Ausgerechnet ein Aktivist aus den Reihen der prowestlich gesinnten russischen Opposition machte sich die Mühe, die Meldung als falsch zu enttarnen. Der Blogger Ruslan Lewijew übernahm die Recherche, die sich das angesehene US-Magazin gespart hatte. *Forbes* ließ das kalt. In einem zweiten Artikel hieß es lediglich, der Wahrheitsgehalt der konkreten Quelle bei »Businesslife« sei unerheblich, schließlich wisse man ja, dass Putin die wahren Verluste der russischen Armee in der Ukraine verschweige: »Wenn russische Soldaten nicht in der Ukraine sterben, warum macht Putin dann ein Staatsgeheimnis aus Opferstatistiken?«, so das Magazin.

Niemand profitiert mehr von solchen Berichten als der Kreml selbst. Die überzogene Kritik liefert Putin die Argumente, die er für seine Wagenburg-Rhetorik braucht. Im Falle der Olympiade ließ Putin die Bürger wissen, es gebe bedauerlicherweise »Menschen, die gezielt, berufsmäßig gegen Russland kämpfen«. Die verunglückten Winterspiele von Sotschi haben ihm mehr genutzt, als es ihr Erfolg jemals vermocht hätte.

Swetlanas Spiele

Bundespräsident Joachim Gauck und andere westliche Politiker blieben der Eröffnungsfeier demonstrativ fern. Sie wollten kein schmückendes Beiwerk sein für »Putins Spiele«. Es ist eine Ironie der Geschichte, dass Putins Kritiker dabei auf eine Inszenierung des Mannes hereinfielen, dem sie sonst so misstrauen. Putin hatte zwar tatsächlich im Staatsfernsehen behauptet, niemand anderes als er selbst habe »diesen Ort persönlich ausgewählt«. Die Idee für Winterspiele in Sotschi aber hatten vor ihm schon andere. Swetlana Gurjewa zum Beispiel.

Man sieht der alten Dame die Jahre nicht an, nicht ihr Alter – sie ist über 80 – und auch nicht die 45 Jahre, die vergangen sind, seit ihr die sowjetischen Zensoren dieses verrückte Vorhaben austreiben wollten: Olympische Winterspiele in den Subtropen, zwischen den Palmen am Schwarzen Meer. Lange bevor Putin das Bergdorf Krasnaja Poljana zu einem Skiort von Weltrang ausbauen ließ, zu Russlands Antwort auf Sankt Moritz und Sankt Anton, war das Städtchen ein verschlafenes Nest und ein Zufluchtsort für Aussteiger. Swetlana Gurjewa lebte dort.

»Falls die Sowjetunion je das Recht erhält, Winterspiele auszurichten, können es nur Krasnaja Poljana und die Stadt Sotschi sein«, hat Gurjewa 1969 in einem Aufsatz geschrieben, ein Jahr nach ihrer Rückkehr von den Winterspielen im französischen Grenoble. Sie war in den sechziger Jahren Direktorin einer Skischule, ihr Mann Skitrainer – und sie waren soeben erst von einem

Skigebiet am Elbrus nach Krasnaja Poljana versetzt worden.

Gurjewas Olympia-Enthusiasmus war Moskau nicht geheuer. Man ließ den Artikel zwar drucken – in der Aprilausgabe von *Technik der Jugend*, dem Sowjet-Pendant zu *National Geographic* –, tilgte aber jeden Hinweis auf die Idee mit Olympia. Der Text erschien mit der staubtrockenen Überschrift: »Sotschi: Meer, Berge, Schnee, Sport«.

1976 musste Gurjewa Krasnaja Poljana verlassen, sie wurde wieder versetzt – dieses Mal in eine Sportschule vor den Toren Moskaus. Geträumt habe sie aber weiter »von Olympia in Sotschi«. 1989 interessierte sich dann die Sowjetregierung unter Gorbatschow für die Idee. Sotschi erfülle »alle Voraussetzungen, um 20 000 bis 30 000 Ausländer und 50 000 bis 70 000 sowjetische Touristen zu beherbergen«, so steht es in einem Kreml-Dokument von damals.

Die Stadt bewarb sich um die Ausrichtung der Spiele 1998, zog die Kandidatur dann aber wieder zurück. Die Sowjetunion hatte drängendere Probleme: Ein halbes Jahr, nachdem das IOC 1991 die Spiele an Nagano vergab, zerfiel das Land.

Mitte der neunziger Jahre bewarb sich Sotschi erneut, hatte aber wegen des Kriegs im nahen Tschetschenien keine Aussicht auf Erfolg. Gurjewa war damals bereits Ende sechzig, fuhr aber weiterhin jeden Tag zur Arbeit bei Russlands Olympischem Komitee. Sie wartete auf ihre Chance. Die kam im Jahr 2000. Putin, soeben zum Präsidenten ernannt, fuhr gern Ski. Im Dezember klingelte Gurjewas Telefon. Leonid Tjagatschjow war am anderen Ende der Leitung – eine sowjetische Skilegende, außerdem Putins Skilehrer und später Chef von Russlands Olympischem Komitee. Gurjewa solle ihm schnell ein paar Pläne für Krasnaja Poljana schicken: Der Kreml hatte Interesse.

Unter Strom

Wenn es nach der jungen Patriotin Diana Exusjan geht, sollen die Winterspiele in ihrer Heimatstadt nur der Startpunkt sein für die nächste Etappe in Russlands Aufholprozess gegenüber dem Westen. Sie will dazu beitragen: Diana hat ein Konzept entwickelt, um den Elan der jungen Olympia-Freiwilligen dauerhaft für die Stadt zu nutzen. Sie will neben dem Studium einen Verein gründen, der sich der Probleme der Jugend annimmt. Sotschi soll attraktiver werden, damit die größten Talente nicht wie bisher wegziehen, nach Moskau oder in den Westen.

Ihre Eltern haben den Eindruck, die Tochter stehe ständig unter Strom. Diana werde unentwegt getrieben von der Angst, eine Chance zu verpassen. Manchmal fragt die Mutter, ob sich die junge Frau nicht zu viel zumute, obwohl sie genau weiß: Dianas Antwort lautet immer »Nein«. Ihr Engagement macht die Eltern so stolz wie ratlos. Die Mutter kann sich nicht recht erklären, »wieso sich Diana so sehr für Politik interessiert. Von uns hat sie das nicht. Wir waren doch immer ruhige und friedliche Leute.«

11. Gesellschaft und Jugend

>»Wer erwartet hat, der Mensch werde ein anderer in drei, zehn, 15 Jahren, rauft sich die Haare. Wandel vollzieht sich nicht in Jahren, sondern in Generationen. Der Kummer rührt von der Größe der Erwartung.«

Wenige Menschen haben sich so tiefgehend mit der russischen Volksseele beschäftigt wie Russlands Soziologen. Sie haben einen klaren Blick auf die Stimmungen und Befindlichkeiten, die großen und die kleinen Wunderlichkeiten der Bevölkerung. Soziologen wissen besser als andere, was die Russen wirklich denken. Aufgrund ihrer Erkenntnisse waren sie zu allen Zeiten ein Ärgernis für die Mächtigen, spannende Gesprächspartner für die Journalisten – und selbst nur in sehr seltenen Fällen Optimisten. »Die Natur und die Art der Arbeit zwingt mich dazu, Skeptiker zu sein«, hat Juri Lewada einmal gesagt, der 2006 verstorbene Gründer des in diesem Buch bereits mehrfach genannten Lewada-Zentrums.

Lewada stand an der Wiege der modernen Soziologie in der Sowjetunion. Die Disziplin war der Kommunistischen Partei aber ein Dorn im Auge. Sie galt als »Wissenschaft der Bourgeoisie«. Lewada, 1930 im ukrainischen Winnyzja als Sohn einer *Prawda*-Journalistin geboren, lehrte in den sechziger Jahren Soziologie an der Journalistischen Fakultät der Moskauer Staatsuniversität. Dort geriet er in Schwierigkeiten, nachdem sowjetische

Truppen den Prager Frühling in der Tschechoslowakei niedergeschlagen hatten. Lewada wandte sich in einer Vorlesung gegen den Einmarsch. »Panzer können keine Ideen ändern«, erklärte er. 1969 wurde ihm seine Professur entzogen, wegen »ideologischer Fehler«. Als Begründung hieß es, seine Lehre basiere nicht auf Theorie und Methodik des Marxismus-Leninismus. Zwei Jahrzehnte lang durfte er keinen Artikel mehr veröffentlichen. Das änderte sich erst nach Beginn von Gorbatschows Glasnost-Politik. 1987 gründete Lewada das »Allrussische Zentrum für öffentliche Meinung« (WZIOM).

Die postsowjetische Gesellschaft

Lewada hat ein düsteres Bild des Umfelds gezeichnet, in das die erste postsowjetische Generation hineingeboren wurde: Russlands Gesellschaft sei antriebslos, latent aggressiv, leicht zu manipulieren. Er fügte hinzu: »Eine Mobilisierung der russischen Bevölkerung ist nicht vorstellbar ohne die Figur eines ›äußeren Feindes‹.« Von der Konstruktion dieses Feindbildes hatte Lewada eine genaue Vorstellung:

> Der Zugriff erfolgt von zwei Seiten, sowohl von oben, von den staatlichen Strukturen, als auch durch das Bewusstsein der Massen. Dabei verfügt der Feind über ausgesprochen negative Charakteristiken, er ist nicht nur Konkurrent, Rivale oder Ähnliches, sondern die Verkörperung infernaler, teuflischer Kräfte. Mit einem solchen Feind kann man nur »feindlich« umgehen. In

209

> jedem Falle ist der Feind ein äußerer, selbst wenn es nicht direkt der Westen ist, so handelt es sich unbedingt um einen Spion, einen Saboteur, Agent fremder Kräfte, einen Handlanger und Söldner.

Lewada hat diese Analyse bereits Anfang der 2000er Jahre formuliert, also mehr als ein Jahrzehnt vor Ausbruch der Ukrainekrise, Moskaus wütenden Attacken auf vermeintliche »Faschisten« in Kiew und den Tiraden gegen »Volksfeinde« aus den Reihen der Opposition.

Faschisten, Volksfeinde: Es sind Vokabeln, die einen Nerv im kollektiven Bewusstsein treffen. In der Ukrainekrise begann der Kreml damit, eine Sprache zu sprechen, die jeder Russe versteht: die Sprache des Zweiten Weltkriegs. Russland und die Ukraine sind eigentlich seit Jahrhunderten eng verflochten. Die Grenze zwischen beiden Staaten ist an manchen Stellen nie offiziell demarkiert worden und eine ethnische Trennlinie lässt sich zwischen beiden Völkern kaum richtig ziehen. Sie verläuft quer durch viele Familien. Jeder zweite Ukrainer hat Verwandte in Russland.

Die Berichte des russischen Fernsehens über die angeblich faschistischen Umtriebe in Kiew aber lösten in Russland eine Art Massenhysterie aus. In einem Unternehmen mit Filialen in Moskau und Kiew strich die russische Belegschaft die Dienstreisen in die Ukraine – aus Angst vor Übergriffen. Die Propaganda zerstörte die Bereitschaft der Russen, verstehen zu wollen, was in der Ukraine wirklich passiert. Mit Faschisten hat man kein Mitgefühl.

Lewadas Erkenntnisse basierten auf einer Umfrage, die 1989 zum ersten Mal durchgeführt wurde und seither regelmäßig mit den gleichen Fragestellungen wiederholt wird. Sie soll einem Phänomen nachspüren, das Lewada »homo sovieticus« genannt hat. Die These vom sowjetischen Menschen ist auch Ausdruck einer Enttäuschung. Lewada hatte zunächst angenommen, nach dem Fall des Eisernen Vorhangs müssten die Charakterzüge der sowjetischen Gesellschaft schnell verblassen. Aber das trat nicht ein. Duldsamkeit und Obrigkeitshörigkeit, politische Passivität gepaart mit der Sehnsucht nach einem starken Staat und kollektiven Errungenschaften, der Westen als festes Feindbild – all diese Phänomene blieben.

»Wir dachten: Der Mensch wird in die Freiheit entlassen und ein anderer werden«, so Lewada. »Wir dachten, das Land, die Gesellschaft betrete eine völlig neue Realität. Das war naiv. Immer wieder stoßen wir an unsichtbare Mauern: die Mauer des Regimes, das einmal war, die Mauer der damaligen Traditionen und die Mauer in den Köpfen der Menschen.«

Ein Beispiel für diese Mauern ist die paternalistische Einstellung der Bürger: 1990 gaben 63 Prozent der Russen an, die Mehrheit der Bevölkerung könne ohne dauerhafte Unterstützung des Staates nicht leben, 1997 waren es 72 Prozent. Von 1994 bis 1997 verdoppelte sich der Anteil derer, die von der Wiederherstellung Russlands als »starker Großmacht« träumten. 44 Prozent wünschten sich 1994, es wäre besser gewesen, Michail Gorbatschow hätte nie mit der Perestroika begonnen. Lewada schreibt, der in die Freiheit entlassene »Sowjetmensch«

habe begonnen, »rückwärts zu laufen, nicht einmal ins Gestern, sondern ins Vorgestern«.

Das zeigt sich auch an den Jahr für Jahr aufwändiger ausfallenden Feierlichkeiten, mit denen in Russland am 9. Mai der »Tag des Sieges« im Zweiten Weltkrieg gefeiert wird, und an den im Westen regelmäßig für Befremden sorgenden Militärparaden. Es hatte allerdings schon lange vor Putins Amtsantritt Anzeichen gegeben, dass die heroisierte Vergangenheit zur wichtigsten Identifikationsquelle des neuen Russland werden könnte. Auf die Frage, welches Ereignis in Russlands Geschichte ihrer Meinung nach das bedeutendste sei, nannten 1989 drei Viertel der Russen den Triumph über Hitlerdeutschland. Zehn Jahre später waren es 85 Prozent.

Auch die militante Intoleranz vieler Russen gegenüber Homosexuellen ist kein neues Phänomen. In den vergangenen Jahren machen rechte Politiker und konservative Medien zwar gezielt Stimmung gegen Lesben und Schwule, deren Neigung als Import gilt aus dem vermeintlich moralisch verkommenen Westen (»Gayropa« im russischen Propaganda-Slang). Allerdings waren auch schon im Jahr 1999, kurz vor Putins Amtsantritt, fast 40 Prozent der Russen der Auffassung, Schwule und Lesben sollte man am besten wegsperren oder erschießen. Putin und seine Leute mögen also besonders gekonnt auf der Klaviatur der Propaganda spielen, die Tasten aber waren immer da.

Geliebter Feind USA

Sieben Jahrzehnte sowjetischer Herrschaft haben die Russen tief geprägt. Der Wandel vollzieht sich in einem Schneckentempo, das Beobachter zweifeln lässt, dass es überhaupt vorangeht. Der Soziologe Juri Lewada hat das Bild einer Gesellschaft gezeichnet, die in einem dauernden Spannungsverhältnis lebt, geprägt von der Vorstellung der Überlegenheit des eigenen Systems und zugleich geplagt von Minderwertigkeitskomplexen angesichts der Rückständigkeit Russlands in wichtigen Bereichen.

So springt die öffentliche Meinung gelegentlich von einem Extrem ins andere. Amerika wurde vom Waffenbruder im Zweiten Weltkrieg zum Klassenfeind, zum Rivalen im Kalten Krieg, dann aber – während Gorbatschows Perestroika – wieder zum bewunderten Vorbild. Boris Jelzins Außenminister Andrei Kosyrew stand Anfang der neunziger Jahre fest an der Seite des Westens, er plädierte sogar dafür, Moskau sollte alte Verbündete in der Welt, Syrien zum Beispiel, aufgeben zugunsten guter Beziehungen zu Europa und den USA.

Binnen weniger Jahre entwickelten sich die USA damals von der Quelle allen Übels zum Vorbild. 1995 sahen 78 Prozent der Russen die Vereinigten Staaten positiv, gerade einmal neun Prozent hatten Vorbehalte. Eindrucksvoll unterstrichen wurde dies, als im Januar 1990 in Moskau der erste McDonald's eröffnete: Bis zu fünf Stunden standen Neugierige vor dem Schnellrestaurant Schlange. 30000 Menschen strömten allein am ersten Tag in den Imbiss auf dem Puschkinplatz im

213

Herzen der Stadt. Einen solchen Andrang hat es weder vorher noch danach bei einer Filialeröffnung des Burger-Riesen irgendwo auf der Welt gegeben. Wochenlang bewachten berittene Polizisten die langen Warteschlangen und setzten mitunter Schlagstöcke ein, um die Ordnung zu wahren.

Die erste Hälfte der neunziger Jahre waren die Flitterwochen im Verhältnis zwischen Russland und den USA. Der drastische Wechsel des russischen Amerikabilds in den vergangenen Jahren hatte natürlich auch mit Washingtons Außenpolitik zu tun, den Interventionen in Afghanistan, Irak und Libyen. Er war aber auch ein Zeichen enttäuschter Liebe und Folge übersteigerter Erwartungen. Die Hoffnungen der Russen auf eine schnelle Verbesserung ihrer Lebensverhältnisse hatten sich nach dem Zusammenbruch der Sowjetunion nicht erfüllt. Auf internationaler Bühne fühlte sich Moskau übergangen. 1998 ließ der damalige Premierminister Jewgenij Primakow sein Flugzeug auf dem Weg nach Washington wenden. Der Grund: Die Nato-Bombardements gegen Serbien, das traditionell ein Partner Russlands war, hatten ungeachtet Moskauer Proteste begonnen. Die umschlagende öffentliche Meinung spiegelte sich auch in den Umfragen wider: Im Jahr 2001 waren die USA-Skeptiker (39 Prozent) bereits in der Überzahl gegenüber den Amerika-Freunden (37 Prozent).

Spätestens seit Ausbruch der Krim-Krise sind die USA für die Russen wieder Quell allen Übels. In einem Interview mit der Regierungszeitung *Rossijskaja Gaseta* erklärte der Chef des Nationalen Sicherheitsrats, Nikolai Patruschew, die Sowjetunion sei ausschließlich aufgrund eines Komplotts der Amerikaner untergegangen: Die CIA habe die Abhängigkeit vom Öl als Moskaus größte Schwachstelle identifiziert und gezielt mit den Saudis die Preise so lange gesenkt, bis die UdSSR zusammenbrach. In das gleiche Horn stieß Leonid Reschetnikow, Generalleutnant des Auslandsgeheimdienstes SWR im Ruhestand und Leiter des staatlichen Instituts für strategische Forschung. Die Amerikaner hätten, so Reschetnikow, Russland schon »während der Oktoberrevolution 1917 zerstören wollen, indem sie den Bolschewiken halfen«. Das zweite Mal hätten sie es während des Zweiten Weltkriegs versucht. Den Einwand, die USA seien im Kampf gegen Hitlerdeutschland ein Verbündeter gewesen, ließ Reschetnikow nicht gelten: »Die USA haben Deutschland und die UdSSR in den Krieg getrieben. Sie haben beiden Ländern geholfen, stark zu werden, damit der Zusammenstoß katastrophale Folgen haben würde.« Das sei auch der einzige Grund, warum die Vereinigten Staaten in den dreißiger Jahren bei der Industrialisierung Russlands geholfen hätten.

»Unsere Gesellschaft ist Amerika-krank«, zu diesem Schluss kommt der Moskauer Publizist und Psychologe Leonid Radsichowskij. Russlands Fernsehen berichte fast mehr über die USA als über das eigene Land. Diese Obsession ist allerdings nicht die Folge eines besonders hohen Interesses der Bevölkerung an Außenpolitik, sondern ein Symptom der Sehnsucht nach Orientierung, nach einem einfachen Weltbild. Wir gegen die, Russland gegen die USA, so war es doch immer: Das ist ein Topos, den jeder Russe versteht und – wichtiger noch – die Mehrheit auch gerne glaubt.

Das zeigte sich auch in der russischen Berichterstattung über den Fußball-Weltverband Fifa. Als sich in den USA die Justiz daran machte, längst überfällige Schritte gegen Sepp Blatters korrupte Seilschaften einzuleiten, witterte Moskaus Hauptstadtpresse umgehend Umsturzpläne. Die *Rossijskaja Gaseta* behauptete allen Ernstes, zur Anwendung komme beim Fußballweltverband das gleiche Vorgehen wie bei den Revolutionen in »Ägypten, Libyen oder der Ukraine«. Das Ziel der Amerikaner sei nicht etwa Blatter, in Wahrheit gehe es darum, Russland die WM 2018 wegzunehmen.

Verschwörungstheorien wie diese treiben in Moskau mitunter skurrile Blüten: Bei Protesten gegen mögliche Kürzungen von Sozialleistungen gab es Plakate, auf denen »USA – Finger weg von unseren Renten« stand. Von dem 2013 wegen Korruption geschassten Ex-Verteidigungsminister Anatoli Serdjukow heißt es, er erzähle gern, in Wahrheit habe die CIA hinter seiner Absetzung gesteckt. Er sei zu erfolgreich gewesen, deshalb hätten ihm die Amerikaner belastendes Material untergeschoben. Salopp formuliert: Ein amerikanisches Komplott ist leichter zu ertragen als die Wahrheit.

Das ist das Umfeld, in dem die Generation Putin aufwächst. Das Misstrauen gegenüber den Vereinigten Staaten ist auch unter jungen Erwachsenen verbreitet. 60 Prozent der Befragten im Alter von 18 bis 24 Jahren geben ihre Meinung von Amerika als »schlecht« an, bei der Generation 60+ sind es dagegen nur 56 Prozent. Die US-Politologin Ellen Mickiewicz fragte Studenten Moskauer Elite-Universitäten, womit sie die USA spontan assoziierten. Als Begriffe fielen: Atomkrieg, Aggression,

216

Militärmacht, Expansionismus, Arroganz und Feind-
lichkeit. Mickiewicz kam nach Auswertung Dutzender
Gespräche zu dem Schluss, viele der befragten Studenten gingen tatsächlich fest davon aus, »dass Amerika
den Kalten Krieg fortsetzt und wahrscheinlich ihre
Leben beenden könnte«.

Zugleich ist es aber auch Amerika, das wie kein zweites Land das Interesse junger Russen weckt: »Egal wie
stark die Teilnehmer Amerika kritisieren, es gibt die uni-
verselle Übereinstimmung in allen Gruppen, dass Amerika das führende Land in der Welt ist. Es wäre – wie
sie oft sagen – dumm, die USA zu ignorieren«, schreibt
Mickiewicz in ihrer Studie. Amerika war, ist und bleibt
das Maß aller Dinge für Russland, im Guten wie im
Schlechten.

Die Spur des Sowjetmenschen

Wer wie Juri Lewada vom »sowjetischen Menschen«
spricht, stellt im Kern eine hoffnungslose Diagnose. Er
stellt dem »homo sapiens« – also dem »vernünftigen
Menschen« – den »homo sovieticus« gegenüber. Das
klingt so, als wäre Russlands Psyche nachhaltig defor-
miert, womöglich für immer.

Den Begriff des sowjetischen Menschen überhaupt
erst populär machte ein Deutscher mit Wurzeln in Russland. Im Jahr 1958 veröffentlichte Klaus Mehnert sein
Buch *Der Sowjetmensch* – ein Bestseller, der sich innerhalb weniger Jahre eine halbe Million Mal verkaufte.
Das Buch war eine Ansammlung von Notizen aus den

217

dreißiger und fünfziger Jahren, in denen Mehnert die Sowjetunion bereist hatte. Er versah seine Beobachtungen mit Kommentaren und ordnete sie thematisch in Kapitel, die Eigenschaften entsprachen, die ihm charakteristisch erschienen für die sowjetische Gesellschaft: Patriotismus, Gemeinschaft und Kollektiv, Autorität und Staatsgefühl, Abkehr von der Politik.

Das offizielle Moskau ließ kein gutes Haar an *Der Sowjetmensch*. Die Zeitung *Trud* beschimpfte Mehnert als »Schwein«, das mit der Schnauze im Dreck wühlt und dabei schmutzige Dinge hervorhole. Die *Komsomolskaja Prawda* nannte ihn einen »wutschnaubenden Verleumder«, einen »in der Lüge versunkenen Menschen ohne Gewissen«. Die Moskauer Apparatschiks waren unfähig, angemessen auf durchaus wohlmeinende Kritiker zu reagieren. Das haben sie mit ihren Nachfolgern heute gemein.

Denn Mehnert übte zwar Kritik an der sowjetischen Staatsmacht. Sein Buch war aber auch eine Gesellschaftsstudie, die erkennbar von Sympathie für Land und Leute geprägt war. Moskau ärgerte wohl vor allem eine seiner Schlussfolgerungen: Es sei mit der Bolschewisierung der Gesellschaft längst nicht so weit her, wie es die Propaganda glauben machen wolle. Bei dem angeblich »sowjetischen Menschen« handele es sich in Wahrheit eher um eine leidlich modifizierte »Ausprägung des russischen Wesens«.

Mehnert schrieb, die Autorität des Staates speise sich in Russland aus noch tieferen Quellen als der sowjetischen Gewaltherrschaft. »Die aus Byzanz übernommene theokratische Tradition, bei der sich Staat und Kirche in der monarchischen Spitze vereinen, schuf die psychologischen Voraussetzungen für den Anspruch der heutigen Führungsspitze, die Wahrheit zu verkörpern.«

In einer *Stolowaja*, einer sowjetischen Kantine, verwickelte Mehnert auf einer seiner Reisen einen Kriegsversehrten in ein Gespräch: Ohne Disziplin und Unterordnung »gibt es nur Chaos«, erklärte der Russe. Mehnert hakte nach, wollte wissen, woher sein Gesprächspartner die Gewissheit nehme, dass die Parteiführung stets die richtige Antworte finde? »Weil sie die Gesetze der Geschichte kennt und anwendet«, sagte der Veteran. »Sie versteht mehr davon.«

Mehnert führte auch Belege für die besondere Leidensfähigkeit der Russen an. Der sowjetische Bürger sehe »jede Entscheidung des Schicksals wie des Staates als selbstverständlich« an. Er habe einmal im Ural an einer kleinen Bahnstation umsteigen müssen: Es war halb zehn am Abend, die Abfahrtszeit des Anschlusszugs ein Rätsel, der kleine Wartesaal völlig überfüllt. Die Bänke reichten nicht aus, Leute hockten auf dem Boden, die Luft war verbraucht. Während der Wartezeit sei ihm der Kopf auf die Brust gesunken, er sei aber umgehend von einem Bahnbeamten wachgerüttelt worden: »Bürger, hier darf man nicht schlafen!« In Mehnerts Beschwerde wollte aber keiner der anderen Wartenden einstimmen. Sein Nachbar sagte gleichmütig, es stimme schon, schlafen dürfe man eben nicht in Wartesälen, er selbst habe kürzlich »an einer Station zwei Tage lang nicht geschlafen«.

Von allen Stützen des Regimes hielt Mehnert den »Patriotismus der Russen für die stärkste«. Das spezifisch

russische Vaterlandsgefühl sei eine Art »Naturphäno-
men, das lange vor den Bolschewiken existierte und sich
auch trotz ihrer jahrelangen Angriffe nicht demontieren ließ«. Die russische Vaterlandsliebe hält für Fremde –
damals wie heute – auch Klippen bereit. Mehnert lernte
auf Reisen eine Russin kennen, deren Eltern in den Wirren der Revolution umgekommen waren.

> Sie stimmte eine bittere Klage an, die schließlich in
> einer direkten Anklage des bolschewistischen Regimes
> mündete, der Grausamkeit und Bosheit, der Missach-
> tung menschlichen Glücks. [...] Es fiel mir nicht schwer,
> Verständnis für ihre Klagen zu zeigen und überdies auf
> einige von ihr nicht erwähnte Missstände hinzuweisen,
> die mir besonders schlimm schienen. Da aber vollzog
> sich in ihr eine merkwürdige Wandlung. Sie begann
> zu widersprechen, rechtfertigte die von mir kritisier-
> ten Maßnahmen der Partei und endete schließlich bei
> einer Generalverteidigung des Bolschewismus.

Ähnliche Diskussionsverläufe erlebt auch heute noch
leicht jeder Ausländer, der etwa die Klagen der Taxifahrer in der russischen Hauptstadt über die vermeintlichen Versager in der Moskauer Stadtregierung als Einladung für eine Generalabrechnung mit dem russischen
Staat missversteht.

Die Theorie vom »homo sovieticus« war 2004 Auslöser eines Wortgefechts, das sich der Moskauer Journalist Witalij Leibin, damals Chef des Debattenportals
Polit.ru, mit Lewada lieferte. Das Bemerkenswerteste
an der Untersuchung sei, so Leibin, »die Überraschung

der Forscher, wenn ihre Hypothese wieder einmal nicht zutraf«.

Leibin ist heute Chefredakteur des Wochenmagazins *Russischer Reporter*. Er möchte klarstellen, dass er Hochachtung vor Juri Lewada empfinde, »er war einer der respektiertesten Wissenschaftler Russlands überhaupt«. Die These vom sowjetischen Menschen findet Leibin aber noch immer falsch. Darin spiegele sich »das Hauptproblem der russischen Liberalen in den neunziger Jahren. Sie dachten, ihre Reformen wären gut gewesen, nur das Volk sei eben bedauerlicherweise nicht das richtige. In Wahrheit waren doch die Reformen missraten, weil sie nicht Kultur, Werte und Interessen des Volkes berücksichtigten.«

Juri Lewada hat seine Vorstellung, der russische Mensch hätte sich 1991 radikal ändern müssen, später selbst kritisch gesehen: »Wer erwartet hat, der Mensch werde ein anderer in drei, zehn, 15 Jahren, rauft sich die Haare. Wandel vollzieht sich nicht in Jahren, sondern in Generationen. Der Kummer rührt von der Größe der Erwartungen.«

Die neue Generation

Lew Gudkow, Jahrgang 1946, ist Juri Lewadas Nachfolger, der Hüter seines Erbes. Er sitzt in einem winzigen Büro in der Innenstadt von Moskau, in den Regalen stehen Lewadas Schriften, Bücher, deren Titel *Väter und Kinder* oder *Wir suchen den Menschen* lauten. Gudkow leitet seit 2006 das Lewada-Zentrum. Diesen Namen trägt das

Meinungsforschungsinstitut nicht nur, um den Gründer zu ehren, sondern auch, weil die ursprüngliche Bezeichnung WZIOM gekapert wurde, im Zuge einer feindlichen Übernahme durch den russischen Staat im Jahr 2003.

Juri Lewada war der Staatsmacht seit vielen Jahren ein Dorn im Auge gewesen. Wladislaw Surkow, in der Präsidialverwaltung zuständig für Innenpolitik, wollte daher einen neuen Institutsleiter aus dem eigenen Lager installieren, einen Politologen Ende 20, der sich in Putins Wahlkampf hervorgetan hatte. Unter Lewada herrsche »Stagnation in der Wissenschaft«, so Surkow, der Soziologe widme sich zu wenig Untersuchungen »der sozialen Sphäre im Land«. Das waren fadenscheinige Argumente, und sie riefen Erinnerungen an die sechziger Jahre wach, als Lewada von den Sowjets zum ersten Mal mundtot gemacht wurde.

Letzten Endes setzte sich der Kreml mit der vorgeschobenen Begründung durch, das ursprünglich in den achtziger Jahren einmal als staatliches Konstrukt gegründete Institut müsse dringend »privatisiert« werden. Lewada zog daraufhin mit sämtlichen Mitarbeitern unter Einschluss der Putzfrau in andere Büros um und arbeitete weiter. Vom alten WZIOM blieben nur die Räume und der Name. Es hat sich zwar zum einflussreichen Konkurrenten des Lewada-Zentrums entwickelt. Privatisiert wurde es allerdings nie.

Lew Gudkow, Lewadas Nachfolger, ist Autor zahlreicher Studien über die russische Jugend. Man könne sie, so seine Schlussfolgerung, mit vollem Recht »Putin-Jugend« nennen. Gudkow fürchtet, der Rückzug des sowjetischen Menschen sei nicht nur ins Stocken gekommen, die Bewegung habe sich in Russland sogar umgekehrt. Der »homo sovieticus« sei wieder auf dem Vormarsch. Wenn Gudkow über die »Generation Putin« spricht, nennt er wenig schmeichelhafte Eigenschaften: Sie sei pragmatisch, aber bis über die Grenze zum Zynismus hinaus. »Sie wissen, wie mafiös der Staat ist, aber die meisten kümmert das nicht«, sagt Gudkow.

Ein Jahr nach der Annexion der Krim stieß die angesehene Wirtschaftszeitung *Wedomosti* eine Debatte über die Rolle der Jugend in der russischen Politik an. Ein Artikel porträtierte die junge Generation als Hoffnungsträger für eine demokratische Entwicklung, junge Russen würden sich weniger gefallen lassen, ihr Protestpotenzial sei höher. Die Gegenrede kam von Anna Schelnina, Jugendforscherin der Moskauer Higher School of Economics. Sie schrieb, ebenfalls in *Wedomosti*, in Wahrheit handele es sich um eine »verlorene Generation«, verdorben durch konservative Eltern, das autoritäre System und die Propaganda.

Der *Wedomosti*-Disput war – unter etwas anderen Vorzeichen – eine Fortsetzung des Streits um die These vom Sowjetmenschen. Sie berührt eine grundsätzliche Frage: Nähert sich Russland den Gesellschaften des Westens an, langsam zwar, aber unaufhaltsam? Oder sind die Gräben doch zu tief und womöglich niemals wieder zu überbrücken?

Das Massenblatt *Moskowskij Komsomolez* fragte angesichts der politischen Passivität der 18- bis 24-Jährigen etwas konsterniert, »wo denn die Rebellen geblieben« seien. *Foreign Affairs*, ein US-Magazin für Außenpolitik, fragte, ob der »Wohlstand der Putin-Epoche – Smartphones, leichter Zugang zum Internet, Reisen ins Ausland – [die jungen Leute] inspiriert, liberalere Werte anzunehmen als ihre Eltern«, und lieferte selbst eine Antwort: »Nein.« Russlands Jugend wolle »ihr Land als Supermacht wiederhergestellt sehen, die außerhalb der euroatlantischen Gemeinschaft steht und Widerstand gegen internationale Normen leistet«. Die bereits erwähnte Soziologin Anna Schelnina kam zu dem Schluss, Russlands Jugend sei eine Generation von Drückebergern. Sie scheue die politische Verantwortung und agiere stets nach dem Prinzip: »Wir sind noch zu klein.«

Junge Russen stehen dem Westen erstaunlich emotionslos gegenüber, im Positiven wie im Negativen. Auf der einen Seite findet eine große Mehrheit, Russland solle sich in seiner Außenpolitik nicht von Sanktionen beirren lassen (70 Prozent). Andererseits hat die Propaganda bislang geringere Spuren bei ihnen hinterlassen als bei ihren Eltern. So glauben die meisten nicht an die These von einem neuen Kalten Krieg. Sie sind überzeugt, dass die derzeitigen Probleme vor allem mit der Krim und der Ukraine zusammenhängen – und damit vorübergehend sind.

Gerade einmal 19 Prozent halten Europa und die USA für Russland auf alle Zeiten »feindlich gesinnte Staaten und politische Kräfte«. Allerdings hält auch nur ein knappes Viertel den Westen für jene Region, deren Bürger über den größten Wohlstand verfügen und daher »ruhig und gut leben«. Der Westen hat in der »Generation Putin« also nicht nur seine Funktion als absolutes Feindbild verloren, sondern ist auch auf dem Weg, kein Vorbild mehr zu sein. Mehr als 44 Prozent der jungen

Russen halten Europa und Amerika für »eine andere Zivilisation, eine fremde Welt«. Womöglich liegt in dieser neuen Nüchternheit eine Chance: Wer keine übersteigerten Erwartungen gegenüber dem Westen hegt, ist auch schwerer zu enttäuschen.

Russlands Jugend sei, so der Lewada-Nachfolger Gudkow, aufgewachsen in einer apolitischen Konsumgesellschaft. Unterbewusst kompensiere sie die Komplexe ihrer Eltern, die neunziger Jahre mit politischer Freiheit und wirtschaftlicher Not schlagen demnach ins Gegenteil um. Für junge Menschen erscheine Putin inzwischen wie ein ewiger Präsident, so wie sich in Deutschland einmal eine ganze Generation keinen anderen Kanzler vorstellen konnte als Helmut Kohl. Ihr Aufwachsen ist begleitet worden von ständigen polemischen Auseinandersetzungen mit dem Westen. Sie wurden erzogen in einem Schulsystem, das in den vergangenen Jahren wieder auf Patriotismus setzt, nicht aber auf die Auseinandersetzung mit der eigenen Vergangenheit.

Schule der Nation

Die Verfassung der Russischen Föderation schreibt heute – anders als zu Sowjetzeiten – fest, dass Schulen frei sein sollen von jedweder Ideologie. Die Entwicklung des russischen Schulsystems lässt sich dennoch nicht losgelöst von der politischen Entwicklung betrachten. Der Streit um die Ausrichtung des Schulsystems weist Kennzeichen eines Kulturstreits auf, der Russland seit dem 19. Jahrhundert beschäftigt, wenn nicht gar noch länger. Damals standen sich zwei Lager Intellektueller gegenüber: Auf der einen Seite die »Westler«, sie drängten, Russland solle die Entwicklung westlicher Länder nachvollziehen. Ihre Widersacher waren die Verfechter eines »russischen Wegs«. Konservative und Patrioten treten heute in die ideologischen Fußstapfen dieser »Slawophilen«.

In den vergangenen Jahren hat Wladimir Putin die Schule wieder stärker in den Fokus gerückt. »Davon, wie wir die Jugend erziehen, hängt ab, ob Russland sich bewahren und weiterentwickeln kann«, sagte er im Jahr 2012. Zugleich warnte Putin vor Versuchen des Westens, »die Weltanschauung ganzer Völker zu beeinflussen und sie ihrem Willen zu unterwerfen«.

Jewgenij Jamburg, Jahrgang 1951, leitet seit vier Jahrzehnten die Schule Nr. 109 am Stadtrand von Moskau. An der Wand seines Büros hängen 40 goldene Glöckchen, eines für jeden Abiturjahrgang, den er begleitet hat. Jamburg sagt, seit Putins Amtsantritt 2000 habe es zwar Schritt für Schritt mehr Geld für Schulen und Lehrer gegeben. Die wachsenden Zuwendungen gingen allerdings auch damit einher, dass der Staat »die Schule in seine Vertikale der Macht einbaut«. Der Kreml hat eine landesweite »Bewegung der Schüler« aus der Taufe gehoben, die zentral gesteuerte Organisation soll dabei helfen »auf die Persönlichkeitsbildung einzuwirken auf Grundlage kultureller Werte, die der russischen Gesellschaft zu eigen sind«. Kritiker halten die Schülerbewegung für einen Versuch, Jugendliche schon früh zu indoktrinieren. Parallelen zu sowjetischen Vorbildern sind offenbar nicht ganz zufällig: Der Kreml verkündete die Gründung der Schülerbewegung just am 29. Oktober 2015. An diesem Datum hatten die Kommunisten 1918 den Jugendverband Komsomol gegründet.

Im Zuge von Gorbatschows Perestroika seien ideologische Eingriffe in die Schule zunächst seltener geworden. Die neunziger Jahre waren wirtschaftlich schwierig, für Pädagogen aber seien es durchaus gute Zeiten gewesen. »Der Staat ließ uns in Ruhe, er hatte andere Probleme«, sagt Jamburg. Das ließ Freiräume für Experimente. Jamburg hat als einer der ersten Direktoren in Russland Schüler mit Behinderung in den regulären Unterricht integriert.

Jamburg will Schüler lehren, selbstständig zu denken, kritisch. Russland habe von der Sowjetunion zwar eine exzellente Ausbildung in Grundlagenwissenschaften wie Mathematik geerbt. Sie sei viel besser als im Westen. Russische Schüler scheiterten aber regelmäßig daran, »Aufgaben in verändertem Umfeld zu lösen«. Anders ausgedrückt: Sie lernen zu viel auswendig.

Den ideologischen Widerpart zu Jamburg bilden Männer wie Leonid Poljakow, konservativer Professor an der Moskauer Higher School of Economics. Poljakow will, dass die Schule keine Individualisten ausbildet, sondern loyale Staatsbürger. Unterschiedliche Lehrbücher hält Poljakow für »Nonsens«. Er ist einer der Anhänger von Putins Idee, alle russischen Schüler nach einem einzigen Geschichtsbuch zu unterrichten. Die Schule sei »verpflichtet, eine übereinstimmende Vorstellung der Vergangenheit zu formen«. Geschichte als Schulfach sei dazu da, »eine nationale Einheit zu schaffen, nicht das Bewusstsein der jungen Generation zu spalten«.

Jewgenij Jamburg findet, mit diesem Ansatz könne man »Sklaven erziehen, aber keine Modernisierer«. Er hält es lieber mit Stephen Hawking: Für den britischen Physiker ist »Intelligenz die Fähigkeit, sich dem Wandel anzupassen«. Jamburg ist ein Kritiker der patriotischen Welle. Statt die Bevölkerung fit zu machen für die durch scharfe Konkurrenz geprägte globalisierte Wirtschaft, setze der Staat mit seiner patriotischen Agenda die falschen Prioritäten. Die konservative Welle komme aber bei vielen gut an, »weil die Leute nicht leben können ohne Märchen und Mythen«. Jamburg glaubt dennoch nicht daran, dass Konservative wie Poljakow sich langfristig durchsetzen werden. Russlands Gesellschaft sei dafür »viel zu komplex, viel zu heterogen geworden«. Sie sei »nicht mehr einzufangen mit einer einzelnen Ideologie«. Jamburg hofft das zumindest.

Aus seinen eigenen Schülern wird der Direktor noch nicht recht schlau. Er unterhalte sich gern mit ihnen. Sie seien »ausgesprochen pragmatisch«. Er könne allerdings nicht genau sagen, »ob das nun ein gutes Zeichen ist oder ein schlechtes«.

Zwischen Sicherheit und Freiheit

Walerij Fjodorow war 2003 der junge, ambitionierte Politologe, den der Kreml in Marsch setzte, um den legendären Soziologen Juri Lewada aus dessen Institut zu verdrängen. Mehr als zehn Jahre ist das heute her, Fjodorow ist immer noch Chef des WZIOM. Er hat ein helles Büro an der Moskwa, in einem Gebäude auf dem Gelände der ehemaligen Schokoladenfabrik Roter Oktober. Gegenüber liegen die Büros, aus denen die Internetmedien *Slon* und *TV Rain* ausziehen mussten. Die Räume wurden aufwändig renoviert, unter schweren Kronleuchtern residiert dort nun Regnum, eine erzkonservative russische Nachrichtenagentur. Der Gründer war früher leitender Mitarbeiter von Putins Präsidialadministration, in Estland, Lettland und Litauen hat er Einreiseverbot.

Wie sieht die junge Generation Russlands Platz in der Welt? »Das sind die Kinder des wirtschaftlichen Aufschwungs«, sagt Fjodorow. Sie seien aufgewachsen in einer Zeit, als »sich Russland von den Knien erhob«, so nennt er das. Diese Generation sei »relativ patriotisch, die Huldigung alles Ausländischen ist ihnen fremd«. Die Mehrheit wolle ihr Heimatland in einer Position der Stärke sehen, außenpolitisch auf Augenhöhe mit den Vereinigten Staaten. Auf der anderen Seite seien junge Russen groß geworden in einer Zeit, in denen ihre Familien sich umorientierten, vom bloßen Überlebensmodus der neunziger Jahre hin zu »Werten der individuellen Entwicklung. Ihnen wird die Ablehnung des Chaos der neunziger Jahre antrainiert, aber sie haben es nicht selbst erlebt. Der Kapitalismus ist für sie Normalität. Sie leben darin wie ein Fisch im Wasser. Sie sind große Individualisten.«

Ihr Verhältnis zum Staat bleibt ambivalent. Viele junge Russen geben heute auf die Frage, was ihr Traumjob sei, nicht mehr wie früher »Jurist« oder »Ökonom« an, sondern »Beamter«. Zugleich sei ihnen der Staat aber auch »unverständlich, er arbeitet nach seinen eigenen Regeln, die diesen Kindern fremd sind, mit denen sie sich aber abfinden«.

Fjodorow hat bemerkenswerte Nuancen in den politischen Einstellungen der »Generation Putin« festgestellt. Ein Beispiel ist das Verhältnis zu Michail Gorbatschow. Seit zwei Jahrzehnten sei »Gorbatschow für die Mehrheit der Russen das absolute Böse«. Kaum ein Jahr vergeht, in dem nicht Abgeordnete aus der Staatsduma fordern, Gorbatschow endlich vor Gericht zu stellen, wegen »Landesverrats«. Junge Russen dagegen blicken deutlich milder auf den ersten und letzten Präsidenten der Sowjetunion. Für einen »Verräter« halten ihn nur 11 Prozent. Während 71 Prozent in der Altersgruppe 45+ überzeugt sind, Gorbatschow habe das Land auf den falschen Pfad geführt, sind es bei den unter 24-Jährigen nur 47 Prozent.

Die jungen Russen der »Generation Putin« sind also einerseits Kinder ihrer Eltern. Ihre Überzeugungen sind ähnlich konservativ wie die ihrer Väter und Mütter. Andererseits sind sie auch Kinder der Zeit, in der sie aufgewachsen sind. Sie haben relative Freiheit und genießen relativen Wohlstand. Die Generation ihrer Eltern und Großeltern gibt seit Jahren in allen Befragungen mit großem Abstand als wichtigsten Wert »Sicherheit« an. Bei Russen unter 35 Jahren dagegen rangiert »Sicherheit« auf den hinteren Plätzen. Ganz vorne steht bei ihnen die »Freiheit«. Sie verstehen darunter, ihr Leben nach den eigenen Vorstellungen gestalten zu können.

Kluft zum Westen

Michail Dmitrijew, dem Forscher, der die Proteste gegen die Parlamentswahlen 2011 hatte kommen sehen, sind seine Analysen schlecht bekommen. Teure Büroräume wie früher am Bolotnaja-Platz kann er sich nicht länger leisten. Wenn Dmitrijew zur Arbeit geht, steigt er ein graues Treppenhaus in einem Moskauer Hinterhof hinauf. Die Fliesen der Stufen sind herausgebrochen. Auf dem Treppenabsatz lassen Nachbarn achtlos Topfpflanzen verwelken. Dmitrijew wurde Anfang 2014 von seinem Posten als Chef des Zentrums für strategische Entwicklungen entbunden. Kurz darauf lauerten ihm zwei Männer auf, als er abends auf dem Weg nach Hause war. Die Angreifer schlugen Dmitrijew zusammen und nahmen den Laptop mit seinen Forschungsergebnissen mit.

Dmitrijew lauscht noch immer den Zwischentönen der Volksmeinung, nicht mehr so regelmäßig wie früher, als er noch Chef eines der einflussreichsten Think Tanks des Landes war. Doch immer dann, wenn die Mittel reichen, befragt er seine Fokusgruppen in Moskau und in der Provinz.

Dmitrijew hält nicht viel von der These vom »sowjetischen Menschen«. Sie sei »wissenschaftlich nicht zu verifizieren«. Hoffnungen auf einen schnellen Durchbruch der Demokratie nach westlichem Vorbild erklärt er aber für illusorisch. Alle Umfragen zeigten große Unterschiede zwischen Russen auf der einen und Europäern und Amerikanern auf der anderen Seite, vor allem mit Blick auf ihre Einstellung gegenüber Menschenrechten und den Wunsch nach Selbstverwirklichung. »Beides ist typisch für Gesellschaften höherer Entwicklung und höheren Konsums. In Russland ist das viel weniger verbreitet«, sagt Dmitrijew. Wichtiger seien – ein Merkmal traditionellerer Gesellschaften – wirtschaftliche Fragen. Die Kluft zwischen dem Westen und Russland könnte kurzfristig sogar noch größer werden, »weil die russische Gesellschaft durch die Wirtschaftskrise in einigen Aspekten zurückgeworfen wird auf den Stand der neunziger Jahre«. Angesichts sinkender Einkommen und steigender Preise wechselten viele Menschen in den Überlebensmodus.

Hat Dmitrijew eine Erklärung dafür, warum die Unzufriedenheit, die er über Jahre wachsen sah, so plötzlich verebbt ist? Warum die Mittelschicht schweigt, die 2011 noch der Ärger über Wahlmanipulationen auf die Straße getrieben hatte? Warum Wladimir Putins Beliebtheit nicht unter den schlechten Wirtschaftsdaten leidet, sondern im Gegenteil noch hochschnellte, von 52 Prozent (2012) auf zwischenzeitlich bis zu 89,9 Prozent (2015)?

Dmitrijews Untersuchungen zeigen, wie der Rückhalt des politischen Systems nach Putins Rückkehr in den Kreml in der Bevölkerung zunächst weiter schrumpfte. 2012 überstieg der Anteil der Kritiker von Putins »Vertikale der Macht« den der Befürworter zum ersten Mal seit Jahren: 35 Prozent gaben an, sie richte mehr Schaden an, lediglich 30 Prozent fanden sie nützlich. Nur noch 38 Prozent plädierten dafür, alle Macht wie bisher in den Händen des Präsidenten zu vereinen, 46 Prozent waren für eine »Verteilung zwischen unterschiedlichen Institutionen, die sich gegenseitig kontrollieren«.

232

Die »Vertikale der Macht« ist ein Schlüsselbegriff für Putins Staatsverständnis. Der Begriff beschreibt das System, in dem der Kreml direkten Zugriff auf alle Ebenen der Staatsgewalt hat, von den Parteien im Parlament über die Provinzgouverneure und sämtliche Sicherheitsorgane bis hin zu den Kommunalverwaltungen. Alles hört auf ein Kommando: Putins. Die »Vertikale der Macht« ist das Gegenteil von Gewaltenteilung. Eine gegenseitige Kontrolle der Verfassungsorgane kennt sie kaum.

Die Machtvertikale wurde zur Jahrtausendwende von den Russen begrüßt. Sie schien vielen die logische Antwort auf die Probleme der neunziger Jahre. Die Machtkonzentration sollte den Einfluss der Oligarchen auf die Politik begrenzen und den Kampf gegen den tschetschenischen Terror erleichtern. Wer braucht schon Gewaltenteilung, wenn er der Überzeugung ist, dass der richtige Mann bereits an der Spitze des Staates steht? Über die Jahre wurden auch Nachteile dieses Systems deutlicher: Die Korruption wucherte weiter, weil Behörden praktisch niemandem Rechenschaft schulden, außer ihren direkten Vorgesetzten.

Das ausschließlich auf ein Zentrum – Wladimir Putin – ausgerichtete Machtgefüge beförderte eine weitere Fehlentwicklung: Es brachte loyale Funktionäre nach vorn, darunter auch gute Verwalter, nur in Ausnahmefällen aber politische Talente oder mitreißende Redner. So verstärkte sich über die Jahre das Gefühl, zu Putin gebe es keine Alternative. Das war die Sackgasse, in deren Angesicht 2011 viele Moskauer auf die Straßen gingen. »Sie wollten eine Entwicklung des Systems, nicht Putins Sturz«, sagt Dmitrijew.

Die Ukrainekrise dann sei »wie ein sozialer Blitzablei-
ter« gewesen. Wenn Dmitrijew in seinen Fokusgruppen
nach dem Grund für die Unterstützung der Politik des
Kreml fragte, hörte er immer häufiger Sätze wie: »Die
Welt hat aufgehört, sich an Russland die Füße abzuput-
zen.« Damals begann, was für die folgenden Jahre charakteristisch werden sollte: Die Außenpolitik löste die
früheren Erfolge in der Wirtschaft als wichtigste Quelle
von Putins Popularität ab. Putin erfand sich neu – als
Weltpolitiker. Seine Umfragewerte erwiesen sich als
erstaunlich robust. Nicht einmal die einsetzenden ökonomischen Probleme – der Ölpreis-Verfall, Inflation und
der Einbruch der Wirtschaftsleistung um 3,7 Prozent
2015 – konnten daran etwas ändern.

Der patriotische Überschwang ergriff auch das kurz
zuvor noch rebellische Bürgertum. Dmitrijew sagt, die
Mittelschicht habe in der Regel deutlich andere politische Prioritäten als der Rest der Bevölkerung, »aber in
der Außenpolitik sind sie fast identisch«. Die Mittelklasse, eben noch Triebfeder einer möglichen Modernisierung, begann ebenfalls, den Westen zu beschuldigen, den Konflikt in der Ukraine angezettelt zu haben.
Sie vertraute den Kreml-Medien nicht deshalb, weil
Zugang zu anderen Quellen gefehlt hätte, sondern weil
deren Lesart dem eigenen Weltbild entsprach. Dmitrijew
nennt das »Konsonanz«. Das schlägt sich auch in einer
Untersuchung der deutschen Friedrich-Ebert-Stiftung
nieder: Plädierten 2003 noch 37 Prozent der Mittelklasse
für eine »Entwicklung Russlands nach westlichem Vorbild«, waren es 2015 nur noch 27 Prozent.

Das Fernsehen entwickelte in der Ukrainekrise eine

propagandistische Wucht, die es selbst zu Sowjetzeiten nie erreicht hatte. »Was die TV-Sender zeigen, dem schenken die Zuschauer enormes Vertrauen«, so Dmitrijew. »Das Fernsehen ist der wichtigste Kanal für die Russen, um die Welt zu verstehen. Sie vertrauen ihm, weil es eine Weltsicht bestätigt, die ihnen gefällt.«

Nicht einmal erfundene Berichte wie jener zusammenphantasierte Report über einen angeblich von Ukrainern gekreuzigten Jungen führten – über die liberale Intelligenzija hinaus – zu einem Aufschrei. Über die Fakten hätten sich die Russen leicht informieren können. Niemand am vermeintlichen Ort des Geschehens, der ostukrainischen Stadt Slowjansk, hatte je von der angeblichen Kreuzigung gehört. Die kremlkritische *Nowaja Gaseta* und diverse Internetportale berichteten das auch. Die Zahl der Russen aber, die Moskaus Rolle in der Ukraine tatsächlich zu hinterfragen begannen, blieb klein. Die Mehrheit will glauben, auf der richtigen Seite der Geschichte zu stehen. Das Phänomen kennt man auch aus anderen Ländern. Selten hat es allerdings solche Kraft entwickelt wie in Russland.

Propaganda

Die Mediennutzung hat sich in Russland in den vergangenen Jahren deutlich verändert. Das Internet wird zwar hauptsächlich als Zeitvertreib genutzt, zur Kommunikation mit Freunden über soziale Netzwerke etwa. Es gewinnt aber auch als Nachrichtenquelle an Bedeutung. Im Jahr 2011 schien es deshalb so, als stünden Internet-

medien vor einem nur schwer aufzuhaltenden Siegeszug. Das Fernsehen – bei den Demonstrationen auf dem
Bolotnaja-Platz verächtlich als »Zombie-Kiste« tituliert –
war auf dem Rückzug. Einer der führenden russischen
TV-Funktionäre, Konstantin Ernst, Chef des »Ersten
Kanals«, warnte im Oktober 2011 in einer viel beachte-
ten Rede im französischen Cannes, das klassische Fernsehen werde »zwar nicht vom Internet selbst zerstört,
aber von den Menschen, die durch das Internet geprägt
wurden«. Der Grund sei das Informationsverhalten jüngerer Generationen. Ernst machte die Grenze »irgendwo
vor oder nach dem Geburtsjahrgang 1980« fest.

Junge Russen sind viel regelmäßiger online als ältere
Generationen. Nach einer Erhebung des Meinungsfor-
schungsinstituts Gallup sind 92 Prozent der Russen im
Alter zwischen 15 und 24 Jahren mindestens einmal
in der Woche im Internet, bei der Generation 45+ sind
es dagegen nur 31 Prozent. Insgesamt wächst auch der
Anteil der Russen, der mindestens einmal in der Woche
nicht nur im Netz surft, sondern sich online auch über
Nachrichten informiert.

Fernsehen ist ein vertikales Medium. Die Zuschauer
»unten« erreicht, was »oben« von Senderleitung oder
Kreml-Verwaltung bestimmt wurde. Das Netz dagegen
ist horizontal ausgerichtet: Nutzer können mit einem
Click von inländischen zu ausländischen Medien wechseln, zu Blogs und sozialen Netzwerken. Der Nutzer
bestimmt selbst, welches Angebot er ansteuert.

Die Abgesänge auf das russische Fernsehen und die
Wirksamkeit seiner Kampagnen haben sich dennoch
nicht bewahrheitet. Im Gegenteil: Im Oktober 2015 kam

eine Lewada-Erhebung zu dem Schluss, die Zufriedenheit der Bevölkerung mit dem russischen Fernsehen sei sogar noch gestiegen. 59 Prozent gaben an, »starkes oder vollständiges Vertrauen« in die großen TV-Sender zu haben. 2012 waren es 47 Prozent gewesen.

Dieser Befund ist ernüchternd. Er steht im Widerspruch zu der verbreiteten These, dem Siegeszug des Internets folge der Siegeszug der Demokratie praktisch auf dem Fuße. Doch die Mechanismen von Meinungsbildung und Meinungsmanipulation sind komplexer, das betrifft nicht nur Russland.

Im Netz findet zwar jeder, wonach er sucht. Es gibt ein breites Angebot unterschiedlicher Perspektiven und Standpunkte. Im russischen Segment des Internets umfasst dies auch all das, was Regierende und Eliten sonst lieber verschweigen. Ebenso leicht wie von Mächtigen unterdrückte Informationen verbreiten sich dort aber auch Hörensagen und Desinformation. Welche Sichtweise sich bei der Bevölkerung durchsetzt, hängt dabei stärker denn je ab vom Einzelnen. Der Nutzer bestimmt, welchen Pfad er durch das Infodickicht einschlägt. Er wird dabei beeinflusst von seinem Umfeld, seinen Überzeugungen und nicht zuletzt davon, wie viel Zeit er dafür aufzuwenden bereit ist.

Während der heißen Phase des Kriegs in der Ostukraine schwoll der Informationsstrom über den Konflikt in einer Art und Weise an, dass selbst Journalisten die Übersicht verlieren konnten, obschon diese jeden Tag nichts anderes taten, als sich um einen Überblick über die Lage zu bemühen. Im Internet, oft über soziale Netzwerke, verbreitete sich in Windeseile eine unüberschau-

237

bare Zahl von Info-Schnipseln. Oft waren das fragmentarische Darstellungen von Truppenbewegungen und Kämpfen, manchmal Augenzeugenberichte, die kaum unabhängig zu überprüfen waren, von vielen Medien aber übernommen wurden. »Eine Lüge ist einmal um die halbe Welt, bevor die Wahrheit es auch nur schafft, sich die Hosen anzuziehen«, hat Winston Churchill einmal gesagt.

Alle Parteien in diesem Konflikt machten sich das zunutze: Russland verbreitete Berichte über angeblich von Ukrainern verübte Gräueltaten, die sich später als falsch erwiesen. Die Nato berichtete von russischen Kampfpanzern in der Ostukraine und veröffentlichte als Beleg unscharfe Satellitenfotos, auf denen Laien nach Gusto alles entdecken konnte oder nichts. Die Ukrainer wiederum riefen so hartnäckig Tag für Tag den Beginn einer »groß angelegten russischen Invasion« aus, dass ihnen erst einmal kaum jemand glaubte, als im August 2014 dann tatsächlich russische Verbände massiv in die Kampfhandlungen eingriffen.

»Weißes Rauschen« hat der ukrainische Journalist Surab Alasania den Effekt genannt, wenn im Schwall von Lügen und aus dem Kontext gerissenen Halbwahrheiten die tatsächliche Lage nicht mehr zu erkennen ist. In solchen Situationen greifen Menschen zu Faustregeln. Sie verlassen sich auf Medien, denen sie seit Längerem vertrauen, und stufen Meldungen der Konfliktpartei als vertrauenswürdiger ein, die sie grundsätzlich im Recht sehen. Sie ziehen auch stärker in Zweifel, was von der Gegenseite kommt. Davon ist niemand frei, auch nicht Politiker oder Journalisten.

Exemplarisch zeigt sich das an einem Fehler, der mir bei der Berichterstattung über den Abschuss von Malaysia-Airlines-Flug 17 im Juli 2014 unterlief. Ein knappes Jahr nach der Tragödie veröffentlichte die britische Aktivistengruppe Bellingcat einen Bericht, in dem Russlands Verteidigungsministerium vorgeworfen wurde, Satellitenfotos manipuliert zu haben, um den Abschuss der Boeing den Ukrainern anzulasten. Bellingcat hat sich darauf spezialisiert, in sozialen Netzwerken Hinweise auf Militäroperationen aufzuspüren, etwa Fotos und Einträge von Kämpfern. *Open Source Intelligence* nennt sich das.

Moskau hatte zuvor einen bunten Strauß an sich widersprechenden »Beweisen« für eine Schuld Kiews veröffentlicht, weshalb Kollegen und ich die Bellingcat-Analyse für schlüssig hielten, ohne die Vorgehensweise zu prüfen. Kurz nach der Veröffentlichung der Meldung auf *Spiegel Online* meldete sich allerdings ein Experte für digitale Bild-Forensik bei uns. »Bellingcat betreibt Kaffeesatzleserei«, lautete sein Fazit. Die angewandte Analyse sei eine »Hobby-Methode«, aber kein Beweis. Wir waren einer Fehlinformation aufgesessen, die wir nicht selbst geprüft hatten – weil ihr Kern unserem Weltbild entsprach.

Aus ganz ähnlichen Gründen hatten auch Russlands Medienkampagnen im Vorfeld, während und nach der Krim-Annexion in Russland großen Erfolg. Dabei hatten viele Russen nicht nur theoretisch Zugang zu abweichenden Darstellungen des Geschehens, sondern verfolgten auch konkret die Berichterstattung kremlunabhängiger Medien, etwa russischer Webportale wie *TV Rain* oder von *BBC* und *Deutscher Welle*. Sie glaubten ihnen aber nicht. Der Lewada-Soziologe Denis Wolkow sagt, »die bloße Kenntnis alternativer Informationen allein garantiert bei der Mehrheit der Menschen noch nicht, dass sie auch anders auf das Geschehen schauen«.

Geglaubt wird, was Leser und Zuschauer glauben wollen. Dass ihr Medienverhalten nicht immer rational ist und sprunghaft, wissen die Russen selbst. Ich habe einen Moskauer Freund, den ich an dieser Stelle Alexander nennen möchte. Alexander ist Anfang 30 und hat einige Jahre in einer russischen Regierungsbehörde gearbeitet. Er würde sich ohne Zögern als Patrioten bezeichnen, war aber auch bei den Demonstrationen 2011/2012 dabei. Damals gab er an, kein russisches Fernsehen mehr zu schauen, »weil wir nur belogen werden«.

Nach der Krim-Annexion erzählte er mir das Gegenteil. Er war euphorisiert: »Endlich hat Putin wirklich etwas für die Menschen getan!« Alexander hoffte auf einen Ruck, der nun durch das Land gehen werde. Jetzt werde der Kreml endlich auch die nötigen Reformen angehen und den Kampf gegen die Korruption. Alexander war davon fest überzeugt. Wir kamen auch auf die Ukraine zu sprechen, weil ich seit dem Beginn der Maidan-Demonstrationen dort beinah mehr Zeit verbrachte als bei meiner Familie in Moskau. Wir stritten uns: Alexander behauptete, Russen würden in Kiew umgehend von Trupps Rechtsextremer gestoppt, zusammengeschlagen oder gar getötet. Ich hielt dagegen.

Alexander überzeugen konnte ich nicht, obwohl wir uns seit Jahren kennen. Er wollte lieber den Berichten des russischen Fernsehens vertrauen. Ich fragte, wie er denn sicher sein könne, dass Sender, denen er noch kurz zuvor systematische Lügen vorgeworfen hatte, ihm heute die Wahrheit berichteten. Alexander antwortete nach kurzem Nachdenken knapp und mit einem Lächeln: »Mne prijatno – Mich spricht das an.«

Alternative Nachrichtenquellen, die Kritik am Kreml üben, mögen zwar nur einen Mausklick entfernt sein. Auf die öffentliche Meinung haben sie dennoch keinen Einfluss. Die Bürger selbst legen sich die Fakten so zurecht, dass sie ihr Weltbild möglichst nicht erschüttern. Ein kleiner Propagandaminister sitzt im Kopf eines jeden Russen.

Als Europa und Amerika Sanktionen verhängten, führte das aus diesem Grund nicht zu einem Nachdenken über die Krim-Annexion. Die Entscheidung wurde von einer Mehrheit der Russen als von langer Hand geplantes Manöver interpretiert, den Rivalen Russland zu schwächen. Die USA verlegen eine Panzerbrigade nach Osteuropa, weil Polen und Balten von Moskaus Vorgehen in der Ukraine bedroht werden? Ein Beweis für die vermeintliche »Umzingelung« Russlands. Die Einkreisungsängste der Russen werden so zu einer sich selbst erfüllenden Prophezeiung.

Oft erreicht westliche Kritik an Putin das Gegenteil dessen, was sie eigentlich bezweckt. London beschuldigt den Präsidenten der Mitwisserschaft im Fall des 2006 mit Polonium ermordeten Überläufers Alexander Litwinenko? Für die Russen ist dies Teil eines »Informationskrieges«, der dazu führt, dass sie sich nur noch enger um den Kreml-Chef scharen. Der Soziologe Michail Dmitrijew nennt das »defensiven Patriotismus«.

In Dmitrijews Fokusgruppen finden sich allerdings auch Hinweise, dass der Stolz auf Russlands Außenpolitik nur noch bedingt den Ärger über die Probleme im Innern überdeckt. Dort werden Stimmen laut wie diese: »Die Außenpolitik des Präsidenten unterstütze ich, aber die Innenpolitik ist schwach.« Oder: »Die Innenpolitik wirft natürlich viele Fragen auf. 16 Jahre an der Macht, aber die Industrie entwickelt sich nicht.« Das Land durchlebt die schwerste Wirtschaftskrise seit Putins erstem Amtsantritt im Jahr 2000. Die Realeinkommen sind drei Jahre in Folge gesunken. 2015 stieg die Zahl der Menschen unterhalb der Armutsgrenze auf 22,9 Millionen, 15 Prozent mehr als im Jahr zuvor. Schadenfreude darüber ist allerdings fehl am Platz. Je größer die Turbulenzen, desto schlechter stünden die Chancen für eine Weiterentwicklung der paternalistischen »Vertikale der Macht«, sagt Dmitrijew: »Die Russen schalten in den Überlebensmodus, Fragen der Selbstverwirklichung und Demokratisierung treten in den Hintergrund.«

Dmitrijew sieht das Land auf dem Weg in eine gefährliche Sackgasse. Der wirtschaftliche Niedergang befeuere die Empfänglichkeit der Russen für populistische Parolen. 2011 habe sich ein erheblicher Teil der Bevölkerung für eine gesellschaftliche Kontrolle der Staatsmacht eingesetzt. »Jetzt wollen viele wieder eine starke Hand, um die Probleme schnell zu lösen«, sagt Dmitrijew. Sollte die Konjunktur nicht anspringen, könnte es zu Massenunruhen kommen, »mit populistischer oder nationalistischer Agenda. Daraus wird kein demokratischer Fortschritt entstehen. Die Voraussetzungen für eine stabile demokratische Entwicklung sind in den nächsten Jahren nicht vorhanden«, so Dmitrijews pessimistische Prognose. Ohne Wirtschaftswachstum und eine Stabilisierung der Mittelschicht »werden alle Demokratisierungsversuche scheitern«.

Ein Ratschlag

Michail Dmitrijew bezeichnet den Einfluss der staatlich gelenkten Medien als »riesig und zugleich beschränkt«. In der Ukrainekrise habe die Propaganda gut funktioniert, weil sie aus Sicht der Russen hinreichend Berührungspunkte mit der Realität aufwies: Die These von der »faschistischen Junta«, die sich an die Macht geputscht habe, war zwar Unfug. Das Fernsehen konnte sie aber illustrieren mit echten Bildern rechtsradikaler Splittergruppen, die mit Fackeln durch die ukrainische Hauptstadt marschierten und mit Eisenketten auf Polizisten eindroschen.

Andererseits zeigt das Beispiel der Parlamentswahlen 2011 auch die Grenzen der russischen Propagandamaschine. Das Fernsehen behauptete damals, bei der Abstimmung sei alles mit fairen Mitteln abgelaufen. Die Sender präsentierten den Zuschauern sogar »Wahlbeobachter« aus dem Westen, die das bestätigten. »Die Wahlen in Russland sind freier als in Großbritannien«, behauptete damals Nick Griffin, Holocaustleugner und Chef der rechtsextremen British National Party. Doch die Russen glaubten weder Griffin noch den eigenen TV-Leuten. Vor allem in Moskau wussten es viele besser, weil sie sich selbst als Wahlbeobachter gemeldet hatten oder jemanden kannten, der es getan hatte. »Die Propaganda versagt, wenn sie der Realität diametral entgegengesetzt ist«, sagt Dmitrijew.

Er leitet daraus eine Empfehlung ab, einen Rat an den Westen: Europa und Amerika sollten alles daran setzen, den Ukrainekonflikt friedlich beizulegen, Russland könnte sonst darüber in eine »kontermodernistische Falle stürzen«. Die Mehrheit der Russen sei überzeugt, Putin verteidige das von Feinden belagerte Russland gegen unfaire Attacken. Das Ausland dürfe diese Effekte seiner Politik auf die russische Gesellschaft nicht aus dem Blick verlieren. Wo möglich, sollte der Westen deshalb den Druck vermindern und »Voraussetzungen für eine Normalisierung der Beziehungen schaffen«. Je schneller das Gefühl der Bedrohung von außen wegfalle, »desto früher wird die Bevölkerung beginnen, über ihre eigenen Probleme nachzudenken«.

12. Lena verdrängt

> »Der Sinn des Lebens ist das Leben an sich. Ich
> will einfach leben, mein Leben genießen, sehr
> viel ausprobieren.«

Wer sich aufmacht, um in Moskau einen Zug nach Smolensk zu besteigen, und auf dem Weg zum Bahnhof die Schaufenster der Edel-Boutiquen der Twerskaja-Straße passiert, die verspiegelten Glasfronten der Wirtschaftsprüfungsgesellschaft PWC, wer dann jene Bahnhofsbänke hinter sich lässt, auf denen noch vor wenigen Jahren die Obdachlosen sommers wie winters schliefen und nun Pendler eilig letzte Notizen in Laptoptastaturen hacken, wer schließlich auf den bequemen Polstern in einem der neuen Siemenszüge Platz nimmt, die das Reisen durch Russland schnell und geradezu enttäuschend bequem gemacht haben, der spürt jene beiden verwirrenden Entwicklungen, die Russland in den vergangenen Jahren prägen. Für den ausländischen Betrachter scheinen sie einander entgegensetzt zu sein: Technologisch geht es in die Zukunft, ideologisch in die Vergangenheit.

Die Züge heißen *Lastotschka* (»Schwalbe«), sie überbrücken die 400 Kilometer Distanz nach Smolensk in gut vier Stunden Fahrtzeit. Früher waren es sieben. Eine Automatenstimme sagt die Bahnhöfe an: »Nächster Halt: Moschaisk, Stadt des Kriegsruhms – Nächster Halt: Wjasma, Stadt des Kriegsruhms – Nächster Halt: Heldenstadt Smolensk. Endstation.«

Gorod Geroi, Heldenstadt, diesen Titel tragen zwölf russische Städte und eine Festung: Sankt Petersburg, Odessa, Sewastopol und Wolgograd seit 1945; Brest, Kiew, Moskau seit 1965; Kertsch, Noworossijsk, Minsk, Tula seit den siebziger Jahren; Murmansk und Smolensk seit 1985. Die Namen dieser Städte sind in Russland seit Langem Synonyme für Tapferkeit und Heldenmut ihrer Verteidiger. Zu ihren Ehren stehen zwölf rote Granitblöcke an der Mauer des Moskauer Kreml, auf Landkarten sind sie mit rotem Stern markiert.

Die »Allee der Heldenstädte« an der Kreml-Mauer wird seit einigen Jahren immer länger. 2007 hat der Kreml damit begonnen, die Namen kleinerer Städte zu ergänzen, und da im Westen Russlands kaum eine Ortschaft verschont blieb vom Vernichtungskrieg der Deutschen, finden sich neben den zwölf großen »Heldenstädten« inzwischen mehr als vierzig kleinere »Städte des Kriegsruhms«. Der Titel ist ein Privileg: Viele Städte bemühen sich jahrelang um die Auszeichnung. Deren Träger dürfen nicht nur ein Denkmal in der Innenstadt aufstellen, sie haben laut Präsidenten-Ukas auch das Recht erhält, dreimal im Jahr mit Salutschüssen und großem Feuerwerk zu feiern: zum jeweiligen Stadtjubiläum, am »Tag des Vaterlandsverteidigers« (23. Februar) und am »Tag des Sieges« (9. Mai).

Die Feiern zum Gedenken an die Kapitulation Nazi-Deutschlands haben ihre Bedeutung erst lange nach Kriegsende erhalten. Es gab zunächst keine jährlichen Paraden. Der 9. Mai wurde erst 1965 Feiertag. Im Kreml saß damals Leonid Breschnew. Es war die Zeit, in der die Sowjetunion nach Stalins Terror, dem Weltkrieg und der

Entstalinisierung etwas zur Ruhe kam. Gleichzeitig steht
der Name Breschnew aber auch für die Verkrustung des
Systems, für Stagnation. Die Einführung eines »Tag des
Sieges« bildete einen stabilen Grundstein für die Iden-
tität eines Landes mit schwieriger Vergangenheit. »Ein
Staat, der sich durch den Sieg über Hitler legitimierte,
brauchte keine Rechenschaft mehr über die Revolution
von 1917, den Bürgerkrieg, den Gulag oder den Großen
Terror abzulegen«, schreibt der Potsdamer Historiker Jan
C. Behrends.

Wladimir Putin hat das weiter vorangetrieben. Er hat
das kollektive Erinnern an den Zweiten Weltkrieg weiter
verdichtet, aber selten vertieft.

Halbwissen

Als die Schwalbe in Smolensk einrollt, steht Lena Sanitzkaja am Bahnsteig, die junge Frau mit dem Faible für
Putin. Sie trägt eine schwarze Lederjacke in der Hand
Smolensker Lebkuchen und mit traditionellen russischen Mustern bestickte Leinentücher. Die Souvenirs
sind für den Besucher aus der Fremde. Lena hat eine
kleine Stadtrundfahrt organisiert. Auf einem Hügel über
dem Bahnhof schimmern die türkisen Mauern der von
den Deutschen im Zweiten Weltkrieg verminten Aufer-
stehungskathedrale. Die Magistralen im Zentrum tragen
noch immer Namen wie Große Sowjetische Straße oder
Kommunistische Straße. Der Buchladen an der Ecke heißt
»Propagandist«. Ein Elektromarkt namens »El Dorado«
liegt an der Kreuzung der Marschall-Schukow- und der

247

Marschall-Tuchatschewskij-Straße, die Konsumgesellschaft trifft auf die kommunistische Vergangenheit.

Lena berichtet stolz von der Entwicklung, die ihre Stadt genommen hat. Die baufälligen Mauern der mittelalterlichen Festungsanlage wurden zur 1150-Jahrfeier 2013 instand gesetzt, die Uferpromenade lädt jetzt zum Flanieren ein. Große Einkaufszentren haben an den Ausfallstraßen der Stadt ihre Tore geöffnet. Als der Rubel im Zuge des Ölpreisverfalls abstürzte, kamen viele Weißrussen über die 20 Kilometer nahe Grenze und kauften die Regale leer. Lena hält das für ein gutes Zeichen, »schließlich war es in den neunziger Jahren noch umgekehrt, da konnten meine Eltern viele Waren nur in Weißrussland kaufen«.

Lenas Traum von einer Karriere in der Politik hat sich nicht erfüllt. Ab und an schaut sie noch bei der »Jungen Garde« vorbei. Bei den Treffen der Ortsgruppe spürt sie noch einen Nachhall des Gemeinschaftsgefühls, das sie früher mal so inspiriert hatte. »Aber am Ende ist jeder von uns seinen eigenen Weg gegangen«, sagt sie. Eine Zeit lang habe sie Politik für ihre Bestimmung gehalten. Heute spricht sie darüber, als wäre diese Leidenschaft nur eine Art merkwürdige Kinderkrankheit gewesen, ideologische Windpocken: Muss man durchlebt haben, kommt dann aber nie wieder.

Sie hatte eine Karriere in der Smolensker Gebietsverwaltung angestrebt, kam aber zu dem Schluss, dort keine Chance zu haben. »Es gibt wenige Frauen in leitenden Verwaltungspositionen. Viele Politiker halten Frauen für dümmer, für zu emotional.« In der Wirtschaft sei das anders. Lena hat mit 22 ihr Studium beendet. Seit zwei Jahren arbeitet sie in der Regionaldirektion eines großen Versicherungskonzerns, der zum Imperium des Milliardärs Michail Prochorow gehört. Das Smolensker Büro gehört zu den profitabelsten Konzerneinheiten im Land. Lenas Chef ist 28 Jahre alt, das Team im Schnitt 25. »Wir sind jung, wir sind eher bereit, Fehler zu korrigieren«, sagt Lena.

Sie hat sich ein Auto gekauft. Ihr Vater ist der Überzeugung, japanische Autos taugten nichts, Lena mag aber das flotte Design des Nissan Qashqai. Sie hatte auch keine Lust auf einen Vortrag über die Nachteile eines Automatikgetriebes, darum hat sie ihren Eltern von dem Kauf erst erzählt, nachdem sie den Vertrag schon unterschrieben hatte. Das war Auslöser für einen Familienkrach. Inzwischen haben sich die Eltern aber damit abgefunden, dass ihre Tochter eigene Wege geht. Vater Wladimir erklärt, früher sei es in Russland nicht üblich gewesen, dass sich Kinder so deutlich abnabeln. Er selbst sei noch im »Kollektiv-Gedanken« groß geworden. Seiner Tochter fehle das völlig. »Sie versucht, alles selbst zu lösen. Sie hat ihren eigenen Kopf«, so Wladimir Sanitzkij. Er klingt eher stolz als befremdet.

Lena lässt ihren Qashqai etwas außerhalb von Smolensk auf einen Parkplatz rollen. Vor ihr liegen zwei künstlich aufgeschüttete Erhebungen, symbolische Grabhügel. Dahinter erstreckt sich der eigentümlich idyllische Wald von Katyn. Der bemooste Waldboden schluckt jeden Laut. Darunter liegen Gräber. »Ein historischer Ort mit Atmosphäre«, sagt Lena.

Nach dem sowjetischen Einmarsch 1939 in Ostpolen waren Tausende Offiziere in russische Gefangenschaft geraten. Sie schrieben noch im April 1940 Briefe an ihre Angehörigen. Dann brach die Korrespondenz ab. Die sowjetische Geheimpolizei NKWD ließ sie im Mai hinrichten. Allein im Wald von Katyn starben mehr als 4000 polnische Offiziere, Geistliche, Beamte und andere »konterrevolutionäre Elemente« durch Schüsse ins Genick, weitere in Twer, in Charkow und anderswo in der Sowjetunion, insgesamt mehr als 20 000 Menschen.

Nach dem Krieg mühten sich die Sowjets, die Schuld den Deutschen in die Schuhe zu schieben. Das Massaker habe sich in Wahrheit erst 1941 ereignet, als Katyn bereits unter Kontrolle der Wehrmacht stand. Lena sagt, »wenn die offizielle Version das NKWD belastet, dann muss man sich dem wohl anschließen«. Ganz genau könne sie es nicht sagen, dafür habe sie sich zu wenig damit beschäftigt.

Russland ist heute überhistorisiert und unhistorisch zugleich. Es gibt Tortenwettbewerbe und Bodypainting zur Feier des Sieges, bei dem sich junge Frauen T-34-Panzer auf die nackten Brüste malen. Nach offizieller Lesart war Russlands Geschichte eine Abfolge lichter Heldentaten. Der Sieg im Zweiten Weltkrieg wird immer stärker zum Eckpfeiler der Identität des neuen Russland, dem »Land der Sieger«, wie Wladimir Putin es einmal genannt hat. Bis 2012 unterhielt der Kreml sogar eine »Kommission gegen Geschichtsfälschungen zum Nachteil Russlands«.

Kritische Stimmen werden unterdrückt. Seit 2014 führt das russische Justizministerium Publikationen des deutschen Historikers Sebastian Stopper in einem Register »extremistischer Materialien«, gleich hinter einem Buch von Benito Mussolini, dem Anführer der italienischen Faschisten. Stopper hat nachgewiesen, dass manche Berichte über angebliche Heldentaten sowjetischer Partisanen frei erfunden sind. So findet sich in russischen Geschichtsbüchern der Fall des deutschen Generals Karl Bornemann, den Partisanen 1943 durch Schüsse »in Kopf und Brust« getötet haben wollen. In Wahrheit starb Bornemann 1979, sein Grab liegt auf einem Friedhof in Wien. Russische Internetprovider blockieren auf Geheiß der Behörden den Zugang zu Stoppers Blog mit dem Bornemann-Text.

Zensur und Meinungsmache von oben sind ein Grund für Russlands Geschichtsvergessenheit. Sie wird aber verstärkt durch den Unwillen einer großen Mehrheit der Bevölkerung, auch unangenehme Kapitel der eigenen Vergangenheit zu thematisieren. Das Beispiel Katyns macht das deutlich. Die Fakten liegen seit einem Vierteljahrhundert auf dem Tisch. Michail Gorbatschow übergab am 25. Dezember 1991 zwei Umschläge aus seinem Safe an Boris Jelzin. Der eine enthielt einen Vermerk, in dem Stalins Geheimdienstchef Lawrentij Berija die Exekution der Polen bei Smolensk empfahl. Er datiert vom März 1940 und trägt die Unterschriften von Stalin und drei seiner Vertrauten aus dem Politbüro. Der zweite Umschlag enthielt ein Schreiben von Alexander Schelepin, Leiter des KGB unter Stalins Nachfolger Nikita Chruschtschow. Der Geheimdienstchef gab die Zahl der polnischen Opfer mit 21 857 an und riet Chruschtschow, alle belastenden Beweise zu vernichten.

Selbst Wladimir Putin hat eindeutig Stellung bezogen zu Katyn, obwohl er selbst beim KGB Karriere gemacht hat, der NKWD-Nachfolgeorganisation. 2010 kniete er bei einem Besuch in Katyn an den Gräbern der Polen nieder, verurteilte den »unmenschlichen Totalitarismus« und die »durch nichts zu rechtfertigenden Verbrechen«. Stalins Märchen, die vermissten Offiziere seien »in die Mandschurei« geflohen, geißelte Putin als das, was sie waren: »zynische Lügen«.

Trotzdem geben in Umfragen des Lewada-Zentrums nach wie vor nur 35 Prozent der Russen an, sicher zu sein, dass Stalin den Befehl zur Erschießung der Polen in Katyn gegeben hat. Auch Lena findet, es gebe »viel Streit darüber, warum uns die Polen so sehr hassen. Ich finde es schwer zu bewerten. Es gibt auch viele, die sagen, in Wahrheit waren es die Faschisten.« Sie hat nicht das Gefühl, in der Schule ausreichend über die Geschichte ihres Landes gelernt zu haben, aber auch nie den Drang verspürt, sich selbst zu informieren über den Massenmord vor den Toren ihrer Heimatstadt. »Manche Dinge«, sagt Lena, »will man gar nicht so genau wissen.«

Über das Weltgeschehen informiert sie sich vor allem im Internet, als wichtigste Quellen nennt sie die Portale *Lifenews* und *RBC*, eine außergewöhnliche Kombination: *Lifenews* ist ein kremlnahes Boulevardportal, *RBC* eine liberale Wirtschaftszeitung. *Lifenews* ist berüchtigt wegen guter Kontakte zu Russlands Geheimdiensten und seiner Hofberichterstattung über Tschetscheniens Herrscher Ramsan Kadyrow, die liberale Redaktion von *RBC* hat im Fall des erschossenen Kreml-Gegners Boris Nemzow die Spur bis in Kadyrows Umfeld verfolgt. Im April 2016 geriet *RBC* unter den Druck der Behörden: Polizisten durchsuchten Büros des Eigentümers Michail

Prochorow, er sollte zum Verkauf des Blatts gezwungen werden. Die Chefredakteurin verließ ihren Posten.

Trotz der Breite des Spektrums, Lena hat nicht das Gefühl, gut informiert zu sein. Sie strebe allerdings auch gar nicht mehr danach: »Das vollständige Bild wird man ohnehin nie erkennen, und ich habe andere Ziele.« Ihr Bild bleibt oberflächlich, weil sie nicht vertieft, was sie nicht vertiefen will. Russlands Außenpolitik hält sie uneingeschränkt für gelungen, »selbst Putins ärgste Kritiker erkennen doch an, wie erfolgreich er die Interessen seines Volks verteidigt«, glaubt sie.

Auf die Frage, welcher ausländische Politiker ihr imponiere, fällt ihr – nach langem Zögern – lediglich einer ein: Weißrusslands Autokrat Alexander Lukaschenko. Warum? Die Straßen im Nachbarland seien so gepflegt. An den USA stört sie Washingtons Neigung, »zu allem als Erstes seinen Senf dazuzugeben, selbst wenn über Ägypten ein russisches Flugzeug verunglückt«. Amerikas Politik wird für sie verkörpert von Jen Psaki. Die frühere Sprecherin des State Departments stieg während der Ukrainekrise zur bekannten Spottfigur im russischen Internet auf, weil sie unbeholfen agierte und erschreckend schlecht informiert war: Einmal behauptete Psaki, Erdgas werde aus Europa durch Pipelines in der Ukraine nach Russland gepumpt. Es ist genau anders herum.

Lena kann auch die Kritiker der innenpolitischen Entwicklung in Russland nicht verstehen. Wie kann der Kurs falsch sein, wenn der alte Lada ihres Vaters vor zehn Jahren noch das einzige Auto auf dem Parkplatz vor dem Wohnblock ihrer Eltern war, heute dort aber Hunderte Fahrzeuge stehen?

Gut leben

Lena ist zur rechten Hand ihres Chefs aufgestiegen. Sie plant seinen Tag, schafft Raum für wichtige Termine, bläst lästige ab. Durch ihre Hände wandern so viele Dokumente, dass sie neulich Schwierigkeiten bei der Beantragung eines Visums für den Schengen-Raum hatte, ihre Fingerkuppen waren so rissig, dass die Fingerabdrücke fast unlesbar gewesen wären. Seit Herbst 2015 müssen Russen für ein EU-Visum Fingerabdrücke nehmen lassen. Lena reist oft nach Westen. Für eine Dienstreise ins 700 Kilometer entfernt gelegene lettische Riga hat sie sich selbst hinters Steuer gesetzt und ist die achtstündige Fahrt ohne Pause gefahren; ihr Vater hat die Hände über dem Kopf zusammengeschlagen. Zu Silvester setzte sie sich spontan in einen Flieger nach Paris, ihr war danach, und sie konnte es sich leisten. »Der Sinn des Lebens ist das Leben an sich. Ich will einfach leben, mein Leben genießen, sehr viel ausprobieren«, sagt sie.

Mit 24 ist sie von zu Hause ausgezogen und hat eine eigene kleine Wohnung am Stadtrand gekauft. Ihr Vater legte ihr ans Herz, die Wände mit einer robusten Tapete zu tapezieren. Lena hat sie lediglich gestrichen. Sie findet das modern. »Meine Eltern wollen Dinge, die ewig halten. Ich verstehe, dass ihr Ansatz aus einer Zeit stammt, in der sie wenig Geld hatten. Meine Mutter würde nie ein Glas Gurken wegwerfen, selbst wenn das Haltbarkeitsdatum abgelaufen ist«, erzählt Lena. Im Gegensatz zur vollgestopften Wohnung der Eltern ist ihre minimalistisch eingerichtet. »Irgendetwas fliegt bei meinen Eltern immer herum. Sie glauben, man könne heute unmöglich wissen, wofür es noch gut sein könnte, irgendwann einmal. Ich kaufe, was ich brauche. Was mir nicht mehr gefällt, werfe ich weg.«

Vor die Wahl gestellt, würden sich ihre Eltern immer für die sichere Variante entscheiden, für Stabilität. Ganz anders ihre Generation: »Meine Eltern sind nicht bereit, ein Risiko einzugehen. Wir sind da anders, das junge Gehirn passt sich schneller an.«

Lena verdient gut, das Geschäft mit Versicherungen brummt trotz Krise. Das Unternehmen hat sich auf den Verkauf von Autoversicherungen spezialisiert. Die Russen brauchen sie, wenn sie im Auto über die Grenze nach Weißrussland oder weiter in die EU wollen. Ausländer müssen ihre Fahrzeuge ebenfalls versichern, wenn sie russisches Territorium erreichen. Lena sieht den Job dennoch nur als Zwischenstation, als Sprungbrett. Sie will »wachsen, stärker werden, selbst leiten. Ich habe mich immer als Chef gesehen.« Sie hat sich daher für ein Zweitstudium an der elitären Moskauer Higher School of Economics angemeldet und Vorlesungen zur Finanzmarkttheorie besucht. Zweimal in der Woche pendelt sie in die Hauptstadt, morgens hin, abends zurück.

Lenas Ziele sind heute andere als zu Zeiten der »Jungen Garde«, aber sie verfolgt sie mit der gleichen Energie wie früher. Sie gönnt sich noch nicht einmal die Zeit zu hadern, weil sie bei ihrem Aufstieg in die Politik ausgebremst wurde. Ihr Förderer, der Gouverneur von Smolensk, war zurückgetreten, nachdem seine Partei »Einiges Russland« bei den Parlamentswahlen 2011 in Smolensk besonders schlecht abgeschnitten hatte: Platz zwei, 25 Prozent hinter den Kommunisten. Neuer

Gouverneur wurde Alexej Ostrowski, ein Funktionär der Liberaldemokratischen Partei (LDPR) des Nationalistenführers Wladimir Schirinowskij.

Die LDPR gibt sich gern oppositionell, de facto handelt es sich aber um eine Blockpartei innerhalb des russischen Machtgefüges. In Smolensk stützt sich der neue LDPR-Gouverneur auf eine breite Koalition mit Putins »Einiges Russland« und den Kommunisten. 45 von 48 Abgeordneten im Regionalparlament gehören dem Bündnis an. Ostrowski ist mit Anfang 40 jung für einen Gouverneur. Für die Förderung von Nachwuchstalenten wie Lena hatte er dennoch nichts übrig. Kurz nach seinem Amtsantritt ließ er das Projekt »Junge Administration« einstampfen, ein Jahr, nachdem Lena über das Programm ein Praktikum als Assistentin des Vizegouverneurs absolviert hatte.

Ostrowski hat einen zweifelhaften Ruf. Er war mal Boulevardjournalist in Moskau. 1993 verkaufte er dem *Time*-Magazin »exklusive Aufnahmen« über das schockierende Treiben eines angeblichen Moskauer Rings für Kinderprostitution, allerdings entpuppten sich die Fotos als gestellt.

Lena hat sich darüber geärgert, dass die Wahl des Kreml auf Ostrowski gefallen ist. An ihren Grundüberzeugungen aber hat seine Ernennung nichts geändert: Putin wisse schon, was gut sei für das Land – besser jedenfalls als die einfachen Bürger. Wenn der Präsident Ostrowski vertraue, habe sie nicht das Recht, ihn in Frage zu stellen. Das ganze Land »braucht einen klaren Kurs«, sagt Lena. Durchschnittsmenschen wie sie selbst könnten nicht entscheiden, »wer uns führen soll«.

So selbstbewusst Lena ihr eigenes Leben in die Hand nimmt, ihr Misstrauen gegenüber dem demokratischen Prozess ist geblieben. Sie erinnert sich an Direktwahlen zum Bürgermeister. Alle Kandidaten mussten ihre Vermögensverhältnisse auf Plakaten im Wahllokal offenlegen. Lena stand hinter einer älteren Dame, die lautstark verkündete, sie werde für den einzigen Kandidaten im Feld stimmen, der keinen BMW oder Mercedes in seiner Vermögensdeklaration angegeben hatte, sondern lediglich einen klapprigen Lada. Dieser Kandidat sei »sicher von niemandem gekauft«.

Für Lena ist das eine Bestätigung ihrer These von der unverrückbaren Unmündigkeit des Volkes. »Selbst wir, die wir zu kritischen Analysen in der Lage sind, sehen doch nur 20 bis 30 Prozent dessen, was wirklich passiert. Das vollständige Bild erschließt sich uns nicht.« Sie glaubt, dass viele Bürger deshalb in der Regel für »Kandidaten stimmen, die uns die Staatsmacht vorsetzt. Natürlich tötet das ein Element der Demokratie, aber eine wirkliche Demokratie kann es ohnehin gar nicht geben. Vollständig freie und faire Wahlen sind eine Utopie, nicht wahr?«

13. Alexander will ausziehen

»Alexander ist ein echter Anführer geworden.«

Alexander Medwedew, der junge Mann im Rollstuhl, den alle Sascha rufen, nimmt in einem behaglichen Kellerlokal in Sankt Petersburgs Innenstadt Platz. Er ist Stammkunde und bekommt Rabatt auf sein Lieblingsgericht: zwei Würstchen mit Kartoffelpüree und ein Milchshake mit Bananengeschmack.

Als ich Sascha im Jahr 2001 im Kinderheim in Pawlowsk kennenlernte, wäre eine solche Szene unvorstellbar gewesen. Alexander hatte keinen elektrischen Rollstuhl. Einen wie ihn hätte auch niemand auf eigene Faust nach Sankt Petersburg fahren lassen. Von den Passanten, die er heute bittet, ihm bei der steilen Treppe zum Restauranteingang zu helfen, hätten ihn damals die meisten wahrscheinlich links liegen lassen. Ja, und auch so ein Ort wie das Lokal selbst wäre damals in Sankt Petersburg schwer zu finden gewesen.

Das Restaurant heißt *Teplo* (»Wärme«). Es ist ein Treffpunkt der neuen städtischen Mittelklasse. Die Einrichtung ähnelt einer gemütlichen Wohnung. Als Garderobe dient ein alter Kleiderschrank. An der Wand hängt moderne Kunst. In den Regalen stehen Bücher des französischen Schriftstellers Marcel Proust. Die Besitzerin des Restaurants sagt, das *Teplo* sei Ausdruck ihrer »Sehnsucht nach Europa, nach Offenheit und Zurückhaltung, den Traditionen – und etwas anderem, das dort in der Luft hängt und immer so schwer in Worte zu fassen ist«. Die Kellner begrüßen Sascha per Handschlag, wie einen alten Freund.

Cola-Freiheit

Der Bewohnerrat des Psychoneurologischen Internats Nummer 3, dem Sascha vorsteht, hat nur eine beratende Funktion, keine Macht, dank Saschas diplomatischem Geschick aber etwas Einfluss. Eines der drängendsten Probleme der Heimbewohner war die Sache mit den Aufzügen. Die meisten Psychoneurologischen Internate sind noch heute geschlossene Anstalten. Bewohner dürfen sie nur mit besonderen Passierscheinen der Verwaltung verlassen. Im PNI 3 dagegen steht es allen Schützlingen des Vereins »Perspektiven« prinzipiell frei, das Gelände zu verlassen und zurückzukehren, wann es ihnen beliebt. Die meisten Wohntrakte aber liegen auf den oberen Geschossen, die rollstuhlgerechten Aufzüge sind nur bis 17 Uhr in Betrieb. Dann beenden die mürrischen älteren Herren ihren Dienst, die den Lift ab morgens um sieben bedienen. Die Bewohner baten um Verlängerung der Fahrzeiten, das Heim verwies auf knappe Kassen. Sascha hat einen Kompromiss ausgehandelt: Wer nach 17 Uhr heimkehrt, kann per Handy einen Liftführer nach Bedarf anfordern.

Sascha wirbt dafür, das Modell der Bewohnerräte auszuweiten. Er hat inzwischen mehreren der insgesamt acht anderen PNI im Stadtgebiet Besuche abgestattet und Vorträge zum Thema Mitbestimmung gehalten.

Einmal im Monat lädt ihn der Verein »Perspektiven« zum Gedankenaustausch ein. Sascha streift dann ein weißes Hemd mit Kragen über. Auf dem Namensschild vor ihm steht »Alexander Andrejewitsch Medwedew, Bewohnerrat des PNI Nr. 3, Vorsitzender«. Neben ihm sitzen Aktivisten, Anwälte und Angehörige von Heimbewohnern. Gegenüber nehmen PNI-Direktoren sowie Mitarbeiter aus der Stadtverwaltung Platz. »Perspektiven« rechnet vor, die Unterbringung von Menschen mit Behinderung in betreuten Wohngemeinschaften sei bis zu 30 Prozent günstiger als im Heim, die Direktoren bezweifeln, dass die Kalkulation stimmt.

Die Juristen des Vereins werben dafür, den Heimbewohnern freizustellen, wofür sie ihr Erspartes ausgeben wollen. Bislang könnten sie nicht mal am Geburtstag »ein paar Flaschen Cola für ihre Freunde kaufen«. Die Heimleiter kontern mit dem Verweis, ihre Schützlinge seien gar nicht in der Lage, mit Geld umzugehen. Sie würden »gleich alles für Cola auf den Kopf hauen«. Eine Anwältin erwidert spitz, »auch ein Mensch mit Behinderung sollte ein Recht auf Dummheit haben«. Der Direktor eines PNI stöhnt, er habe den Eindruck, »dass ihr als Nächstes mit unseren Leuten in den Kosmos fliegen wollt«.

Die Direktoren und Beamten sind Bedenkenträger, die Aktivisten manchmal zu stürmisch. Streit entzündet sich an großen Problemen genauso wie an kleinen, es geht ums Prinzip. Die einen wollen so viel Freiheit wie möglich, die Heimleiter nicht mehr Risiko, nicht mehr Experimente als nötig. Sie haben Karriere gemacht in Apparaten, in denen derjenige als guter Manager gilt, der am souveränsten so tut, als gebe es in seinem Bereich

260

keine Probleme. Wer als Heimleiter über Missstände klagt, riskiert unangekündigte Überprüfungen. Wer Freiräume zulässt, setzt sich dem Vorwurf aus, die Kontrolle zu verlieren.

Es kommt vor, dass staatliche Einrichtungen sich bemühen, die Zeit zurückzudrehen und ihre Türen wieder zu schließen für freiwillige Helfer, ob es sich um Organisationen aus dem Ausland oder russische Initiativen handelt. Die Verwaltungen haben erklärt, die Zusammenarbeit nur fortzusetzen, falls die Angehörigen der Bewohner zustimmen. Die Familien werden vorgeschoben, die rechtliche Lage ist eigentlich eindeutig: Geschäftsfähige Bewohner können selbst entscheiden, für nicht geschäftsfähige Bewohner entscheidet das Heim.

Rechtshilfe

Sascha hat sich bei der Sparkasse ein Konto einrichten lassen und eine Girokarte beantragt. Er geht im Supermarkt einkaufen, besucht auf eigene Faust Freunde in der Stadt. Er hat drei Monate lang einen Computerkurs belegt. Sein Leben ist heute ungebundener, als er sich das jemals hätte ausmalen können. Er wolle gern »neue Fähigkeiten entwickeln«, sagt er. Mit jeder Hürde, die er nimmt, weitet sich auch sein Horizont. Damit kommen Möglichkeiten in den Blick, die ihm selbst vor ein paar Jahren noch phantastisch erschienen.

Das Essen im Heim hat aufgehört, ihm zu schmecken. Es sei nicht unbedingt schlechter geworden. Er habe nur festgestellt, dass er Mahlzeiten lieber mag, die er selbst aussuchen kann. Das Selbstbewusstsein isst mit. Sascha würde auch gern selbst bestimmen, wann er aufsteht und wann er sich schlafen legt. Er träumt davon, eines Tages aus dem PNI Nr. 3 an der Hasendurchfahrt auszuziehen und dem System den Rücken zu kehren, in das er geboren wurde.

Seine wichtigste Verbündete bei diesem Vorhaben heißt Jekaterina Tarantschenko. Bis vor einigen Jahren hat wenig darauf hingedeutet, dass sich ihr Weg einmal mit dem von Sascha kreuzen könnte. Sie hat Jura studiert und einen Abschluss mit Auszeichnung. Nach der Universität arbeitete sie als Juristin bei einem Unternehmen, der Job war sehr gut bezahlt. Jekaterina hat ihn an den Nagel gehängt, um ein freiwilliges soziales Jahr im Kinderheim in Pawlowsk zu absolvieren. Das war 2007. Danach studierte sie Sonderpädagogik. Sie habe »den Sinn im Leben vermisst«. »Perspektiven« hat sie als Pädagogin für das Kinderheim in Pawlowsk eingestellt. Dort aber arbeitet sie nur noch zweimal in der Woche, an den übrigen Tagen sitzt sie an ihrem Schreibtisch im Büro des Vereins, wälzt Gesetzestexte und formuliert Schreiben. »Perspektiven« braucht gute Juristen nicht weniger dringend als exzellente Pädagogen.

Über Jahre galt: Der Weg ins PNI ist eine Einbahnstraße. Wer einmal in das Heim gekommen ist, verlässt es erst nach dem Tod. Jekaterina sucht gemeinsam mit Sascha nach einem Schlupfloch aus dem System. Dem Gesetz nach hätte Sascha eigentlich Anspruch auf eine staatliche Wohnung. Er könnte sich zusammentun mit zwei oder drei anderen jungen Männern und Spezialisten von

262

»Perspektiven«, das wäre dann eine Art betreutes Wohnen, eine WG. Es gibt Beispiele von PNI-Bewohnern, die das Heim verlassen haben, Sascha wäre gleichwohl der erste mit weitgehenden geistigen Einschränkungen und einem Rollstuhl. Die Behörden schrecken davor zurück: Die Stadt hat seinen gemeinsam mit Jekaterina formulierten Antrag abgelehnt, weil die Heimleitung in einem Gutachten schrieb, Sascha sei noch nicht so weit. Er werde überfordert, habe noch immer zu wenig Erfahrung im Umgang mit Geld, drohe bei der erstbesten Gelegenheit von Betrügern übers Ohr gehauen zu werden. Nötig sei weiterhin stationäre Rehabilitation.

Sascha bereitet es tatsächlich Mühe, einen 50- von einem 100-Rubel-Schein zu unterscheiden, er ärgert sich aber auch über den Bescheid: Im Heim habe das all die Jahre nie jemand mit ihm trainiert. Er hat zweimal gegen die Entscheidung geklagt – und beide Male verloren.

Die Heimleitung fürchtet, man könnte sie verantwortlich machen, falls der Auszug schiefgeht. Das System sei nicht darauf ausgerichtet, die beste Variante für Saschas Entwicklung zu finden, erklärt Jekaterina. Es gehe darum, die Wahrscheinlichkeit für Rügen von oben zu minimieren. Die Angestellten des Heims halten dagegen: NGOs wie »Perspektiven« würden vielen Bewohnern Flausen in den Kopf setzen. Sie stachelten sie dazu an, Ziele zu verfolgen, die nicht realistisch seien. Dazu kommt, gelegentlich, ein Gefühl mangelnder Wertschätzung: »Wir arbeiten seit Jahren an der Verbesserung des Systems«, sagt die Direktorin von Saschas Heim, Natalja Selinskaja. »Es tut weh, dass sich die Öffentlichkeit nur für die Freiwilligen interessiert.«

Jekaterina hat mit Sascha eine weitere Möglichkeit besprochen, die ihn an sein Ziel bringen könnte, vielleicht. Sie will erreichen, dass die für Sascha zuständige staatliche medizinisch-soziale Kommission den Auszug aus dem PNI in seiner Akte empfiehlt. Dafür muss das Gremium allerdings überzeugt sein, dass dies seiner Rehabilitation dient. Dann wäre amtlich besiegelt, dass Saschas Traum keine Flause ist, sondern Teil einer Therapie. Der Weg dorthin ist lang und gesäumt von Skeptikern: Sascha muss ein Dutzend Untersuchungen über sich ergehen lassen und Termine bei fünf Fachärzten ausmachen. In der Poliklinik haben die Mediziner auf ihn eingeredet, er solle ablassen von seinem Vorhaben. Sascha war nach dem Termin so niedergeschlagen wie nach den beiden Gerichtsurteilen, die gegen ihn ausfielen. Jekaterina hat ihm gut zugeredet. »Früher oder später«, sagt sie, »wird es klappen.«

Der leichteste Job der Welt?

Die Direktorin von »Perspektiven« heißt heute Marija Ostrowskaja. Sie sagt von sich, sie habe den leichtesten Job der Welt, weil sie Tag für Tag ganz genau wisse, »dass einen Sinn hat, was ich tue«. Das hört sich einfacher an, als es ist. Marija Ostrowskaja kämpft seit Jahren für den Wandel eines Systems, das sie eigentlich jeden Tag verzweifeln lassen könnte. Allerdings deutet mittlerweile vieles darauf hin, dass ihre Hartnäckigkeit belohnt wird.

Der Umgang mit behinderten Menschen in Russland verändert sich. Die empörenden Missstände in Heimen sind zwar nicht verschwunden, so wurde 2014 eine Selbstmordserie unter den Bewohnern eines PNI in der Nähe von Moskau bekannt. Eine Untersuchungskommission stellte fest, dass Dutzende Bewohner rechtswidrig in geschlossenen Abteilungen untergebracht waren, ohne Schränke oder persönliche Gegenstände. Auf die Frage, wo sie denn ihre Wäsche aufbewahrten, antwortete einer der Bewohner, er habe nicht mehr, als er am Leib trage, »aber auch das gehört mir nicht«.

Anders als früher sorgen solche Berichte heute aber für Empörung. Die Journalistin Olga Alljonowa gehört zu jenen, die mit ihren Recherchen die Debatte über die Reform der Heime am Laufen halten. Alljonowa ist Reporterin des Moskauer Nachrichtenmagazins *Kommersant Wlast*. Sie gehört eigentlich zu den besten Kennerinnen des unruhigen Nordkaukasus, ihre politischen Reportagen wurden mit Preisen ausgezeichnet. In jüngster Zeit schreibt sie allerdings immer seltener über politische Themen und immer öfter über Probleme im Sozialbereich. Sie begründet das so: Auf die Politik hätten Journalisten leider praktisch gar keinen Einfluss. Das sei bei ihren Sozialreportagen anders: »Es gab zahlreiche Fälle, in denen wir über Verletzungen der Rechte von PNI-Bewohnern schrieben und es eine klare, starke Reaktion gab.«

Alljonowa sieht den Grund dafür in einer veränderten Wahrnehmung der Menschen: »Der aufgeklärte Teil der Gesellschaft hat sein Verhältnis zu geistig Behinderten stark verändert.« Als 2012 eine Moderatorin des staatlichen Senders *Rossija 1* behauptete, Kinder mit Down-Syndrom seien »gemeingefährlich« und würden »ihre

265

Eltern mit einem schweren Bügeleisen erschlagen«, gingen bei dem Sender binnen weniger Tage 3400 wütende Protestschreiben ein. Mit einer besonderen Aktion warb 2016 das soziale Netzwerk *VK.com* für mehr Toleranz. Wer am 21. März das Wort »Downie« in einem Post als Schimpfwort gebrauchte, dem wurde automatisch das Logo des Welt-Down-Syndrom-Tags eingeblendet, ebenso wie ein Text über die Hintergründe der Krankheit. Mehrere zehntausend Einträge waren betroffen. Der Name der Aktion: #SyndromDerLiebe.

Gesund schrumpfen

Der Mann, der Saschas Beschwerdebriefe an die Stadt Sankt Petersburg beantworten muss, heißt nach wie vor Alexander Nikolajewitsch Rschanenkow, Jahrgang 1957, ein Karrierebeamter mit Schnauzbart und tadellosem Auftreten. Rschanenkow ist Chef des Sozialkomitees von Sankt Petersburg. Die großen Kinderheime und PNI fallen seit 2006 in seinen Verantwortungsbereich, jetzt will er sie schließen lassen. Früher habe niemand verstanden, »warum wir Geld ausgeben sollten für diese Menschen. Heute sind sie gleichberechtigte Mitglieder der Gesellschaft. Sie haben einen Anspruch auf ein würdiges Leben.«

Rschanenkow lobt die Arbeit freiwilliger Helfer. Sie spielten »eine wichtige Rolle bei der Veränderung gesellschaftlicher Strukturen. Sie ermöglichen der Gesellschaft, maximale Kontrolle auszuüben über die Einrichtungen, nicht durch Beamte, sondern durch die

Organisationen der Bürgergesellschaft«. Aus dem Mund eines russischen Behördenchefs ist das ein bemerkenswertes Lob der sonst in Russland wenig gelittenen Nichtregierungsorganisationen. Andererseits: Selbst Präsident Putin hat in seiner Rede zur Lage der Nation 2015 die Rolle von NGOs im Sozialbereich hervorgehoben. In der Altenpflege und Behindertenhilfe, so Putin, »müssen wir mehr Vertrauen in die Bürgergesellschaft haben, in die NGOs. Oft arbeiten sie effektiver, besser und mit ehrlicher Sorge um die Menschen, aber weniger Bürokratie.«

Rschanenkows Behörde hat begonnen, neue Tageszentren zu eröffnen. Dort werden Kinder mit Behinderung von morgens bis abends betreut. Ihre Eltern können weiter arbeiten gehen. Sie sind – sofern sie sich ein Leben mit einem behinderten Kind grundsätzlich vorstellen können – nicht mehr wie früher gezwungen, ihr Kind nur deshalb in ein Heim abzuschieben, um den Rest der Familie ernähren zu können. Die Stadt hat die finanzielle Unterstützung hochgefahren, pro Monat zahlt Sankt Petersburg 12 000 Rubel, umgerechnet sind das rund 160 Euro. »Für unsere Verhältnisse ist das viel Geld«, sagt Rschanenkow. Das Durchschnittseinkommen in Sankt Petersburg liegt bei 43 000 Rubel. Die Stadt hofft, die Zahl der *Otkasniki* zu senken, der Kinder, die von ihren Eltern nach der Geburt in die Obhut des Staates gegeben werden.

Anstelle von Heimen mit tausend oder mehr Bewohnern will Rschanenkow kleinere Einheiten schaffen, nicht am Stadtrand versteckt, sondern über das ganze Stadtgebiet verteilt. *Rasukrupnenie*, Entflechtung nennt er das. »50 bis höchstens 70 Bewohner, maximal selbst verpflegt, möglichst gut adaptiert an das Sozium, das haben wir entschieden.« Ob und wann diese Pläne vollständig umgesetzt werden, kann allerdings auch er nicht sagen. In der Krise wird in Russland das Geld knapp. Dass seine Äußerungen allerdings mehr als Sonntagsreden sind, lässt sich in Pawlowsk beobachten: Die Zahl der Kinder in Heim Nr.4 wurde in den vergangenen Jahren von mehr als 600 auf nun noch rund 300 halbiert. Viele Gruppen sind kleiner, statt 14 oder mehr Kindern leben dort heute sieben oder acht. Die großen Schlafsäle werden umgebaut in Wohneinheiten aus mehreren kleineren Räumen, »familienähnlich« nennt sich das.

Sascha Medwedew ist umtriebig wie bisher. Einmal hat er erst spät am Abend den Vorortzug genommen, gemeinsam mit seinem Zimmernachbarn Iwan, genannt Wanja. Ihr Ziel war die »Lange Nacht der Museen«. Sie findet einmal im Jahr statt, Ende Mai, kurz vor Beginn der »Weißen Nächte«, wenn die Sonne in Sankt Petersburg selbst nachts nicht richtig untergeht. Sascha und Wanja streiften im diffusen Zwischenlicht durch das Zentrum und besichtigten die Eremitage, das weltberühmte Museum im alten Winterpalast der Zaren.

Sascha tippt auch weiter Briefe auf seinem Laptop und bemüht sich, jeden negativen Bescheid schnell abzuhaken. Er sieht sie als Zwischenetappe auf dem Weg zu seinem Ziel: der eigenen Wohnung. In Peterhof, einige Kilometer entfernt vom Heim an der Hasendurchfahrt, hat eine »Trainingswohnung« eröffnet. Je vier Heimbewohner üben hier, was ein Leben in Selbstständigkeit von ihnen abverlangen würde: kochen, einkaufen, Geld beisammenhalten – ein Projekt von »Perspektiven«. Die

Stadtverwaltung hat dabei geholfen, einen Sponsor zu finden, der die Wohnungsmiete übernimmt.

Drei Monate dauert das Training. Wenn alles klappt, halten die Absolventen des Programms am Ende ein Zeugnis in den Händen, das ihnen die Fähigkeit zu einem Leben außerhalb des Heims attestiert. Sascha hat es auf die Warteliste geschafft. Er ist aufgeregt, fürchtet, seine verkümmerte linke Hand könnte ein Problem werden. Es fällt ihm schwer, mit ihr einen Kochtopf zu halten oder nach einer Tasse zu greifen. Er hat deshalb begonnen, sie zu trainieren. Sascha will nichts dem Zufall überlassen. Auf seiner Profilseite bei *VK.com* hat er ein Video geteilt, das der Fernsehsender *NTW* über das Wohnungsprojekt gedreht hat. Der Titel des Berichts war »Geduld und Arbeit« – das sei ein treffendes Motto, findet Sascha.

Die Direktorin des PNI Natalja Selinskaja erklärt, sie könne nicht genau sagen, ob Sascha schon bereit sei für seinen großen Traum, geschweige denn wann er es sein werde. Sie hege aber keinen Zweifel, dass er ihn verwirklichen wird. Er sei »ein echter Anführer« geworden.

14. Diana wartet ab

>»Ich will eines Tages von mir sagen können: Jeder
Schmerz, jede Kränkung war für mich nur Anlass,
um weiterzugehen. Weil sie Zeichen waren, dass
ich mein Ziel noch nicht erreicht hatte.«

Wer sich Sotschi mit dem Schiff nähert, sieht schon aus
der Ferne die zerklüftete Silhouette einer Stadt, die zu
lange Kräften ausgeliefert war, die jede überlegte Stadt-
planung ruinieren: dem überbordenden Selbstbewusstsein von Politikern und zu viel Geld. Neben die alten neo-
klassizistischen Sanatorien an der Küste drängen sich
moderne Appartement-Hochhäuser, Blöcke aus Glas
und Stahl. Sie wurden seit den neunziger Jahren in die
Höhe gezogen, trotz Bauregularien, die Gebäude mit
mehr als fünf Stockwerken wegen der Erdrutsch- und
Erdbebengefahr in den Ausläufern des Kaukasus eigentlich verbieten. Von 200 vor der Olympiade im Stadtgebiet
errichteten Gebäuden verfügten nur 70 über alle vorge-
schriebenen Genehmigungen. Das städtische Bauregis-
ter führt bei einigen den befremdlichen Vermerk »Bau-
herr nicht festgestellt«.

Die Natur hat Sotschi allerdings auch mit einem robusten Flair bedacht. Die auf den Wellen im Hafen glitzernde
Sonne verleiht selbst dem Wildwuchs am Ufer einen
ungeschliffenen Charme: den Plastikstühlen, auf denen
Männer in Plastiksandalen Bier aus Plastikbechern trin-
ken, den lärmenden Jahrmarktsattraktionen und den

Cafés, die aus stets ein wenig zu lauten Lautsprechern die Promenade beschallen, mal mit einem Song des US-Rappers Eminem und mal mit einem melancholischen Chanson aus der Sowjetzeit.

Die Russen mögen Sotschi, denn Sotschi ist hartnäckig heiter. Nichts hier vermag richtig streng zu sein, nicht einmal der russische Winter. Das Laub fällt erst um Weihnachten von den Bäumen, in manchen Jahren sogar erst im Januar. Selbst Stalins Zuckerbäckerstil ist hier weniger brachial. Das alte Kreuzfahrt-Terminal, Anfang der fünfziger Jahre errichtet, hat mit seinem weißen Säulengang mehr von der schlanken Eleganz der Zarenbauten in Sankt Petersburg als von der Wucht der Moskauer Stalin-Schwestern.

Sotschi boomt seit den Olympischen Spielen: Die Zahl der Touristen ist auf mehr als sechs Millionen im Jahr 2016 gestiegen, 2013 waren es nur 3,8 Millionen. Es gibt 40 000 Hotelbetten, doppelt so viele wie vor den Spielen, sie sind fast immer ausgebucht: Die Auslastung liegt bei 88 Prozent, früher waren es 63 Prozent. Die überwältigende Mehrheit der Besucher aber kommt aus Russland. Wladimir Putin wollte Sotschi zu einem »Kurort von weltweiter Bedeutung« machen. Innerhalb von anderthalb Jahren kamen am Flughafen in Sotschi aber gerade einmal 80 000 ausländische Besucher an. Es gibt Flüge nach Sotschi aus der Türkei, aus Israel, Iran, aber noch immer keine Direktverbindung von Europa aus.

Am Hafenbecken von Sotschi steht ein Pavillon, dessen Säulen einem griechischen Tempel nachempfunden sind. Im Kellergeschoss hat ein Tauchlehrer sein Geschäft aufgemacht, sein Name ist Pawel. Das Geschäft laufe gut dank der steigenden Buchungen vor allem im Sommer. Pawel plauscht gern mit den Besuchern, die beim Flanieren am Ufer einen Blick in sein Geschäft werfen. Er hat bemerkt, dass seit dem Verbot von Auslandsreisen für Beamte der russischen Sicherheitsstrukturen unter den Touristen»viel mehr Polizisten als früher« sind. Betroffen sind Beschäftigte des Innenministeriums, Staatsanwälte, Richter und Geheimdienstler, mehr als vier Millionen Menschen können das Land nur noch mit Sondergenehmigung verlassen – und reisen auch deshalb im Urlaub an das Schwarze Meer.

Mit der Winterolympiade 2014 wollte Russland Weltgewandtheit demonstrieren und seinen Aufbruch in die Zukunft. Stattdessen ist Sotschi zum Symbol geworden für Russlands neue Isolation. Die Stadt droht zurückgeworfen zu werden auf das, was sie zu Sowjetzeiten schon einmal war: der schönste Urlaubsort für jene, denen die Welt verschlossen bleibt.

Russland und Europa

Diana Exusjan, die heimatverbundene Jungaktivistin, die 2014 den Gästen den Weg im Olympiapark wies, sitzt auf der Terrasse des Hafengebäudes. Sie hat sich eine Decke um die Schultern gelegt. Es ist ein Abend im November, aber in Sotschi haben die Cafés noch Tische im Freien. Hinter ihr dümpeln Yachten in der Dämmerung. Was ist schiefgelaufen zwischen Russland und dem Westen? Mit dem Ende des Kalten Krieges, so Diana, sei zwar der ideologische Konflikt zu Ende gegangen, die Auseinandersetzung habe sich aber auf andere Weise fortgesetzt. »Das ist ein anderes Kräftemessen, es wird nicht mehr entschieden mit Waffen, sondern im Bereich der Entwicklung der Gesellschaften, der Wirtschaft. Darauf haben wir uns alle fokussiert. Wir haben uns auf unsere eigene Entwicklung konzentriert und aufgehört, unsere Nachbarn als Partner zu sehen«, sagt sie.

Diana ist noch immer stolz auf ihr Land, ihre Stadt. Die Häme des Auslands über ihr Sotschi hat sie gekränkt, aber nicht dazu geführt, dass sie dem Westen endgültig den Rücken gewandt hätte. Sie sitzt im Vorstand des Ehemaligenvereins des deutsch-russischen Jugendparlaments und reist regelmäßig nach Deutschland. Die Schlagzeilen in den Nachrichten betrüben sie: »Da steht: Russland gegen Europa. Ich verstehe nicht, was das heißen soll. Russland ist Europa. Bis in seine hinterste Ecke ist Russland ein Teil Europas. Wenngleich auch ein sehr eigentümlicher Teil.«

Ihr Erststudium in Public Relations hat Diana beendet und steht im Zweitstudium Jura kurz vor dem Abschluss. Sie hat den Berufseinstieg gemeistert, den ersten Job als Managerin in einem Hotelkonzern aber schon nach einem Jahr wieder gewechselt. Nicht weil sie unzufrieden gewesen wäre. Sie kam zu dem Schluss, nach zwölf Monaten alles erreicht zu haben, was auf diesem Posten erreichbar gewesen wäre. Sie hatte das Gefühl, keine Fortschritte mehr zu machen. »Ich wollte nicht *bronzen* werden«, sagt Diana. Das ist russischer Slang und beschreibt einen Menschen, der sich entweder mit dem Erreichten begnügt oder sich selbst für unfehlbar hält. *Bronzen werden* heißt: in der eigenen Wichtigkeit so sehr erstarren, dass man selbst ein Denkmal sein könnte. Diana jagt weiter im Eiltempo durch ihr Leben, spürt aber auch, dass sie dem eigentlichen Ziel noch nicht näher gekommen ist: der Politik.

Diana ist ein *Gosudarstwennik*, so nennt man in Russland die Anhänger eines starken, souveränen Staats (*Gosudarstwo*). Wo Liberale wie die junge Journalistin Wera den Staat zurückschneiden wollen, wollen Gosudarstwenniki ihn stärken, damit er seine Aufgaben wahrnehmen kann. Dianas Dilemma besteht darin, dass sie Zweifel hegt, ob das Staatswesen, das sich in Russland im vergangenen Vierteljahrhundert entwickelt hat, wirklich stark ist oder nicht doch schwach.

Diana schwärmt noch heute von der Zeit, die sie im Jugendcamp am Seliger See verbracht hat. Das Zeltlager sei ein »Ort unendlicher Inspiration gewesen, grenzenlosen Stolzes, der Kraft der Jugend«. Doch sie hat nie den Weg beschritten, den der Kreml eigentlich für junge Patrioten wie sie vorgezeichnet hat. Sie ist bewusst nie Mitglied der »Jungen Garde« oder der Partei »Einiges Russland« geworden. Diana tritt ein für aufgeklärten Patriotismus, nicht blinden Chauvinismus:

Ich bin Patriotin, eindeutig, aber mein Patriotismus besteht nicht darin, den »Ersten Kanal« im Fernsehen zu schauen oder den Tag zu feiern, an dem die Krim Teil Russlands wurde. Mein Patriotismus, das ist eine Bewegung nach vorn. Der Wunsch, neue Horizonte zu eröffnen und sich dabei auf die starke Geschichte unseres Landes zu stützen. Was ich nicht will: nur ein Sänger eines gerade populären Liedes sein, mit fremder

Stimme singen. Ich will vorankommen und andere voranbringen. Ich will das händeringend, nicht im Fahrwasser von irgendjemandem oder irgendeiner Idee, sondern über den Weg der persönlichen Entwicklung. Je stärker und interessanter jeder einzelne Bürger, desto reicher das Land.

Woher rührt ihr Interesse für Politik? »Jede Familie hat ihre Geschichte«, sagt Diana. Sie hat das Schicksal der Vorfahren ihres Vaters studiert, er ist Armenier. Das christliche Kaukasusvolk wurde 1915 Opfer eines Völkermords im Osmanischen Reich. Damals wurden mehr als eine Million Armenier getötet. Viele der Mörder hatten vorher noch Tür an Tür mit Armeniern gelebt, sie wurden angestachelt von den Mitgliedern der zahlenmäßig kleinen Partei der Jungtürken. »Auf einen Wink der Partei hin gingen viele los, um zu töten«, sagt Diana. Es könne keine Rechtfertigung für solche Verbrechen geben. Sie möchte aber nachvollziehen, wie es dazu kommen konnte.

»Mir ist wichtig, zu wissen, was in meinem Land wirklich passiert und in dem meines Nachbarn. Ich will nie Teil jener uninformierten Masse sein, die leicht unter fremden Einfluss fallen kann – von jenen, die Parolen rufen.« Sie könne sich nichts Abstoßenderes vorstellen als ein Gespräch mit jemandem, der »nicht in seinen eigenen Worten spricht, sondern nur wiederholt, was andere von hohen Bühnen gerufen haben. Das mag die Position der Mehrheit sein. Sie zu übernehmen ist bequemer, als sich selbst mit tieferen Zusammenhängen auseinanderzusetzen. Ich will niemals in so einer Situation sein. Darum informiere ich mich.«

Enttäuschung

Job Nummer zwei verschlug Diana nach Gondorf in der deutschen Provinz, tiefe Eifel, 250 Einwohner, »der Bürgermeister kommt immer mit dem Fahrrad«. Ihr neuer Arbeitgeber war eine Hotelmanagement-Kette, der Eigentümer des Hotels in Gondorf ein Russe. Diana sollte helfen, eine Zukunftsstrategie für das Haus zu entwickeln: »Viele ältere Gäste, Kneip-Anwendungen, ein Orthopädiepfad, es war eine ganz fremde Welt für mich.« Diana traf in den zwei Monaten in der Eifel nur einen einzigen Deutschen, der mehr über Russland wusste, als aus Zeitung und Fernsehen zu erfahren ist. Er hieß Hans, trank jeden Vormittag ein Glas Wein und erklärte, seit einer Reise nach Moskau sei ihm klar, »dass Russland zu groß ist, um es mit unseren Maßstäben zu messen«. Diana hat das gefallen.

Was ihr in Erinnerung geblieben ist? Die Gruppe der »Feierabend-Gladiatoren«, die in ihrer Freizeit Tunika und Römer-Sandalen überstreiften und mit Holzschwertern aufeinander einschlugen. Das Kuchen-Buffet der Dorffrauen. Die Stille auf der Straße an einem Sonntag. Sie kann über Gondorf sprechen, als wäre es der faszinierendste Ort der Welt für eine aufstrebende russische Führungskraft.

Vor Kurzem hat Diana mit dem Gedanken gespielt, nach Moskau zu ziehen. Sie hatte ein Angebot des staatlichen »Ersten Kanals«. Der TV-Sender hat in Russland die größte Reichweite, 99,8 Prozent aller Haushalte empfangen ihn, kein Massenmedium hat größeren Einfluss. Der Sender ist aber auch eine Säule der Propaganda-

Maschine. So behauptete der »Erste Kanal«, das deutsche ZDF habe *Pussy Riot* und deren Skandalauftritte finanziert. Er hat außerdem 2014 die angebliche Kreuzigung eines kleinen Jungen durch ukrainische Nationalisten erfunden und 2015 »exklusives Material« über ein vermeintliches US-Waffenlager in der Ostukraine ausgestrahlt, obwohl die Aufnahmen leicht als Fälschung zu erkennen waren: Auf den Waffenkisten stand »DATE LOUDED« statt »DATE LOADED«.

Die Offerte des Fernsehsenders kitzelte Dianas Ehrgeiz. Ihre Freunde rieten ihr zu der Stelle. Das Wichtigste sei, erst einmal einen Fuß in die Tür bei einem so großen und mächtigen Apparat zu bekommen, egal wie. Doch Diana sagte schließlich ab, aus Sorge, »dass der Weg wieder raus aus diesem System schwieriger wird als der Weg hinein«.

Diana formuliert ihre Kritik behutsam. Ihr ist klar: Sie wird niemals ein System von innen ändern, wenn sie es zuvor mit allzu offenen Worten verprellt. Sie wolle »keine politischen Farben annehmen, die nie wieder abgehen«. Sie habe kein Interesse an Posten, die ihr zufallen könnten, »nur weil ich Teil der Mannschaft eines anderen bin. Ich will, dass mir die Leute vertrauen, weil sie überzeugt sind, dass ich etwas verändern kann. Ich will etwas erreichen, ohne dabei ein Instrument in den Händen eines anderen zu sein.« Sie wolle auf keinen Fall »noch einmal manipuliert werden«.

Es sei »schwer, zu merken, ob du benutzt wirst oder nicht. Übermäßiges Misstrauen führt dazu, dass du alles als Manipulation empfindest, zu großes Vertrauen führt zu Enttäuschungen. Enttäuschungen habe ich eindeutig erlebt, das Wichtigste ist, daraus die richtigen Lektionen fürs Leben zu ziehen.« Von wem hat sie sich manipuliert gefühlt? »Detaillierter möchte ich darüber nicht reden«, sagt sie vorsichtig. Nur so viel lässt sie sich entlocken: »Ich will eines Tages von mir sagen können: Jeder Schmerz, jede Kränkung war für mich nur Anlass, um weiterzugehen. Weil sie Zeichen waren, dass ich mein Ziel noch nicht erreicht hatte.«

Manchmal ertappt Diana sich dabei, ihren Vater und ihre Mutter insgeheim zu beneiden. Ihre Eltern sind zu Sowjetzeiten groß geworden. Es habe damals keine großen Wahlmöglichkeiten gegeben, nur eine Ideologie, eine Richtung. Wer gute Leistungen im Studium erbrachte, wurde nach dem Abschluss einer Behörde zugeteilt oder einer Fabrik. Einerseits habe das die Freiheit des Einzelnen beschnitten, andererseits aber auch keinen Platz für Zweifel gelassen, wie sie Diana umtreiben, die sich immer wieder fragt, »ob richtig ist, wohin ich gehe«.

Diana ist hin- und hergerissen zwischen dem Drang, ihrem Ehrgeiz zu folgen, und dem Wunsch, ihren Idealen treu zu bleiben. Sie weiß, was sie nicht will. Sie kennt auch ihr Ziel, aber den Weg dorthin kann sie noch nicht erkennen. Die junge Frau beobachtet, welchen Lauf die Dinge in Russland nehmen. Sie wartet ab – und hofft, dass sich für sie doch noch eine Tür öffnet, durch die sie zu gehen bereit ist.

15. Taissa träumt neu

»Ich bin ein starker Mensch. Mich kann niemand
brechen.«

Die Tschetschenin Taissa geht am Stadtrand von Grosny
spazieren und denkt über die Träume nach, die sie
noch vor wenigen Jahren begleiteten. Manche sind wahr
geworden, einige hat sie aufgeschoben in der Hoffnung
auf bessere Zeiten, andere wirken unerreichbarer als
jemals zuvor. Sie hat die Familie gegründet, die sie immer
haben wollte. Ihr Sohn hört auf den Namen Abdulrachman, das bedeutet auf Arabisch »Diener des Barmher-
zigen«. Damit es ihm an nichts fehlt, hat Taissa ihren
Wunsch nach einem Reporterleben hintangestellt. Um
die Familie zu versorgen, hat sie eine Stelle als Buchhalterin angetreten. Sie arbeitet jetzt also in dem Beruf,
der ihr früher der Inbegriff schien für das Ende aller
Hoffnungen.

Am Tag ihrer Hochzeit wurde Taissa von einem Kon-
voi abgeholt, der aus mehr als 60 Autos bestand. Nach
altem Brauch bat ein muslimischer Geistlicher um ihre
Hand und ihr Herz. Sie hat nur still genickt, eine Frau
darf in diesem Moment nichts sagen. Sie zog zu ihrem
Mann. Er ist der jüngste Sohn seiner Eltern, der traditionell bei Vater und Mutter bleibt. Er und Taissa leben
gemeinsam mit ihren Schwiegereltern in einem Dorf,
etwas außerhalb von Grosny. Es ist nicht leicht für Taissa,
ihr fehlt das Leben in der Stadt. Ihr Mann, sagt sie, unter-

stützt sie in allem, was sie tut. Sie solle sich kleiden, wie sie es selbst möchte.

Er ist sechs Jahre älter als sie. Sie haben sich an der Hochschule kennengelernt, er klebte wie eine Klette an ihr. »Fräulein, Fräulein!«, rief er ihr nach. »Darf ich Sie begleiten?« Sie sagte »Ja«, »aber nur freundschaftlich«. Er hat ihr später gestanden, in diesem Augenblick habe er sie vor Glück am liebsten in die Arme schließen wollen. Das hätte sich nicht geziemt, und hätte er es dennoch getan, sagt Taissa, wäre sie nie wieder zu einem Treffen mit ihm gekommen. Das wäre ihr zu stürmisch gewesen. Er begleitete sie zur Bushaltestelle, und manchmal nahm er danach den nächsten Bus in die gleiche Richtung, nur um zu schauen, ob Taissa auch gut angekommen war. Alle halbe Stunde rief er sie an.

Das Meer von Grosny

Der Traum vom Reisen hat sich noch nicht erfüllt. Taissa war noch nicht in Paris, ging nicht spazieren unter dem nachts hell erleuchteten Eiffelturm. Sie war auch noch immer nicht am Meer. Dafür ist das »Meer« zu ihr gekommen, Ramsan Kadyrow hat ein Stück davon nach Tschetschenien gebracht. Taissa steht an der Uferpromenade des »Grosnier Meeres«, die Wasseroberfläche kräuselt sich in der gleißenden Augustsonne. Tretboote dümpeln am Steg, am Strand stehen Liegestühle, blaue Sonnenschirme spenden Schatten. Kadyrow hat den Badesee am 5. Oktober 2015 eröffnet, am Tag des Stadtjubiläums, der gleichzeitig sein Geburtstag ist.

Den Sand für die Liegeflächen hat er von den Ufern des Kaspischen Meers nach Grosny schaffen lassen. Chinesische Arbeiter haben Wasserspiele installiert, die sich mit den größten der Welt messen können: Auf 300 Metern speien die Fontänen Wasser, die größte erreicht eine Höhe von mehr als hundert Metern, das sind 20 Meter mehr als der höchste Kreml-Turm in Moskau. Nachts verwandeln zwei Projektoren die Fontänen in eine riesige Leinwand. Zur Anlage gehören auch 248 Kanonen für Feuerwerkskörper. Doch der See gefällt Taissa nicht besonders. Sie komme dort nicht zur Ruhe, fahre lieber in die Berge, »dort erhole ich mich mit ganzer Seele«.

Es gab auch früher einen Badesee. Nach dem Krieg war er verdreckt, wenige wagten dort zu schwimmen. Die Älteren erinnern sich aber daran, wie Männer und Frauen früher am selben Uferabschnitt des Sees badeten. Heute wachen bärtige Aufpasser über die strikte Trennung der Geschlechter. Die Frauen an der Uferpromenade sind verschleiert. Tschetscheninnen stürzen sich prustend ins Wasser, sie tragen dabei lange Badekleider.

Vor der neuen Moschee stehen Reisebusse. Männer mit blondem Schopf und Frauen ohne Kopftuch steigen lärmend heraus. Fünfzehn Jahre nach Beginn des zweiten Tschetschenienkriegs kehren die Russen zurück in die Stadt, doch sie tun es als Touristen. Sie sind Gäste in einem Land, das ihnen immer fremder wird. Auf den Straßen von Grosny wächst die Zahl der Frauen, die sich nicht wie Taissa mit einem einfachen Kopftuch begnügen, sondern lange Gewänder und den Hidschab tragen, der außer dem Gesicht das ganze Haupt bedeckt. Der

Volksmund nennt diese Frauen spöttisch »Chupa Chups«, weil ihre Gestalten entfernt an die mit buntem Papier verpackten Lutscher des gleichnamigen Süßwarenherstellers erinnern. Gespottet wird allerdings nur hinter vorgehaltener Hand, den Hidschab haben Kadyrows Ehefrau und seine Mutter zur Mode gemacht.

Vor dem Krieg war üblich, dass Frauen das Kopftuch erst nach der Hochzeit anlegten. Heute ist es schon für Mädchen in der ersten Schulklasse Pflicht. Grosnys Bürgermeisteramt hat Regeln für »traditionelle tschetschenische Hochzeiten« erlassen. Gäste müssen sich »der tschetschenischen Mentalität« gemäß kleiden. Tanzen mit »zwei oder mehr Partnern« ist verboten, ebenso »unanständige Körperbewegungen«, sogar das Anschneiden einer Hochzeitstorte.

Kadyrows Bautätigkeit hat unterdessen die Grenze von ambitioniert zu größenwahnsinnig überschritten. Er hat hinter den Bürotürmen von Grosny City eine neue Baugrube ausheben lassen und den Grundstein gelegt für ein Gebäude, mit dem er sich und seinem Vater ein Denkmal für die Ewigkeit setzen will. Bis 2017 soll an dieser Stelle der »Achmat-Tower« fertiggestellt werden, mit 430 Metern wäre es das höchste Gebäude Europas, dreimal höher als der Kölner Dom. Der Entwurf stammt von einem US-Architekten. Adrian Smith ist der Schöpfer des Burj Khalifa in Dubai, derzeit mit 828 Metern das höchste Gebäude der Welt.

Die Entwürfe des Achmat-Tower sind den wuchtigen Wehrtürmen nachempfunden, die Tschetschenen im Mittelalter errichteten. Auf sozialen Netzwerken kommentieren Tschetschenen das Projekt mit beißendem

Sarkasmus. Sie haben dem Bau den Spitznamen »Kadyrows Auge« gegeben, in Anlehnung an »Saurons Auge«, das im Fantasy-Klassiker *Der Herr der Ringe* über der ähnlich trutzigen Burg eines bösen Hexenmeisters thront.

Im Jahr 2013 erfasste eine jähe Aufbruchsstimmung Tschetschenien, aber sie war ganz anders, als die glitzernden Fassaden des neuen Grosny glauben machen wollen. Innerhalb weniger Monate machten sich Zehntausende Tschetschenen auf den Weg, um Asyl in Deutschland zu beantragen. Die kleine Kaukasusrepublik mit ihren 1,4 Millionen Einwohnern tauchte auf einmal ganz vorn in der Asylstatistik der Bundesrepublik auf, neben Syrien und Afghanistan. Allein 600 Familien verließen nach Schätzungen russischer Behörden die 30 000-Einwohner-Stadt Argun, ein Provinznest, in dem Kadyrow Bürokästen aus Glas und Stahl hochziehen ließ, wie sie in Londons Geschäftsbezirk Canary Wharf stehen.

Dieser plötzliche Exodus wurde nicht begleitet von aufflackernden Kämpfen, das ließ ihn so gespenstisch erscheinen. Es war der dritte nach den Flüchtlingswellen, die die beiden Tschetschenienkriege ausgelöst hatten. Binnen weniger Monate kamen mehr tschetschenische Asylbewerber nach Deutschland als zu Kriegszeiten. Einer dieser Männer war Adam, auch wenn er in Wirklichkeit nicht Adam heißt. Sein richtiger Name steht auf einer in Tschetschenien kursierenden Erschießungsliste. Gedroht wird ihm darauf mit einer »Hinrichtung ohne Gerichtsverfahren«. Dies ist seine Geschichte.

Die Dritte Welle

Als Adam in Grosny aufbricht, um nach Deutschland zu fliehen, wünscht ihm die Mutter eine gute Reise, ohne Wiederkehr. »Auf dass du nie zurückkommst«, sagt sie, »so Gott will und auch die deutschen Beamten.« Adam hat leichtes Gepäck: zum Wechseln zwei T-Shirts, Kartoffelpüree und ein gekochtes Huhn als Wegzehrung für die fünf kleinen Söhne. Adam steckt auch ein Dokument für die Behörden in Berlin ein, in dem ein Gefängnisarzt Striemen und Hämatome beschreibt, die Spuren, die Adams Peiniger auf seinem Körper hinterließen.

Adam holt in Grosny seine Frau von der Ultraschalluntersuchung ab. Samira ist im neunten Monat schwanger. Sie hofft, die Wehen mögen erst einsetzen, wenn sie deutschen Boden unter den Füßen hat. Ein Taxi fährt die Familie zum Bahnhof, vorbei an den Wolkenkratzern. Der Wagen passiert die Boutiquen auf dem Putin-Prospekt. Adams Familie lässt die gläsernen Fronten des neuen Grosny hinter sich und besteigt den Zug nach Moskau, Etappe eins auf ihrem Weg nach Deutschland.

Die Fluchtwelle entlarvt die Legende von der Boomtown Grosny. Viele Menschen sitzen auf gepackten Koffern. Die Arbeitslosigkeit ist hoch, Staatsbedienstete müssen zehn Prozent ihres Gehalts an den »Achmat-Kadyrow-Fond« abtreten, eine Art schwarze Kasse für Kadyrows extravagante Projekte. Bei Geschäftsleuten sind es bis zu 30 Prozent der Gewinne.

Die deutschen Behörden tun sich schwer mit der jähen Fluchtwelle der Tschetschenen. Sie müssen von Amtsstuben in Berlin und anderswo aus bewerten, wer bloß auf Geld aus ist, ob sich unter den Flüchtlingen auch gewaltbereite Islamisten befinden und wer tatsächlich Schutz verdient, weil er unschuldig Opfer von Kadyrows Regime wurde.

Adam fährt mit der Hand über die Narbe auf seinem Kopf. Er erzählt, dass sie von einem Hieb mit dem Griff einer Stetschkin-Pistole stammt, der Dienstwaffe eines Polizisten. Männer des Innenministeriums hätten ihn in Grosny in ein Auto gezerrt, ihm die Augen verbunden und ihn in den Keller einer Polizeiwache geworfen. Sie deklarierten das als Verhaftung eines Terrorverdächtigen. Sie hätten ihn mit Wasserflaschen geschlagen, dann mit Knüppeln. Sie klemmten Adam wohl auch Drähte an Finger und Ohr und versetzten ihm Stromstöße.

In dem Keller war noch ein anderer Gefangener. Adam hörte zwei Tage lang seine Schreie. Am dritten blieb es still – der Mann war tot. Polizisten, so erzählt es Adam weiter, sprengten die Leiche im Wald in die Luft und gaben zu Protokoll, sie hätten Terroristen mit Sprengstoff eliminiert.

Das klingt schockierend, für tschetschenische Ohren aber auch plausibel. Menschenrechtler wissen von einem Ermittler, der im Kreis Atschchoi-Martan ein halbes Dutzend Männer in einem Verlies gefangen hielt. Er wollte sie später im Wald erschießen, die verwahrlosten Leichen als die sterblichen Überreste islamistischer Rebellen ausgeben und eine Belohnung kassieren.

Adams Onkel hat gegen die Russen gekämpft. Er war ein Gefolgsmann des Rebellenpräsidenten Dschochar Dudajew, aber kein radikaler Islamist. Die Polizisten haben Adam ein Geständnis aus dem Leib geprügelt:

Ja, er habe dem Onkel damals Essen gekauft. In Tschetschenien reicht das für eine Verurteilung wegen Beihilfe zum Terrorismus. Unter Folter gab Adam auch die Stelle preis, an der er am Fluss einst die Kalaschnikow des Onkels versteckte.

Als seine Mutter ihren Sohn das nächste Mal wider Erwarten lebend zu sehen bekam, spuckte Adam Blut. Ein Richter verurteilte ihn zu zwei Jahren Gefängnis. Ein Kripo-Mann mit dem Vornamen Ruslan suchte ihn hin und wieder in der Haft auf, ließ ihn in das Zimmer des Gefängnisdirektors bringen und prügelte dort auf ihn ein.

Republikchef Kadyrow verweist solche Schilderungen in das Reich der Märchen. Sein Sprecher hält Meldungen über Flüchtlinge für eine »Erfindung deutscher Journalisten«. Tschetschenien sei »sicherer als Großbritannien«, sagt Kadyrow, die Wirtschaft überdies die effektivste in ganz Russland.

Adam überschreitet die EU-Außengrenze Anfang August 2013 nahe der weißrussischen Stadt Brest. Polnische Beamte nehmen die Personalien der Familie auf, ihre Fingerabdrücke. Fast alle Tschetschenen kommen so in die EU. Warschau lässt manche Flüchtlinge in Gefängnissen unterbringen, Familien werden mitunter getrennt. Kranke hätten nur eingeschränkt Zugang zu medizinischer Versorgung, so steht es in einem Bericht der Gesellschaft für bedrohte Völker.

Bei Samira haben zu der Zeit die Wehen noch nicht eingesetzt. Adam gibt einem Taxifahrer sein letztes Geld, rund tausend Euro, für die Fahrt nach Berlin. Polen hat in den vergangenen drei Jahren nur ein paar Hundert

Asylanträge bewilligt. Deutschland dagegen, so raunen sich die Menschen im Kaukasus seit Monaten zu, empfange Tschetschenen mit offenen Armen und Begrüßungsgeld. Das Gegenteil ist der Fall: Lediglich 8,3 Prozent der Flüchtlinge aus dem Kaukasus dürfen bleiben. Die Bundesregierung erklärt sich für nicht zuständig. Sie verweist auf das Dublin Übereinkommen. Flüchtlinge dürfen demnach nur in jenem EU-Staat Asyl beantragen, den sie als Ersten erreichen. Deutschland schickt sie also in der Regel zurück in diese Länder.

Adams Mutter Malika sitzt in der Küche einer Holzbaracke in Grosny. Ein Mitarbeiter des Bürgermeisters war da. Die Stadt will sie nach der Flucht ihres Sohnes aus der Notunterkunft werfen. Malika solle mit ihrem Mann und zwei Kindern zu einem anderen erwachsenen Sohn ziehen. Er bewohnt einen 30-Quadratmeter-Schuppen am Stadtrand, wo es keinen Strom gibt und Abwässer im Boden versickern. Ein Polizist hat Malika verkündet, Adam habe sie belogen. Der Sohn sei in Wahrheit doch Terrorist und nach Syrien gefahren. Malika hat nach dem Treffen noch einmal die Nachricht gelesen, die ihr Adam aus dem Ausland geschrieben hat, eine SMS von einem deutschen Handy, Vorwahl +49.

Berlins Behörden haben Adam und seine Familie in einem ehemaligen Schulgebäude untergebracht. Die deutschen Ärzte sagen, Samira habe die Flucht gut überstanden, sie erwarte ein Mädchen. Die Leiterin des Heims macht Adam wenig Hoffnung, dass sie bleiben können – sie müssten wohl wieder nach Polen gehen. Dort droht dann die Abschiebung nach Russland. Die

Heimleiterin sagt, jeder Tschetschene hier erzähle ihr die gleiche Geschichte von Folter und Verfolgung.

Adam setzt sich an den kleinen Tisch, den ihm das Amt ins Zimmer gestellt hat, und greift zu Stift und Papier. Dann schreibt er nieder, was ihm in Tschetschenien widerfahren ist. Er schreibt von der Kalaschnikow seines Onkels und der Stromfolter. Er nennt viele Details, er will es den Deutschen schwermachen, ihm nicht zu glauben. Die Söhne spielen im Hof. Wenn vor der Unterkunft ein schwarzer Geländewagen stoppt, wie sie in Tschetschenien Kadyrows Männer fahren, verstecken sie sich im Zimmer.

So jäh die Flüchtlingswelle aus Tschetschenien Anfang 2013 beginnt, so plötzlich endet sie wenige Monate später, als die ersten Familien nach ihrer Abschiebung aus Deutschland wieder in Grosny ankommen. Fast alle werden zurückgeschickt – Adam und seine Familie nicht. Sie sind erst in Berlin untergekommen und dann auf Rügen. Sie sollten ebenfalls abgeschoben werden, fanden dann aber Unterschlupf in einem Kirchenasyl. Bei Befragungen durch die Behörden schweigt Adam oft, aus Scham und aus Furcht, Kadyrows Leute könnten ihn des Verrats bezichtigen. Kadyrow hat Kontaktleute in Deutschland. Ein bekannter Box-Promoter bezeichnet sich sogar offiziell als »Vertreter des Oberhaupts der tschetschenischen Republik in Deutschland« – als wäre Tschetschenien nicht Teil Russlands, sondern ein unabhängiger Staat mit eigenen Diplomaten.

Eine deutsche Bürgerinitiative hat sich Adam und seiner Familie angenommen. Sie hilft ihnen, hält Kontakt zu den Behörden und achtet darauf, dass Adam seine

Termine im Amt nicht wieder verpasst. Er tut sich noch immer schwer mit dem Deutschlernen. Seine Söhne gehen in Schule und Kindergarten. Sie sprechen die fremde Sprache bereits fließend.

Putins Fußsoldat

Ramsan Kadyrow hat Putin ewige Gefolgschaft gelobt: »An welchen Platz ich gestellt bin, womit ich mich auch befassen mag, ob ich im Amt bin oder nicht, ich werde Wladimir Putin treu bleiben und stets bereit sein, bis zum Ende meiner Tage gegen die Feinde Russlands zu kämpfen. Das hängt nicht davon ab, ob er im Amt ist oder nicht. Jeder, der versucht, etwas gegen den Präsidenten Russlands oder gegen Russland zu tun, soll keine Sekunde daran zweifeln, dass ich ohne mit der Wimper zu zucken alles unternehmen werde, um das nicht zuzulassen.« So schwören sonst nur Vasallen einem mittelalterlichen Lehnsherrn Treue.

Ende Dezember 2014 versammelt Kadyrow seine Kämpfer in Grosnys Stadion, das den Namen seines Vaters trägt. Er ruft »Lang lebe Putin!« von der Bühne. 20 000 Tschetschenen antworten mit einem donnernden »Allahu Akbar!«, alle in Uniform, alle unter Waffen. »Wir sind Putins kämpfende Infanterie«, ruft Kadyrow. Er bittet darum, die tschetschenischen Kämpfer »fortan als Spezialeinheit unseres Oberkommandierenden zu betrachten«. Der Westen strebe danach, in Russland »Panik, Chaos und Unruhen zu säen«. Seine Tschetschenen aber seien bereit, Stabilität und Ordnung zu verteidigen. Es ist die erste kaum verhohlene Drohung an die Adresse der Putin-kritischen Opposition, die klar macht, dass sie in Zukunft nicht nur die Knüppel der Polizei oder Aktivisten der Kreml-Jugend zu fürchten hat, sondern auch Kadyrows Kampfreserven.

Neun Wochen später, am 27. Februar 2015, wird in Moskau der Oppositionspolitiker Boris Nemzow bei einem nächtlichen Spaziergang niedergeschossen. Er stirbt im Schatten der Kreml-Türme, keine 500 Meter von Putins Arbeitszimmer entfernt. Die Spuren in dem Fall führen in das Umfeld Kadyrows. Der Todesschütze Saur Dadajew stand zum Zeitpunkt der Tat im Dienst des »Bataillons Nord«. Die Einheit untersteht auf dem Papier dem russischen Innenministerium, gehorcht de facto aber allein dem Befehl Kadyrows.

Der Republikchef meldet sich nach der Festnahme zu Wort, er habe Dadajew als »echten Patrioten« kennengelernt. Dadajew war laut *Nowaja Gaseta* Mitglied einer »taktischen Gruppe« tschetschenischer Kämpfer, die in Moskau eingesetzt wurde – für Erpressungen, Entführungen und Auftragsmorde. »Tschetschenien ist die einzige Region, die in der Hauptstadt bewaffnete Gruppen unterhält«, so das Blatt. Als Auftraggeber der Tat glaubt die Zeitung einen Kommandeur des »Bataillons Nord« identifiziert zu haben, den Offizier Ruslan Geremijew. Nach dem Mord setzt er sich zwischenzeitlich in die Vereinigten Arabischen Emirate ab, kehrt wenig später aber in seine tschetschenische Heimat zurück. Moskauer Ermittler bemühen sich um seine Vernehmung, haben aber keinen Erfolg: Die Vorladung kommt nie bei ihm an, auch weil Tschetscheniens Behörden es bei einem vergeblichen Versuch belassen, sie Geremijew zuzustellen.

An den Grenzen Tschetscheniens scheint die Macht von Moskaus Strafverfolgungsbehörden zu enden. Den Schützen Dadajew können sie erst festnehmen, nachdem er den Fehler machte, in die Nachbarrepublik Inguschetien zu fahren. Auch dort wollen Kadyrow-Leute den Verhafteten unter ihre Fittiche nehmen. Um das zu verhindern, entsendet der Inlandsgeheimdienst FSB Spezialkräfte ohne Erkennungszeichen in den Nordkaukasus und überstellt Dadajew schließlich in das Moskauer Untersuchungsgefängnis Lefortowo.

Juristische Konsequenzen muss Kadyrow nicht befürchten. Der Kreml hat den Chefermittler ausgewechselt. Den Fall Nemzow betreut nun ein General, der dadurch bekannt geworden ist, dass er in zwei anderen prominenten Fällen, den Ermordungen der Kadyrow-Rivalen Jamadajew, nie die Drahtzieher ausfindig machen konnte. Die Ermittler beschränken sich darauf, einen Prozess gegen die mutmaßlichen Todesschützen und einige Mittelsmänner vorzubereiten. Diese hätten auf eigene Initiative gehandelt.

Moskaus Dilemma

Der Kreml praktiziert im Kaukasus ein gefährliches Laisser-faire. Ramsan Kadyrow hat verstanden, dass keine Verfassung seinen Handlungsspielraum begrenzt, kein Aufseher eines russischen Rechnungshofs, entscheidend ist einzig das Maß seiner Treue gegenüber

Wladimir Putin. Kadyrow selbst hat das einmal so formuliert: »Solange mich Putin unterstützt, kann ich tun, was ich will.« Putin wiederum hat wenig unternommen, was Kadyrows Überzeugung hätte ins Wanken bringen können. Er empfinde für Kadyrow »wie für einen Sohn«, hat Putin 2011 in einem Interview mit dem tschetschenischen Fernsehen gesagt. »Er hat eine enorm positive Rolle im Leben des tschetschenischen Volkes und für Russland insgesamt gespielt.« Nur dank Kadyrow sei es gelungen, die Probleme in Tschetschenien zu bewältigen.

Das Moskauer Millionenblatt *Moskowskij Komsomelez* sieht das ähnlich, findet allerdings eine weniger sentimentale Formulierung: Tschetscheniens Abdriften in Richtung eines totalitären Regimes sei »der unvermeidliche Preis für die Rückkehr des friedlichen Lebens«. Dieser Preis sei zwar hoch, »doch es war wert, ihn zu entrichten«.

Russlands Opposition hält Kadyrow dagegen für eine wachsende »Bedrohung der nationalen Sicherheit«, so der Titel eines 2015 in Moskau vorgestellten Berichts. Seit dem Mord an Nemzow haben Kadyrows Tiraden gegen Demokraten und Menschenrechtler eine neue Qualität erreicht. Er beschimpfte sie als »Rudel feiger Hunde«. Sie seien Krisen-Profiteure, wollten aus Russlands wirtschaftlichen Schwierigkeiten politisches Kapital schlagen, mit »solchen Leuten muss man verfahren wie mit Volksfeinden«. Der Begriff »Volksfeind« stammt aus der Zeit Josef Stalins. Kadyrow schob zwar hinterher, gemeint sei, Oppositionelle vor Gericht zu stellen, doch jeder Russe weiß, dass solche Prozesse während Stalins Großen Terrors immer gleich endeten: mit der Erschießung.

Kadyrows Selbstherrlichkeit nährt auch außerhalb der eher westlich gesinnten Opposition Befürchtungen, er könnte längst nicht mehr Garant der Lösung für Russlands alte Probleme in Tschetschenien sein, sondern schon Teil drohender neuer Schwierigkeiten. »Wenn man Geld unkontrolliert an bewaffnete Leute gibt, nennt man das Tribut«, spottet der Politologe Michail Deljagin, ein Vordenker der russischen Konservativen. In Tschetschenien haben »wieder Kämpfer die Macht an sich gerissen«, hat der nationalistische Politiker Dmitrij Rogosin gewarnt, heute Vizepremier von Putins Regierung. Russlands Inlandsgeheimdienst FSB warnt, Kadyrow sei im Begriff, dem Kreml aus dem Ruder zu laufen.

Abdulrachman

Taissa sitzt in der Küche der elterlichen Wohnung in Grosny. Im Hintergrund läuft der Fernseher, eine Sondersendung anlässlich des Geburtstags von Aimani Kadyrowa, Kadyrows Mutter. Er wird fast wie ein Nationalfeiertag gefeiert. Sohn Ramsan hat zu ihren Ehren ein Radrennen in Grosny organisiert. Das Thermometer zeigt 42 Grad im Schatten.

In der Küche schnurrt die Klimaanlage. Der kleine Sohn Abdulrachman spielt auf dem Smartphone. Taissas Vater, der sie fast wie einen Jungen aufwachsen ließ, hatte sich sehr einen Enkel gewünscht. Er hat Abdulrachman nur auf einem verwackelten Handyfoto aus dem Kreißsaal gesehen. Er starb zwei Tage nach der Geburt, Taissa war noch nicht aus dem Krankenhaus entlassen worden. Der Vater war an Diabetes erkrankt und stur. Wenn seine Familie dachte, er sei beim Arzt, fuhr er in Wahrheit Taxi. Er sei ein alter Mann gewesen, sagt seine Tochter. Er wurde 57.

Jetzt ist ihr Sohn der wichtigste Mensch in Taissas Leben. Sie geht mit ihm auf den Rummel, ins Kino und in den Zirkus. Er soll die Kindheit genießen, die sie nie hatte. Und er soll eines Tages einen Hochschulabschluss machen können. Taissa träumt jetzt für Abdulrachman.

Die Wirtschaftsbilanz Tschetscheniens ist schwach, trotz Finanzspritzen aus Moskau, die Arbeitslosigkeit hoch. So schlecht wie in Tschetschenien ist das Investitionsklima in Russland sonst nur noch in der Nachbarprovinz Inguschetien und in Tuwa an der Grenze zur Mongolei. Die gesamte Wirtschaftsleistung Tschetscheniens liegt bei weniger als einer Milliarde Euro, selbst der Zwergstaat San Marino erwirtschaftet mit nur 30000 Einwohnern mehr.

Es ist nicht leicht, in Grosny eine gute Ausbildung zu bekommen, einen guten Job. Schon die Aufnahme an der Universität schlägt mit 100000 Rubel zu Buche, zu zahlen unter der Hand an die Verwaltung. Posten bei der Polizei sind besonders begehrt. Kostenpunkt: 1,8 Millionen Rubel, mehr als 20000 Euro. Taissas Ehemann hat an der Universität Wirtschaftswissenschaft studiert, aber keine Arbeit gefunden. Stattdessen arbeitet Taissa in der Buchhaltung. Oft hat sie den Eindruck, auf der Stelle zu treten. »Die Tage wiederholen sich«, sagt sie dann. Der Job bringe sie fast um.

Ihre Schwester arbeitet in der gleichen Firma, sie hat ihr die Stelle nach dem Tod des Vaters verschafft.

Taissa hat mal ein Buch von Dale Carnegie in die Hand bekommen. Der amerikanische Psychologe gibt darin Ratschläge, wie man Vorgesetzte auf sich aufmerksam machen kann, kleine Tricks für einen schnelleren Aufstieg nach oben. Taissa hat es kopfschüttelnd beiseitegelegt. In Tschetschenien macht Karriere, wer die richtigen Bekannten und Verwandten hat.

Es ist nicht so, dass sie aufgegeben hätte. Taissa hat eine Spiegelreflexkamera gekauft. An freien Wochenenden nimmt sie Aufträge an für Hochzeitsfotos oder Aufnahmen von Frauenmode, mal mit Kopftuch, mal ohne. Sie nutzt die Freiräume, die das Korsett des Alltags lässt.

Die Gewalt macht ihr Sorgen. Kadyrow hat Tschetschenien »zum einzigen Ort auf der Welt« erklärt, »an dem der Terrorismus besiegt ist«. Die Wahrheit ist eine andere. Ende 2014 fielen bewaffnete Kämpfer ins Zentrum von Grosny ein. Sie griffen nach Mitternacht das nur einen Kilometer Luftlinie von der neuen Moschee gelegene Haus der Presse an und setzten es in Brand. 14 Polizisten starben, 36 wurden verletzt. Taissa kennt das Gebäude, sie hat dort früher einige Journalismusvorlesungen besucht.

Ramsan Kadyrow hat über Jahre mit harter Hand erreicht, dass die Zahl der Feuerüberfälle und Selbstmordattentate zurückgegangen ist. Er hat die Radikalen mit radikalen Maßnahmen eingedämmt, aber besiegt hat er sie nicht. Auf die Attacke gegen das Haus der Presse gab er die Antwort, die er in den vergangenen Jahren immer gegeben hat: Er griff zu noch drastischeren Mitteln. Auf seinem Instagram-Account verkündete er:

Die Zeit ist zu Ende, wo man sagte, dass die Eltern keine Verantwortung tragen für die Taten ihrer Söhne und Töchter. In Tschetschenien werden sie zur Verantwortung gezogen. Wenn ein Kämpfer einen Polizisten tötet oder einen anderen Menschen, so wird die Familie des Kämpfers unverzüglich ausgewiesen aus Tschetschenien, ohne Recht auf Rückkehr, und ihr Haus wird abgerissen mitsamt der Fundamente.

Zugleich erklärte er Menschenrechtler zu Freiwild. Ein offenbar instruierter Mob griff in der Folge das Büro des russischen Komitees gegen Folter an und setzte es in Brand. Kadyrow behauptete, die Organisation stecke mit Terroristen unter einer Decke.

Islamischer Staat

Die Position Russlands im Nordkaukasus ist in den vergangenen Jahren eine neue Bedrohung erwachsen, fern der eigenen Grenzen: Russland fürchtet die Rückkehr radikaler Islamisten, die sich dem »Islamischen Staat« in Syrien und Irak angeschlossen haben. Das Haus, in dem sie ihre Drohung hinterlassen haben, liegt im zerschossenen Zentrum von Kobane, der Kurdenstadt an der syrisch-türkischen Grenze. Luftschläge der Amerikaner und kurdische Truppen haben den IS von dort vertrieben. Die Kämpfer haben mit Filzstiften Botschaften an die Zimmerwände des Hauses gemalt, in dem ihre IS-Einheit Stellung bezogen hatte. Ein Bild zeigt eine Gebirgslandschaft, jedoch keine aus Syrien, dem Irak oder der nahen

Türkei: Zwischen den Gipfeln recken sich Wehrtürme in den Himmel, die für den Nordkaukasus typisch sind. Auf dem höchsten Gipfel weht das schwarze Banner des IS. Daneben hat ein Kämpfer eine Drohung notiert, die fast poetische Züge trägt: »Und in den Nächten erschienen mir die Berge, und sie rufen mich nach Hause.«

Russlands Sicherheitsbehörden sind alarmiert. Über Jahre haben sich Tschetschenen und Menschen aus den Nachbarrepubliken dem »Islamischen Staat« angeschlossen. Ihre Familien haben sie nicht davon abgehalten, auch nicht Kadyrows prestigeträchtige Bauvorhaben. Die genaue Zahl der IS-Kämpfer mit russischem Pass kennt niemand. Die Schätzungen gehen auseinander: Der Inlandsgeheimdienst FSB sprach erst von 1700 Mann, der Chef des russischen Sicherheitsrats von bis zu 2000. FSB-Direktor Alexander Bortnikow erhöhte die Schätzung dann aber auf bis zu 5000.

Die Entwicklung wirkt paradox, aber ausgerechnet Kadyrows demonstrative Sittenstrenge (»Die Scharia steht über den Gesetzen Russlands!«) hat das Potenzial, einem neuen islamistischen Aufstand im Nordkaukasus Nahrung zu geben. Der Republikchef instrumentalisiere die Religion, »um vor allen anderen Dingen die Bevölkerung zu kontrollieren«, konstatiert der Moskauer Kaukasusexperte Alexej Malaschenko. Das Regime treibt junge Leute in die Arme radikaler Salafisten.

Russland sieht sich im Nordkaukasus seit mehreren Jahrzehnten einem Phänomen gegenüber, das auch andere Teile der muslimischen Welt erfasst hat: Regional verwurzelte gemäßigtere Ausprägungen des Islam geraten durch den Salafismus unter Druck, eine Kampf-

bewegung des politischen Islam, die nach der Vereini-
gung der Weltgemeinschaft der Muslime strebt, sich in
jüngerer Zeit an Lehren aus Saudi-Arabien orientiert
und der auch Al-Qaida folgt.

Der im Nordkaukasus verwurzelte Sufismus hingegen
ist liberaler, hat zahlreiche Bräuche aus vorislamischer
Zeit übernommen und sich von der Welt eher abgewandt:
Er lehrt den Gläubigen, sich der Vervollkommnung der
eigenen moralischen Prinzipien zu verschreiben, nicht
politischen Ambitionen. Gerade viele junge Muslime
assoziieren den Sufi-Islam allerdings auch mit blindem
Gehorsam gegenüber einem korrupten Staat.

Kadyrow hat den Salafisten einen »Kampf bis zum
Tod« angedroht. Seine Leute machen keinen Hehl daraus, dass sie keinen Wert auf Rechtsstaatlichkeit legen.
Der stellvertretende Innenminister der Republik leistete
im Fernsehen einen öffentlichen Schwur: »Beim Koran,
den uns Allah geschickt hat: Wer auch nur die leichteste
Ähnlichkeit mit Wahhabiten hat, rottet sie aus. Verhaftet, wen ihr verhaften könnt. Schiebt ihnen etwas unter.
Tut, was euch beliebt, und tötet, wen ihr wollt.«

Murad

Taissa erzählt von einem Klassenkameraden, einem
Jugendfreund. Typ: Romantiker. Einmal hat ihr Murad
ein Schreibheft geschenkt, in dem er mit geschwunge-
ner Handschrift selbstgedichtete Verse notiert hatte. Er
kam aus keiner armen Familie, war belesen, sein Vater
hatte einen Job bei der Polizei. Und dennoch ist Murad

in den Irak gereist und hat sich dem »Islamischen Staat« angeschlossen. Er hat Taissa hin und wieder geschrieben, über das soziale Netzwerk *VK.com*. Es sei ihm wichtig, nach den Menschen zu schauen, die ihm etwas bedeuten.

Warum ist er zum IS gegangen? »Weil er hier keine Gerechtigkeit entdecken konnte«, glaubt Taissa. Warum haben ihn seine Eltern nicht zurückgehalten? Vielleicht hätten sie es gar nicht gemerkt. Taissa kennt Fälle von Mädchen, die am Morgen das Haus so verließen, als wollten sie wie an jedem gewöhnlichen Tag zur Uni, dann aber den Hidschab anlegten und in die Türkei flogen. Das kommt sogar in Tschetscheniens angesehensten Familien vor: Die Tochter des Leiters der Migrationsbehörde hat sich dem IS angeschlossen. Der Vater wurde umgehend gefeuert. Auch Murads Vater hat seinen Job bei der Polizei verloren, Verwandte wurden von den Behörden schikaniert. Die Familie hat Tschetschenien verlassen und in Frankreich Asyl beantragt.

Mehrere Monate hatte Taissa nichts mehr von ihrem Freund gehört, bis zu dem Tag, an dem ihr ein Fremder online schrieb, Murad sei »zum Schahiden geworden«, zum Märtyrer. Man habe Männer für einen Sturmangriff im Irak per Los ausgewählt, Murad habe im Vorübergehen davon mitbekommen und gebeten, auch einen Zettel für ihn in den Lostopf zu werfen. Man habe ihn gleich als Ersten gezogen – das ist die Heldengeschichte, die seine Kameraden erzählen.

Der »Islamische Staat« nutzt das Internet, um Tschetschenen anzuwerben: junge Männer als Kämpfer und junge Frauen, um sie mit den Kämpfern zu verheiraten.

Manchmal geht das schief: Im Sommer 2015 feierten russische Medien drei Mädchen aus Tschetschenien als Helden, weil sie die Rekrutierer des IS übers Ohr gehauen hatten. Sie erklärten sich einverstanden, über die Türkei nach Syrien zu reisen. 3300 Dollar Vorschuss für die Flugtickets behielten sie für sich, ohne die Reise je anzutreten.

Taissa hat nach Murads Tod weitere Nachrichten von Unbekannten bekommen. In den Botschaften war die Rede davon, ein wahrer Muslim müsse sich dem Kampf für den Glauben verschreiben. Wenn die Eltern dagegen seien, so stellten sie sich gegen Allah. Sie schickten auch Fotos, auf denen sie mit teuren Mobiltelefonen hantieren und neben schicken Autos posieren, mit erhobenem Zeigefinger. Taissa kann diese Geste nicht leiden, diese »Inschallah-Überheblichkeit«, wie sie es nennt. Sie sei sich im Klaren darüber, auch Fehler zu machen in ihrem Glauben, »aber was die in Syrien und dem Irak tun, ist auch nicht der wahre Islam«.

In einer Botschaft, die sie über das Internet bekommen hat, stand, sie müsse doch wissen, was ihre Pflicht sei. Taissa hat den Account blockiert, von dem diese Nachrichten kamen. Sie hat keinen Zweifel an ihrer Pflicht und an ihrem Platz: »Er ist an der Seite meines Sohnes.«

16. Wera flieht

>»Die Ukraine ist mit vielem gesegnet. Gute
>Politiker gehören nicht dazu.«

Wera Kitschanowa ist das erste Mal von Moskau aus
nach Kiew gereist, als im Januar 2014 die Autoreifen auf
dem Maidan zu brennen begannen, dem Platz der Unabhängigkeit. Sie ist dort geblieben, als in ihr die Überzeugung wuchs, »dass sich in der Ukraine das Schicksal des
ganzen postsowjetischen Raumes entscheiden« könnte
und vielleicht auch ihr eigenes. Von ihren Freunden und
Mitstreitern in Moskau hat sie sich mit einem Eintrag
bei *Facebook* verabschiedet. Sie sehe ihren Schritt nicht
als »Abschied für immer, sondern als eine Art sehr lange
Dienstreise«. In Kiew hoffe sie, neue Kraft zu schöpfen
und ein Leiden auszukurieren, das Wera »diese auswendig gelernte Hilflosigkeit« nennt.

Für die Wahlen des Moskauer Stadtparlaments 2014
wollte sie die 5000 Unterschriften sammeln, die Kandidaten für die Zulassung ihrer Kandidatur brauchen. Ihre
Wahlkampfhelfer wurden zusammengeschlagen. Als sie
ihren Stand neben einer Metrostation aufbaute, stürzten
Wachleute eines nahen Einkaufszentrums herbei. Einer
packte sie am Genick und zerriss die Unterschriften,
die sie schon beisammen hatte. Die Polizei hat Weras
Anzeige nie verfolgt.

Wera hat sich bemüht, in ihrem Moskauer Wahlkreis
Süd-Tuschino sicherzustellen, dass Reparaturen an

Wohnhäusern auch ordnungsgemäß ausgeführt wurden, »aber am Ende wurde doch einfach meine Unterschrift auf den Abnahmeprotokollen gefälscht«. Sie mischte sich in Moskau bei öffentlichen Anhörungen ein und wurde dafür angefeindet. Selbst ihre Unterstützer waren unzufrieden. Einmal hatte Wera eine Frau an der Strippe, die bei den Kommunalwahlen für sie gestimmt hatte: »Wegen dir gehe ich nie wieder wählen, denn geändert hat sich ja doch nichts!« Dieser Satz klang lange in ihr nach, er hat sie stärker erschüttert als viele Anfeindungen. Seitdem treibt sie die Frage um, ob es ein Fehler war, Menschen in einer hoffnungslosen Lage Hoffnung zu machen.

Früher wollte sie mit dem Kopf durch die Wand. Heute weiß sie: Es gibt Zeiten, in denen einfach weiterzukämpfen Verschwendung von Energie ist. Sie hofft, dass ihr Engagement in der Ukraine auf fruchtbareren Boden fällt. Wera ist in Kiew Chefredakteurin des Online-Magazins *Reed* geworden. Die Webseite positioniert sich als Portal für »die junge Generation in den Ländern der ehemaligen UdSSR«. *Reed* hat ein Dutzend Mitarbeiter, die meisten davon kennt Wera, seit sie 2011 gemeinsam an der »In Liberty«-Sommerschule in der georgischen Hauptstadt Tiflis teilgenommen haben. Alle sind wie Wera Anhänger des Libertarismus, denken wie sie. Auf der Seite von *Reed* wird darüber diskutiert, wie die korrupte Generalstaatsanwaltschaft der Ukraine zu reformieren wäre oder wie die Entwicklung der Landwirtschaft beflügelt werden kann. Meistens geht es darum, die Staatsmaschine weiter zurückzudrängen. Den »Leviathan frisieren« nennen sie das in der Redak-

tion. Wera würde die meisten Beamten entlassen und
die Gehälter der übrigen erhöhen. »Heute ist ihr Einkommen so niedrig, dass sie Bestechungsgelder annehmen müssen«, sagt sie.

Die dreifache Revolution

Wera sitzt in einem Café am Maidan. 200 Meter entfernt
liegt das alte Konservatorium. Am Morgen des 20. Februar 2014 setzte sich der Ukrainer Iwan Bubentschik dort
an ein Fenster in der dritten Etage, lud sein Gewehr und
schoss – so berichtete er es später Journalisten – zwei
Polizisten ins Genick. Er habe Rache nehmen wollen für
seine an den Tagen zuvor getöteten Kameraden nehmen
und der Revolution nach drei Protestmonaten endlich
zum Sieg verhelfen. Die Polizei erwiderte das Feuer und
zog sich in Panik zurück, gedeckt durch Scharfschützen
des Geheimdienstes. Sie schossen zahlreichen Demonstranten in den Kopf.

Es war das Ende eines Kräftemessens, während dessen viele Akteure Gewalt zu einem legitimen Mittel
erklärten, auf beiden Seiten der Barrikaden. Die Gewalt
hatte sich über Monate hochgeschaukelt: Rowdys schlugen mit Eisenketten auf die Polizei ein. Die Polizei prügelte nachts Studenten nieder. Demonstranten wurden
entführt und gefoltert. Von der Staatsmacht gedungene
Tituschki-Schläger erschossen einen Journalisten. In den
Reihen der Demonstranten tauchten Revolver und Kara-
biner auf. Am Ende waren mehr als hundert Demonstranten und über ein Dutzend Sicherheitskräfte tot.

Die Welt hat sich schwer getan mit der Einordnung der Revolution. Sie hat nie richtig verstanden, dass es sich bei den Maidan-Protesten bei Lichte besehen nicht um einen Aufstand handelte, sondern um drei. Maidan 1 war elitär, aber schwach: Seine Teilnehmer sammelten sich am 21. November 2013 als Erste auf dem Platz, vor allem Journalisten und Studenten, die der jähe Stopp des Assoziierungsabkommens mit der Europäischen Union empörte. Sie waren einem Aufruf des Reporters Mustafa Najem auf *Facebook* gefolgt, alles in allem nicht mehr als ein paar Tausend Männer und Frauen. Eine Woche später waren es immer noch nicht mehr geworden. Die Revolution schien am Ende, bevor sie richtig begonnen hatte.

Maidan 2 war ein echter Volksaufstand, gewaltig und richtungslos. Er brach los nach den Geschehnissen der Nacht auf den 30. November. Um vier Uhr am Morgen hatten sich Spezialeinheiten des Innenministeriums daran gemacht, mit brutaler Gewalt niederzuknüppeln, was von Maidan 1 noch übrig geblieben war: ein paar Hundert unentwegte Studenten. 80 Demonstranten wurden verletzt. Ein Fotograf der Nachrichtenagentur *Reuters* trug eine blutende Platzwunde davon. Zwei Tage darauf war das Zentrum von Kiew schwarz von Menschen, eine halbe Million Ukrainer machte mobil. Die Polizeigewalt war der Auslöser, aber mit einem Schlag entlud sich auch der ganze Frust einer geschundenen Nation – über Janukowytsch, der seine Leute das ohnehin schon arme Land ausplündern ließ und den zum Schluss niemand mehr verteidigen mochte. Nicht auf der Krim und auch nicht in seiner ehemaligen

Hochburg Donezk. Er floh im Februar 2014 nach Russland.

Der Zorn galt aber auch den Oligarchen allgemein, die das Land in den vergangenen 25 Jahren unter sich aufgeteilt, aber nichts für seine Entwicklung getan hatten. 1990 hatte die Ukraine ein höheres Bruttoinlandsprodukt pro Kopf als das Nachbarland Polen. Heute ist es umgekehrt: Polen erwirtschaften im Schnitt 11 300 Dollar, in der Ukraine sind es 2000 Dollar. Das ursprüngliche und von Janukowytsch gekippte Handelsabkommen mit der EU spielte für Maidan 2 praktisch keine Rolle mehr. Die EU allerdings schon: Die Klügeren auf dem Platz sahen in ihr eine Art Leuchtturm, an dem sich die Ukraine orientieren konnte, um endlich aus dem Sumpf zu finden. Andere hielten sie für eine Art weißen Ritter, der das Land retten und in eine lichte Zukunft führen würde.

Maidan 3 war radikal, extrem gewaltbereit und auf die Errichtung eines nationalistischen Regimes in der Ukraine ausgerichtet. Rechte Gruppen waren auf dem Maidan zwar zahlenmäßig in der Minderheit, aber sie bildeten eine Art bewaffneten Arm des Aufstands gegen die Janukowytsch-Regierung. Als die zunächst friedlichen Demonstrationen in Gewalt umschlugen, waren es neben Afghanistanveteranen rechte Gruppen, die Barrikaden verteidigten, Molotowcocktails warfen und Schusswaffen trugen. Damit trugen sie zu der Eskalation bei, die mehr als hundert Menschen das Leben kostete und am Ende den Präsidenten sein Amt. Als schlagkräftigste Truppe bildete sich der »Rechte Sektor« des Nationalistenführers Dmytro Jarosch heraus.

Als der Maidan ins Rampenlicht rückte, gab sich Jarosch gern gemäßigt. In seiner Kampfschrift *Nation und Revolution* aber zeigt er sich als Gegner der parlamentarischen Demokratie. »Parlamentsparteien, Blöcke und Fraktionen« im ukrainischen Parlament seien nur »Segmente des Regimes der inneren Okkupation«. Wortgleich mit russischen Nationalisten wettert Jarosch gegen »Entnationalisierung, Homosexualität und Drogensucht«. Sein Weltbild ist geprägt von einem totalitären Ethnonationalismus. Er fordert die »Verbreitung der nationalistischen Ideologie auf dem gesamten Territorium unseres Staates« einschließlich des russischsprachigen Ostens. Sein Ziel ist, die »führende Rolle des Wurzelvolkes im Staat« durchzusetzen. Die EU war für Jarosch und seine Leute nie Vorbild, sondern lediglich Verbündete auf Zeit, um Russlands Einfluss auf die Ukraine zu kontern. Am Westen stört die Rechten etwas, was sie »liberalen Totalitarismus« nennen: die angeblich »antichristliche Ausrichtung der EU, die Vernichtung der traditionellen Familie, Homo-Ehen«.

Als Jarosch auf dem Maidan redete, bekam er mehr Applaus als die gerade erst freigekommene ehemalige Oppositionsführerin Julija Tymoschenko. Sogar in einem Geheimpapier der russischen Sicherheitsbehörden hieß es nicht ohne Bewunderung, Jaroschs Rechter Sektor sei die »einzige organisierte Kraft, die wie ein Magnet« sowohl Extremisten als auch gewöhnliche Menschen anziehe. Gruppen wie der Rechte Sektor waren auch der Grund, warum es russischen Medien leichtfiel, die Maidan-Revolution als vermeintlichen faschistischen Putsch darzustellen. Weil Rechtsextreme tatsächlich eine große Rolle gespielt hatten, brauchten sie gar nicht viel hinzuzudichten. Es reichte völlig aus, alle anderen Gruppen, die auf dem Maidan protestierten, zu ignorieren.

Ungleiche Brüder

Als Boris Jelzin im Dezember 1991 in Wiskuli, dem westlichsten Winkel Weißrusslands, mit seiner Unterschrift das Ende der Sowjetunion besiegelte, versprach er auch mit großem Pathos das Ende der russischen Hegemonie über seine Nachbarländer: »Wir hatten die Vorstellung von Nationen, in denen einer der ältere Bruder ist und die anderen die jüngeren. Aber diese Zeit ist vorbei.« Seitdem aber hat sich der Kreml nie recht mit der Unabhängigkeit der Ukraine abfinden können. Wladimir Putin betont gern, dass »Ukrainer und Russen ein Volk sind, wir machen da keinen Unterschied«. Von den Ukrainern werden solche Sätze als das verstanden, was sie sind: ein Herrschaftsanspruch. Moskau leitet aus der großen Nähe seit jeher ein Recht ab, Einfluss auf die Politik der Ukraine zu nehmen.

Schon das benutzte Vokabular ist ein Ausdruck der besonderen Nähe, in der sich der Kreml zu den ehemaligen Teilrepubliken sieht: Nach dem Zusammenbruch der Sowjetunion erfand Moskau für sie den Begriff »nahes Ausland«. So fielen die Beziehungen zu den Ex-Unionsrepubliken nicht in den Aufgabenbereich des russischen Außenministeriums, sondern blieben im Zuständigkeitsbereich der Kreml-Verwaltung. Die von Russland so betonte Verbundenheit mit der Ukraine steht in Widerspruch zu der Tatsache, dass Moskau regelmäßig von Entwicklungen in Kiew überrascht wurde. Im Jahr 2004 ließ der Kreml Wiktor Janukowytsch einbestellen, um den Mann zu begutachten, den der damalige ukrainische Präsident Leonid Kutschma zu seinem Nachfolger auserwählt hatte. Das Vorgehen erinnerte sehr an die sowjetische Praxis, Anwärter für den Posten des Ersten Sekretärs des Zentralkomitees der Ukraine zunächst in Moskau antanzen zu lassen.

Putin griff in der Folge direkt in den Wahlkampf ein. Er traf sich alle zwei Monate mit Janukowytsch, eröffnete gemeinsam mit dem Kandidaten eine neue Fährverbindung auf die Krim, gewährte Vergünstigungen für ukrainische Gastarbeiter in Russland, senkte den Gaspreis und schickte PR-Fachleute aus Moskau. Putin meldete sich sogar selbst zu Wort: Er gab dem ukrainischen Fernsehen ein Interview, kurz vor der Wahl im Dezember 2004, und erklärte, er rechne mit einem klaren Sieg seines Favoriten. Kurz: Er tat alles, was in Russland für einen klaren Sieg Janukowytschs gereicht hätte. Der erste Wahlgang aber endete mit einem Patt. Nach dem zweiten schlugen Demonstranten mitten im winterlichen Kiew Zelte auf. Den dritten Wahlgang gewann Wiktor Juschtschenko, der Kandidat der Opposition.

Wera glaubt, dass die Menschen in der Ukraine anders auf ihren Staat schauen, respektloser. »Weniger sakral«, sagt sie. Russland sei immer ein Imperium gewesen, die Ukraine dagegen lag am Rand. Wer in der Ukraine herrschte, war über Jahrhunderte meist nur Statthalter anderer Herren und ein Fremdkörper. Nach dem Zusammenbruch der Sowjetunion sei der Staat stets »zu schwach gewesen, für harte Repression ebenso wie für einen Ausbau der Sozialleistungen. In diesem Vakuum haben die Menschen gelernt, sich selbst zu helfen.« Wera hat die von Freiwilligen betriebenen Suppenküchen auf dem Maidan gesehen, die improvisierten Feld-Apotheken. In Moskau sei so ein Maß der Selbstorganisation unvorstellbar, »deshalb denken auch alle Russen bei solchen Bildern gleich, das werde alles von der CIA und dem State Departement bezahlt«.

Wera hofft, das Vorbild einer demokratisch geordneten und wirtschaftlich erfolgreichen Ukraine werde Russland langfristig tiefer verändern, als die russische Opposition das je aus eigener Kraft könnte. Das ist eine Art russische Variante der deutschen »Magnettheorie«. Kurt Schumacher von der SPD hat sie nach dem Krieg formuliert, Konrad Adenauer von der CDU griff sie auf. Schumacher glaubte, die deutsch-deutsche Teilung könnte überwunden werden, wenn Westdeutschland »zu einem ökonomischen Magneten« werde. Die wirtschaftliche Anziehungskraft auf den Osten müsse so stark werden, »dass auf Dauer die bloße Innehabung des Machtapparates dagegen kein sicheres Mittel ist«. Die Geschichte gab Schumacher Recht, der Widerstand der DDR-Bürger war 1989 auch stark geprägt von materiellen Wünschen. Als Schumacher die »Magnettheorie« 1947 formulierte, wusste er allerdings auch, dass vor Deutschland ein »gewiss schwerer und vermutlich langer Weg« liege. Die Ukraine hat noch schlechtere Startbedingungen.

Wera ist »auch für Russland nach Kiew gefahren«, sagt sie. So denken viele russische Polit-Emigranten, die nach der Maidan-Revolution in die Ukraine gezogen sind. Sie hoffen, dass ein Erfolg in der Ukraine die Russen zum Umdenken bringt. So auch Olga Kornosowa, die seit 2014 in der Ukraine lebt und früher »Märsche der Nicht-Einverstandenen« organisiert hat, Kundgebungen gegen Präsident Putin. Zahlreiche russische Journalisten haben im Nachbarland eine neue Bleibe gefunden: Matwei Ganapolski, einer der bekanntesten Moderatoren Russlands, hat bei einem Kiewer Radiosender angeheuert. Aider Muschdabajew, früher stellvertretender Chefredakteur des Millionenblatts *Moskowskij Komsomolez*, leitet in Kiew den Wiederaufbau des TV-Senders der Krim-Tataren. Die Jungpolitikerin Marija Gaidar hat sich dem Team von Micheil Saakaschwili angeschlossen. Der ehemalige georgische Präsident wurde zum Gouverneur von Odessa am Schwarzen Meer ernannt. »Einiges Russland« hat deshalb ein Verfahren wegen »Landesverrats« gegen Gaidar gefordert. Das klang danach, als hätte sich Gaidar mit brisanten Staatsgeheimnissen zum Feind abgesetzt. Dabei sucht sie in der Ukraine nur die Chance, die Russland Oppositionellen wie ihr immer verwehrt hat.

Der Konflikt zwischen Russland und der Ukraine hat das Lager der Moskauer Putin-Gegner gespalten. Verbündete, die 2011 und 2012 noch gemeinsam gegen die manipulierten Wahlen auf die Straße gingen, stehen nun auf unterschiedlichen Seiten der Front, und das wortwörtlich: Während Wera ihren Beitrag für einen Erfolg des Maidan in Kiew leisten will, haben sich alte Bekannte den Separatisten in der Ostukraine angeschlossen: Marija Koleda zum Beispiel, ebenfalls 1991 geboren, Wera ist auf *Facebook* noch immer mit ihr befreundet. Koleda war Mitglied bei der radikalsozialistischen »Avantgarde der Roten Jugend«, für Kommunisten und die russischen »Nationalbolschewisten« aktiv, die sich früher Straßenschlachten mit der Polizei lieferten, aber heute die Ukrainepolitik des Kreml unterstützen. Marija Koleda bewundert Sowjetdiktator Josef Stalin. Sie träumt von einem Staat, der eine Mischung sein soll aus »Sozialismus und Monarchie«.

Im Frühjahr 2014 reiste Marija in die Ukraine, offiziell als Fotografin, in Wahrheit wollte sie die überall im Süden und Osten des Landes aufflackernden prorussischen Aufstände unterstützen. In Nikolajew in der Nähe von Odessa wurde sie verhaftet, der ukrainische Geheimdienst SBU zwang sie, ein Geständnis zu unterschreiben: Sie sei Leutnant des russischen Militärgeheimdienstes GRU. Das war die These, die damals Medien in der Ukraine und auch im Westen gern aufgriffen: Der auflodernde Aufruhr sei allein das Werk russischer Geheimdienste – eine gefährliche Vereinfachung, weil sie den so genannten »Russischen Frühling« als bloße Operation gedungener Söldner abtat. Zwar stachelte Moskau die Unruhen tatsächlich an, die meisten Akteure waren aber Überzeugungstäter wie Marija Koleda. Nach ihrer Freilassung schloss sie sich den Milizen in Donezk an, später wurde sie Pressesprecherin des selbsternannten »Außenministeriums« der prorussischen »Volksrepublik«.

Marija ist kein Einzelfall: Der Moskauer Nationalist Igor Manguschew kämpft als Freischärler für die »Volksrepublik Lugansk«. Wera kennt ihn, seit sie mal nach

einer Anti-Putin-Demo in Moskau gemeinsam in Polizei-
gewahrsam landeten. Ähnliche Fälle hat der Journalist
Moritz Gathmann beschrieben: Er traf junge Freiwillige,
die nach ihrem Einsatz auf Separatistenseite in die russische Provinz zurückkehrten. Wenige Jahre zuvor hatten sie noch Wahlwerbung für den Oppositionsführer
Alexej Nawalny gemacht.

Hoffnungsträger

In der Ukraine kursiert ein bitterer Witz. Er stammt aus
den neunziger Jahren, als die Oligarchen und Mafia-
Paten ihre Vermögen zusammenrafften, das Land aber
im Chaos versank. Zwei Jahrzehnte später erfreut er
sich immer noch großer Beliebtheit, was mehr über
den Zustand des Landes aussagt als über die Qualität des Witzes. Um das Land zu sanieren, so erzählen
Taxifahrer zwischen Lemberg im Westen und Donezk
im Osten, müsse man »alle Reichtümer der Ukraine
zusammenkratzen und einen anständigen Japaner
anstellen, der dann endlich für Ordnung sorgt in diesem Schweinestall«.

Die Ukraine hat schon viele Politiker in die Rolle des
Heilsbringers gehievt und dann scheitern sehen: die
ehemalige Premierministerin Julija Tymoschenko, den
pro-westlichen Ex-Präsidenten Juschtschenko, den ent-
täuschenden Box-Champion Witali Klitschko. Die Hoffnungen waren immer größer als die Träger. So war es
auch bei Petro Poroschenko: Die Wähler statteten ihn
im Mai 2014 mit einem großen Vertrauensvorschuss aus.

Poroschenko, zuvor ein Mann aus der zweiten Reihe der Oligarchen, gewann die Präsidentschaftswahl aus dem Stand und gleich im ersten Wahlgang – das hatte es in der Ukraine seit 1991 nicht mehr gegeben. Die Wähler hofften, der Milliardär sei »schon zu reich, um sich noch kaufen zu lassen«. Auf Poroschenkos Wahlplakaten stand der Slogan: »Auf neue Art leben«.

Nach der Wahl setzte Poroschenko zwar einige Reformen um, mochte seinen alten Seilschaften aber nicht den Laufpass geben. Im Wahlkampf hatte er versprochen, Unternehmen wie seine Süßwarenfirma Roschen zügig zu verkaufen. Daraus wurde nichts, die Wirtschaftskrise habe die Preise in den Keller getrieben. Erstaunlicherweise entwickelte sich Poroschenkos Bank allerdings trotz Rezession weiter gut: Ihr Geschäft wuchs 2014 um 84,5 Prozent. An dem Institut ist auch ein Geschäftspartner Poroschenkos beteiligt: Konstantin Woruschilin. Der steht derzeit auch der staatlichen Einlagensicherung vor. Die Organisation soll im Falle von Bankpleiten Sparer entschädigen.

Anfang 2016 sorgte der Reformer und damalige Wirtschaftsminister Aivaras Abromavicius für einen Eklat. Er machte öffentlich, dass sein Team hinter den Kulissen unter Druck gesetzt werde, »fragwürdige Personen« auf Schlüsselpositionen in Staatsunternehmen zu hieven. Das Ziel sei offenbar, »Geldflüsse zu kontrollieren«, insbesondere im Energiesektor. Er nannte auch einen Namen: Igor Kononenko. Der Parlamentsabgeordnete und damalige Vizechef der Poroschenko-Fraktion hatte darauf gedrängt, Vorstandsposten und Stellvertreterpositionen mit seinen Vertrauten zu besetzen. Abromavicius behauptete, ihm sei mit seiner Entlassung gedroht worden, weil er sich dagegen zur Wehr setzte.

Auch ein Stellvertreter des Generalstaatsanwalts hatte zuvor bereits geklagt, Poroschenkos Vertrauter Kononenko versuche, der Behörde Anweisungen zu geben. Er gilt bei ukrainischen Medien als »graue Eminenz« mit großem Einfluss auf den Staatschef, beide kennen sich seit dem Wehrdienst in der Roten Armee. Kononenko ist ein langjähriger Geschäftsfreund des Präsidenten, beide sind Teilhaber der International Invest Bank.

Wera sitzt vor ihrem MacBook Air, an der Decke flackern Neonröhren. Die Redaktion ihrer Webseite hat Unterschlupf gefunden im »Bendukidse Free Market Center«, einem neuen liberalen Think Tank im Herzen von Kiew, benannt nach Kacha Bendukidse, dem georgischen Oligarchen und Reformer, den Wera so bewundert. Bendukidse ist 2014 gestorben. Das Bendukidse-Zentrum soll seine Mission fortführen. Die Mitarbeiter machen Lobbyarbeit für liberale Reformen: Sie laden Abgeordnete ein und präsentieren ihnen Ideen für Gesetzentwürfe, die sie ausgearbeitet haben. Sie nennen es das »Odessa-Reformpaket«, in Anlehnung an den Gouverneur der Stadt, Micheil Saakaschwili. »Die Ukraine«, sagt Wera, »ist mit vielem gesegnet. Gute Politiker gehören nicht dazu.« Das ist einer der Gründe, weshalb das Land nach den Maidan-Protesten damit begonnen hat, Reformer aus anderen Ländern nach Kiew zu holen.

In Georgien ist Saakaschwilis Partei 2012 abgewählt worden, seit 2013 ermitteln georgische Staatsanwälte,

Saakaschwili droht in seiner Heimat eine Haftstrafe. In der Ukraine dagegen begann sein Stern umso heller zu leuchten, je trüber die Bilanz von Präsident Poroschenko ausfiel. Saakaschwili verfügt zwar nicht einmal über eine eigene Partei. Weil seine wachsende Popularität unter Ukrainern aber unübersehbar geworden war, gingen die Meinungsforscher dazu über, die Bürger auch nach ihrer Meinung zu einem »Block Saakaschwili« zu fragen. Die Ergebnisse waren verblüffend: Hätte es Ende 2015 Parlamentswahlen gegeben, Saakaschwili hätte auf dem zweiten Platz landen können – mit einer Partei, die es gar nicht gibt.

Saakaschwili sieht in der Ukraine eine neue Front im Kampf um die Zukunft des postsowjetischen Raums – und in seinem persönlichen Feldzug gegen seinen Feind Wladimir Putin. Saakaschwili hatte im Dezember 2013 auf dem Maidan gesprochen, zwei Monate vor den entscheidenden Schüssen. In seinem Schlepptau kamen mehrere Dutzend Georgier in die Ukraine. Als das Außenministerium des bedrängten Präsidenten Wiktor Janukowytsch Ende 2013 insgesamt 36 Ausländern die Einreise wegen »Destabilisierung der Lage im Land« untersagte, waren davon 29 Georgier.

Nach dem Sieg des Maidan rückten viele Georgier in Schlüsselpositionen der neuen Regierung auf. Ein Kiewer Banker bezeichnete sie naserümpfend als »Washingtons Aufseher«, wegen der guten Beziehungen der Georgier zur US-Administration. Ein erheblicher Teil der Ukrainer hat damit allerdings kein Problem. Im Gegenteil: Viele Bürger wünschen sich seit Langem, dass endlich jemand tut, wozu sie selbst in den vergangenen Jahren nicht in der Lage waren: ihrer Elite auf die Finger hauen.

Das Vorgehen der Georgier ist autoritär. Als ein Milliardär sich in Odessa einen öffentlichen Strand unter den Nagel riss, ließ Saakaschwili kurzerhand Bulldozer gegen ihn in Stellung bringen. Ab und an führen solche Aktionen zu Spannungen mit den Ukrainern. Dmitrij Schimkiw war bis zur Maidan-Revolution Chef von Microsoft in der Ukraine, jetzt koordiniert er als stellvertretender Chef der Präsidialadministration die Reformprozesse. Gelegentlich würden die Georgier ungeduldig, sagt Schimkiw. Er versuche ihnen dann zu erklären, warum die Ukraine erst eine öffentliche Debatte in manchen Fragen brauche: »Wenn man ein großes Haus plant, baut man ja auch nicht blind drauflos. Man bespricht erst, wie man das Badezimmer geschnitten haben will.« Die Georgier sagen darauf, man könne Wandel auch totreden.

Wera zitiert ihr Idol Bendukidse: »Jedes Land braucht drei Leute für erfolgreiche Reformen: Der Erste schreibt sie, der Zweite wirft die korrupten Beamten ins Gefängnis, der Dritte erklärt das Vorgehen dem Volk. Die Ukraine hat keinen der drei.« Sie hofft, Saakaschwili werde sich als guter Reform-Import erweisen, als »guter Tyrann für die Durchsetzung der richtigen Dinge«. Sie sieht in ihm eine Art Rammbock. Der sei vielleicht nötig, um verkrustete Strukturen aufzubrechen.

Kiew im Blick, Moskau im Sinn

Im Impressum von Weras Internetportal *Reed* steht ein kurzes Manifest:

> Wir sind die erste freie Generation jener Länder, in denen die Freiheit der Person und der Selbstverwirklichung, Privateigentum und die freie Wirtschaft, die Priorität des Menschen über die staatliche Maschine siebzig Jahre lang außerhalb des Gesetzes standen. Einige postsowjetische Staaten sind dem Weg der Reformen erfolgreicher gefolgt, andere taten sich schwer mit den Veränderungen, und mancherorts kämpfen freie Menschen wieder gegen die Restauration der Diktatur.

Der Text zielt auf die Frage, die Russlands Opposition seit Jahren beschäftigt: Warum hat es in Georgien geklappt? Wie könnte es in der Ukraine klappen? Warum klappt es in Russland nicht? Wera formuliert es so: »Ich will verstehen: Wo haben sich unsere Wege getrennt, warum ist das passiert, und ist das unumkehrbar?« Wenn ihr selbstgewähltes Exil in Kiew tatsächlich nur eine »Art sehr lange Dienstreise« ist, wie sie auf *Facebook* geschrieben hat, dann ist dies ihr Auftrag, die Aufgabe, die sie sich selbst gestellt hat: Antworten finden auf diese Fragen.

Sie glaubt, die Ukrainer seien leichter zu mobilisieren, weil das Land viel ärmer sei. Die Leute hätten weniger zu verlieren. In ihrer Heimat Russland dagegen habe sich die wirtschaftliche Lage der Bevölkerung seit dem Jahr 2000 deutlich verbessert. Außerdem sei die Staatsmacht in der Ukraine dümmer als die Führung in Russland. Janukowytsch habe versucht, ähnlich repressive Gesetze wie in Russland durchzusetzen. Während der Kreml sie aber langsam, über einen Zeitraum von vielen Jahren erlassen hatte, wollte Janukowytsch sie auf einen Schlag im Januar 2014 durch das Parlament peitschen. Die Demonstrationen auf dem Maidan waren da schon in vollem Gange, und Janukowytsch goss mit seiner Initiative neues Öl ins Feuer.

Viele Ukrainer wollen auch von Wera wissen, warum sich die Moskauer nicht wie die Menschen in Kiew erheben. Sie wirbt dann für Verständnis und warnt, eine Straßenrevolte in Russland werde wohl noch viel blutiger enden als jene auf dem Maidan. Das ist ihr Zwischenfazit nach fast zwei Jahren in der Ukraine: Sie sucht noch immer nach einem Rezept, wie sich Russland verändern lassen könnte. Bislang hat sie nur verstanden, wie es nicht funktioniert.

Wie können die Staaten, die aus der Sowjetunion hervorgegangen sind, endlich einen Pfad steter politischer und wirtschaftlicher Entwicklung erreichen? Auch ein Vierteljahrhundert nach dem Ende des Kommunismus hat darauf niemand eine Antwort, weder in der mit ihren eigenen Krisen beschäftigten EU noch im immer revisionistischer gesinnten Moskau. Viele Regime im ehemaligen Ostblock sind nicht in der Lage, sich an veränderte Herausforderungen anzupassen. Sie sind nicht stabil, sondern erstarrt.

In Russland ist Putin seit dem Jahr 2000 an der Macht. Im Vergleich zu den Nachbarstaaten ist er damit fast noch ein Newcomer. Weißrusslands Präsident Lukaschenko regiert seit 1995, in Aserbaidschan der Alijew-Klan seit

1993. Islom Karimov, seit 1991 Präsident Usbekistans, ist im Jahr 2016 78 Jahre alt, sein kasachischer Kollege Nursultan Nasarbajew 76, der Staatschef Tadschikistans, Emomalii Rahmon, ist 64. Gemeinsam kommen die drei auf insgesamt 73 Jahre im Amt. Andererseits: Auch die seit 2009 von einer »Allianz für europäische Integration« regierte Republik Moldau hat keinen Sprung nach vorn gemacht. Im Gegenteil: Unter den Augen der pro-westlichen Führung verschwand dort 2014 eine Milliarde Euro aus dem Bankensystem. Die Summe entspricht mehr als einem Zehntel der Wirtschaftskraft des ärmsten Landes Europas, sie lag 2014 pro Kopf bei gerade einmal 2200 Dollar jährlich. So viel erwirtschaftet ein Deutscher im Durchschnitt in drei Wochen.

Wer Wera früher in Moskau traf, erlebte eine junge Frau mit Prinz-Eisenherz-Frisur, die zielstrebig war bis an die Grenze zur Verbissenheit. Inzwischen weiß sie: Wer nicht brechen will, muss nachgeben, etwas zurückweichen, wenn der Druck zu groß wird. Wera hat in Kiew eine kleine Wohnung gefunden. Sie trägt das Haar jetzt lang und oft offen, ersetzt die Brille mit dem dicken Rand durch Kontaktlinsen. Sie hat sich die Fingernägel grün lackiert und geht regelmäßig in ein Fitnessstudio, zum ersten Mal in ihrem Leben. Abends joggt sie am Ufer des Dnjepr. Sie hat ihre Ziele nicht aus den Augen verloren, sondern verstanden, dass sie einen langen Atem brauchen wird, um sie zu erreichen. Russland sei nicht das erste Land, in dem die demokratische Bewegung unter Druck geraten ist. »Ich weiß heute, dass es Siege gibt und Rückschläge und dass sich das Geschichte nennt«, sagt sie.

Wera hält noch immer Kontakt zu ihren alten Mitstreitern in Moskau. Russlands Opposition müsse sich
einstellen auf ein »Rennen über große Distanz«. Sie
müsse an Wahlen teilnehmen, »nicht um des Sieges
willen, sondern weil sie eine Möglichkeit darstellt, eine
große Anzahl Bürger mit Informationen zu versorgen.
Man muss auf die Leute zugehen, eine breite Unterstützung in der Bevölkerung aufbauen, zeigen, dass Oppositionelle nicht von Almosen des US State Department
leben, sondern ganz normale Bürger sind.« Das ist der
Weg der kleinen Schritte, an dem Wera selbst verzweifelt
ist – aber einen besseren Plan hat sie noch nicht gefunden. Das »Fenster der Möglichkeiten« könne sich ganz
plötzlich öffnen, dann »müssen wir bereit sein. Wir müssen dann einen Plan haben, Erfahrung, Struktur, Ent-
schlossenheit.«

Kiew ist gerade einmal 756 Kilometer Luftlinie von
Moskau entfernt, weniger als Flensburg von Garmisch-
Partenkirchen, aber Wera spürt die Gräben am eigenen
Leib, die zwischen Ukrainern und Russen ausgehoben
wurden. Ihre Eltern haben sie kein einziges Mal in Kiew
besucht. Sie haben Angst, jeder Besucher aus Russland
werde schnell Opfer marodierender Nationalistenban-
den, von denen im russischen Fernsehen immer die
Rede ist. Weras Eltern sind dem Kreml gegenüber eigentlich kritisch eingestellt, bei Wahlen stimmen sie immer
für Russlands versprengte Demokraten, »aber einige
Propaganda-Splitter erwischen auch sie«.

Besuche in ihrer Heimatstadt Moskau sind für Wera
zwischenzeitlich schwierig geworden. Die Regierung
der Ukraine hat alle russischen Fluglinien aus dem

eigenen Luftraum verbannt, daraufhin sperrte Russland alle russischen Flughäfen für ukrainische Maschinen. Die Ersatzverbindung verläuft über Weißrussland, mit einem Zwischenstopp in Minsk, aber für Wera ist dieser Weg versperrt. Weißrussische Grenzer haben ihr einen Stempel in den Pass gesetzt, ein Einreiseverbot. Die Stelle, an der sonst vermerkt wird, wann das Einreiseverbot ausläuft, haben sie frei gelassen. Sie verstehen: Ob in einem, fünf oder zehn Jahren, Wera bleibt ein Risiko für jede Diktatur.

17. Marat bleibt

>»Ich will eine Familie, ein Auto. Das Fernsehen regt mich auf. Je weniger Zeit ich für Nachrichten habe, desto ruhiger werde ich. Ist das Selbstbetrug? Natürlich.«

An einem sonnigen Junitag sitzt Marat Dupri auf einem kahlen Bergrücken in der italienischen Toskana und fragt sich, ob vor ihm ein Relikt der Vergangenheit liegt oder doch eine Vorahnung auf die Zukunft. Hinter einem rostigen Schlagbaum, erreichbar nur über die Serpentinen eines verwucherten Fahrwegs, starren die Spiegel vier 20 Meter großer Parabolantennen in den blassen Sommerhimmel. Es gibt zwei Namen für diesen Ort auf dem Bergrücken, einen für jedes seiner beiden Leben. Name Nummer eins ist eine Chiffre, ein Code: IA IMXZ, so hat die Nato den Funkposten auf ihren Karten eingezeichnet, nachdem sie ihn 1959 in Betrieb genommen hatte. Die Anlage auf 1500 Metern Höhe sollte im Falle eines Kriegs mit der Sowjetunion die Kommunikation mit dem Süden sicherstellen. 1995 wurde sie stillgelegt.

Marat hat einen kleinen Fiat gemietet, ein rustikales Modell ohne Radio und Klimaanlage, um Orte zu erkunden, die er »lost places« nennt: Industrieruinen, leer stehende Schlösser oder in Vergessenheit geratene ehemalige Militärobjekte. Die alte Sendestation IA IMXZ kennt er unter einer anderen Bezeichnung. Sie kursiert in Internetforen von Fans einer Bewegung, die sich Urban

Exploration nennt. Sie haben der Anlage einen Namen gegeben, der einen aufregenderen Eindruck macht als das trockene Nato-Kürzel. Die Koordinaten der Parabolantennen in der Toskana finden sich dort unter dem Codenamen »Ice Station Zebra«, das klingt nach verdeckten Operationen, nach Agenten hinter feindlichen Linien. Die Infrastruktur des Kalten Kriegs wird zum Spielplatz der Phantasie gelangweilter Großstädter.

Es wäre ein Fehler, Marat einen unpolitischen Menschen zu nennen. Er hat die Nachrichten verfolgt, manchmal im russischen Fernsehen, oft auf russischen Webseiten und gelegentlich in westlichen Medien. Das Duell zwischen Putin und Chodorkowski hat ihn interessiert, aber doch persönlich kaltgelassen. Das war in etwa so, wie mit dem Fernglas ins All zu schauen: Wie die Gestirne umeinander kreisen ist faszinierend, hat aber keinen Einfluss auf das eigene Leben.

Das ist anders geworden. Marat, dessen Leidenschaft es war, an die eigenen Grenzen zu gehen und darüber hinaus, wird Zeuge, wie in seiner Welt neue Grenzen entstehen. Bei einer seiner Reisen hat er zwei junge Männer aus der Türkei kennengelernt. Marat hat ihnen dabei geholfen, mit ihrem Schuhgeschäft in Moskau Fuß zu fassen. Nach dem Abschuss eines russischen Kampfflugzeugs durch einen türkischen Jet im November 2015 aber wurden die Beziehungen zwischen Ankara und Moskau schlechter, als sie es seit dem Ende des Kalten Kriegs je waren. Russland erließ Sanktionen: Urlaubsflüge in die Türkei wurden gestrichen, Einfuhren türkischer Waren verboten, türkische Firmen durften nur noch unter erschwerten Bedingungen in Russland tätig sein. Marats Freunde sind deshalb aus Moskau in die Türkei zurückgekehrt.

Er spürt auch die Auswirkungen des Zerwürfnisses über Russlands Rolle in der Ukrainekrise: Mehr als tausend *Facebook*-Freunde haben ihm nach der Annexion der Krim die Freundschaft aufgekündigt, die meisten aus der Ukraine. Dabei hatte Marat im Internet keine politischen Parolen verbreitet. Es habe ausgereicht, dass er aus Russland komme und sich nicht eindeutig gegen den Anschluss der Krim positionierte. Marat sagt, er könne durchaus »nachvollziehen, warum Russland glaubt, in der Ukraine so vorgehen zu müssen. Es geht darum, der ganzen Welt die eigene Stärke zu zeigen, dass wir eine starke Armee haben, eine selbstbewusste Außenpolitik und dass wir uns von niemandem verbiegen lassen. Ich verstehe nur nicht, was das dem einfachen Menschen bringt.«

Reisen ist teuer geworden: Die russische Währung ist wegen Wirtschaftskrise und Ölpreis-Einbruch abgestürzt, in Rubel gerechnet hat sich der Preis von Flugtickets verdoppelt, 2015 buchten die Russen 32 Prozent weniger Auslandsreisen. Marat wohnt noch immer bei seinen Eltern, er spart fast sein ganzes Gehalt für seine Trips ins Ausland. Er hat Italien und Frankreich erkundet. Marat sagt, er sehne sich zurück nach den Zeiten, »als das Wort Russe noch nicht so viele negative Assoziationen hervorrief«. Auf Puerto Rico habe er zu hören bekommen, Russen seien schlecht erzogen und notorische Lügner. »Das macht mich krank«, sagt Marat. Er will beweisen, dass sein Land besser ist als sein Ruf. Er stellt sich deshalb auf Reisen demonstrativ als Russe vor. Er sehe sich »auch als Diplomaten«.

Die Politik hat auch die Roofer erreicht, die Szene der Dachkletterer. Im August 2014 erklommen mehrere junge Männer einen Stalin-Wolkenkratzer am Ufer der Moskwa, hissten eine ukrainische Fahne und malten den Stern an der Spitze des Gebäudes in den ukrainischen Nationalfarben Blau und Gelb an. Die alarmierten Behörden benötigten zehn Stunden, um die ukrainische Flagge wieder einzuholen. Der Stern wurde noch am selben Tag wieder übermalt. Anführer der Gruppe war ein Ukrainer namens Pawel Uschiwez, der sich »Mustang Wanted« nennt. Er konnte nach dem Moskau-Stunt entkommen und genießt in der Ukraine Heldenstatus. Auf *Facebook* hat er eine halbe Million Fans. Kiews Innenminister hat ihm zum Dank eine Pistole geschenkt. Mustangs russische Mitstreiter aber wurden gefasst. Ein Moskauer Gericht verurteilte den Roofer Wladimir Podresow wegen Vandalismus zu zwei Jahren Gefängnis.

Die russischen Behörden haben auch die Bußgelder erhöht: Früher drohten Roofern für einfachen Hausfriedensbruch 300 Rubel Strafe, inzwischen sind es 30 000 Rubel, umgerechnet rund 400 Euro. Die Stadt Sankt Petersburg schickt im historischen Zentrum aus Kosaken bestehende Bürgerwehren auf Streife, um Roofer abzufangen.

Marat kommt runter

Im Internet sind viele russische Dachkletterer zu Stars geworden. Der Moskauer Witali Raskalow, Marats Begleiter bei der nächtlichen Pyramiden-Besteigung nahe Kairo, hat auf YouTube 520 000 Abonnenten, das sind doppelt so viele wie *ARD* und *ZDF* zusammen auf der Videoplattform haben. Raskalow hat seine Helmkamera mitlaufen lassen, als er mit einem Mitstreiter in China zunächst die von Wolken verhüllte Baustelle des 632 Meter hohen Shanghai Tower erklomm, um von dort dann ohne Sicherung weiterzuklettern auf ein zwanzig Meter höher in die Luft ragendes Gerüst. Auf dessen Spitze balancierte er und klatschte sich lachend mit seinem Begleiter ab. Raskalows Video wurde bislang 52 Millionen Mal angeklickt, den Reiz der Aufnahme macht aus, dass jeder Betrachter versteht: Die Grenze zwischen Mut und Leichtsinn haben die beiden Russen längst überschritten.

Wer Marat in den vergangenen Jahren beobachtet hat, seine eigenen Ausflüge in luftige Höhen, konnte zu dem Eindruck gelangen, es handele sich ebenfalls um den extravaganten Spleen eines gelangweilten Großstadtjungen auf der Suche nach fünf Minuten Ruhm, die das Internet für medienaffine Draufgänger bereithält. Und Marat hätte sich wohl auch selbst zu dieser Riege gezählt, wäre ihm nicht mit der Zeit aufgefallen, dass er immer seltener des Kicks wegen auf die Häuser stieg und immer öfter, um in Ruhe nachdenken zu können. Marat hat die Dächer nicht bestiegen, um Fans auf *Facebook* zu gewinnen. Sie sind Orte, die er aufgesucht hat auf der Suche nach sich selbst.

Roofing ist jetzt en vogue, Marat stört das. Er empfindet die Dächer als überlaufen. Vor einigen Jahren hätten sich noch alle Roofer in Moskau persönlich gekannt, die vielen Berichte im Internet und im Fernsehen aber haben Tausende Nachahmer animiert. Der Roofing-Boom, den Marat selbst mit ausgelöst hat, vertreibt ihn jetzt aus der

Szene. Marat, den sie »Skywalker« nannten, hat deshalb seinen Rücktritt verkündet. Er hat ihn auf *Facebook* veröffentlicht, auf den Tag genau fünf Jahre nach der Besteigung jenes Wolkenkratzers im Moskauer Geschäftsdistrikt Moscow City, den er sein »erstes Dach« nennt.

Tag für Tag, Dach für Dach habe ich meine Stadt aus der Vogelperspektive entdeckt und empfand die großartige Mischung von Freiheit und Glück. Ich habe die höchsten und schönsten Dächer in Moskau besucht und habe Roofing im Ausland begonnen. Durch einige Berichte internationaler Medien bin ich sogar ein bisschen bekannt geworden, aber ich hasse es, wenn man mir sagt, ich sei eine Art Celebrity. Ich tue es nicht, um berühmt zu werden oder cool, ich tue es für mich selbst.

Er habe daraufhin flehentliche Zuschriften bekommen, er möge doch weitermachen mit seinem Hobby. Aber Marat blieb hart: Natürlich freue er sich, wenn seine Fotos und Berichte andere inspiriert und motiviert haben, für ihn sei an dieser Stelle aber Schluss. »Wem das nicht passt, der kann mich ja aus seiner Freundesliste streichen. Das Leben ist zu kurz, um nur eine Leidenschaft zu pflegen«, schrieb er.

Seine neue Passion, Urban Exploration, das einsame Stromern durch verlassene Orte, hat er während seiner Reisen nach Europa kennengelernt. Sie hat ihn zu den aufgegebenen Nato-Antennen in der Toskana geführt, in verwunschene Schlösser in Frankreich und nach Beelitz-Heilstätten, auf das Gelände eines ehemaligen sowjetischen Militärhospitals in der Nähe von Berlin. Dort sieht es noch heute so aus, als seien Moskaus Soldaten gerade erst abgezogen. Vor dem Gebäude grüßt eine der letzten Lenin-Statuen auf deutschem Boden. An einer Wand hängt eine Karte, auf der noch rot die Sowjetunion eingezeichnet ist. Auf einem Schreibtisch vergilbt eine Ausgabe der *Iswestija*, Zeitung des »Rats der Volksdeputierten der UdSSR«. Das Gremium wurde von Michail Gorbatschow 1988 ins Leben gerufen und im September 1991 wieder aufgelöst.

Marat sagt, er besuche solche Orte nicht einfach, er lasse sie »langsam durchsickern bis zu meinem Herz«. Er setzt sich dann auf den Boden und betrachtet still die verlassene Schönheit, stellt sich vor, wie das Leben hier war, wenigstens einen Moment lang. Nur so erschließe sich die wunderbare und manchmal erschütternde Atmosphäre dieser Orte. »Im Englischen gibt es den Begriff *decay*, Verfall. Ein trauriges Wort, Schönheit mit Kratzern. Orte werden vergessen, geschichtsträchtige Orte! Aber die Natur fordert ihr Recht wieder, Bäume wachsen, und ich stelle mir Leben vor, wo nie wieder Leben sein wird.« Marat sagt, er empfinde dann eine »angenehme Traurigkeit. Auf Deutsch nennt man es Melancholie.«

Urban Exploration steckt in Russland noch in den Kinderschuhen. Marat hat aber Anschluss an die Szene in Europa gefunden. Er beschreibt sie als Zusammenschluss sanfter Einbrecher. Ihr Losspruch laute: »Take only pictures, leave only footprints«. Wenn ein Gebäude von Vandalen heimgesucht worden sei, komme es vor, dass sich die nächsten Besucher ans Aufräumen machen. Sie bemühen sich, den Zustand des geordneten Zerfalls wieder herzustellen. Marat hat einen Mann kennengelernt, der in verfallenen Schlössern Musikstücke komponiert. Er weiß von einer Gruppe Belgier, die sich »Die Gentlemen« nennen und ihre Streifzüge in Anzug und mit Fliege antreten.

Marat ist aufgefallen, wie stark sich Russen und Europäer voneinander unterscheiden. Kultur und Architektur wirkten sehr ähnlich, »aber die Mentalität unterscheidet sich stark, der Blick auf das Leben. Wir haben Angst, morgen nicht mehr genug Zeit zu haben.« Viele im Westen wüssten jedoch, dass ihnen die Zukunft nicht wegläuft. Marat nennt das »Gewissheit für den morgigen Tag«. In Europa sei Urban Exploration »mehr als ein Hobby, das ist ein Lebensstil«. Die meisten Urban Explorer seien dort bereits Mitte 40. »Sie haben Karriere gemacht, eine Familie gegründet und sind der festen Überzeugung, dass ihr Leben jetzt erst richtig losgeht. Wir in Russland dagegen denken, dass wir uns in jungen Jahren beeilen müssen, alles zu erleben. Ab 40 gehörst du hier zum alten Eisen.«

Jobsuche

So energisch Marat in seiner Freizeitgestaltung ist, seiner Karriereplanung fehlt die klare Richtung. Er hat nach seinem Jurastudium einige Monate in einem Anwaltsbüro gearbeitet, aber das war ihm zu langweilig. Er hat Fotos, Reiseberichte und Kinokritiken an Medien verkauft, aber davon konnte er nicht leben. Er hat als Tamada gejobbt und als Tisch- und Zeremonienmeister für Geld Trinksprüche bei fremden Feierlichkeiten ausgebracht.

329

Ein halbes Jahr nach dem Ende der Uni träumte Marat davon, vor der Fußballweltmeisterschaft 2018 in Russland in der Baubranche Fuß zu fassen. Er wollte Bausand billig ein- und teuer verkaufen, das war der Plan. Er verfolgte sogar gemeinsam mit einem Freund im Auto einen Laster. Sie hatten sich überlegt, so den Empfänger der Lieferung ausfindig zu machen und ihn mit einem günstigen Angebot abzuwerben. Sie hatten allerdings die Rechnung ohne die Konkurrenz in der von mafiösen Strukturen durchsetzten Baubranche gemacht: Nach ein paar Kilometern drängte sie ein schwarzer Geländewagen ab. Männer mit Lederjacken und Pistolen im Schulterhalfter bedeuteten ihnen, sie sollten verschwinden. Marat glaubt bis heute, die Gangster hätten ihn und seinen Freund »auch in jedem Moment erschießen können«. Danach verkaufte er gegen Provision Plastikfenster, einem Bekannten gehört eine Fabrik, aber die russische Wirtschaft brach ein und mit ihr die Nachfrage nach Baustoffen.

Daraufhin hat Marat eine Bewerbung bei der russischen Tochter der österreichischen Raiffeisenbank eingereicht, drei Bewerbungsrunden dank seiner exzellenten Englischkenntnisse gemeistert und ist jetzt Junior Analyst. Es ist sein sechster Job in fünf Jahren, und es ist offen, ob Marat ihn lange behalten wird: Wirtschaftskrise und Sanktionen machen der russischen Raiffeisen-Tochter zu schaffen, die Deutsche Bank hat sich bereits aus Moskau zurückgezogen, der Konkurrent Credit Suisse das Russlandgeschäft zurückgefahren.

Marat hat sich eine Liste gemacht mit Ländern, die er in der nächsten Zeit besuchen will. Iran und Nordkorea stehen darauf, Island, aber auch die Bundesrepublik. Er ist in den vergangenen Jahren ein halbes Dutzend Mal in Deutschland gewesen und schwärmt von italienischen Restaurants in Berlin, in denen es »für sieben Euro bessere Pasta gibt als in Italien«. Zum ersten Mal seit vielen Jahren aber hat er auch Angst, nicht alle seine Pläne verwirklichen zu können. Marat fürchtet, dass sich die Konflikte zwischen Russland und dem Westen verstärken könnten, »bis hin zu einem neuen Eisernen Vorhang«.

Bei den umstrittenen Parlamentswahlen 2011 hat er für die »Patrioten Russlands« gestimmt, eine Retortenpartei des Kreml, würde das aber nicht wieder tun. Damals sei alles anders gewesen, heute aber »bin ich mit dem politischen Kurs nicht zufrieden«. Die derzeitige Lage betrübt ihn. Marat hält die Politik der USA gegenüber Russland für aggressiv und falsch, aber mit Putins proklamierter geistig-moralischer Wende kann er nichts anfangen. Einerseits hält er es für legitim, dass »die Bewohner der Krim lieber Teil Russlands sein wollen. Andererseits sehe ich für mich nur schlechte Folgen. Die Welt, die ich als offen kennengelernt habe, ist verbittert.« Er denkt oft an die Zeit seines Studiums, damals saß noch Dmitrij Medwedew im Kreml, der war zwar schwach, aber der Rubelkurs stabil. Die Russen konnten mehr reisen »und wurden freundlicher empfangen als heute«.

Gehen oder bleiben

Marat hat keine Strategie, wie er mit der derzeitigen Lage umgehen soll. An manchen Tagen möchte er sie einfach beiseiteschieben, scheint ihm Ignorieren das Beste. »Ich will eine Familie, ein Auto. Das Fernsehen regt mich auf. Je weniger Zeit ich für Nachrichten habe, desto ruhiger werde ich. Ich sehe mich als Pazifist und bin für den Frieden in der ganzen Welt. Ist das Selbstbetrug? Natürlich.« Er hat überlegt, auszuwandern. Norwegen würde ihm gefallen, wegen der Mentalität der Menschen und des ähnlichen Klimas.

»Fliehen oder nicht fliehen? Das war schon immer die Frage für eine bestimmte Schicht der russischen Gesellschaft.« So begann der britische *Guardian* im Juni 2014 seinen Bericht über eine Debatte, die seitdem Moskauer Fachkreise bewegt: Haben Putins autoritärer Kurs, die Annexion der Krim und der Druck des Kreml auf NGOs die politische Opposition zu einer messbaren Fluchtbewegung aus Russland geführt, zu einer »fünften Welle der russischen Emigration«? Das fragt der Journalist Leonid Berschidskij, der vor Jahren in Moskau für die russischen Ausgaben von *Forbes* und *Newsweek* arbeitete, inzwischen aber nach Berlin gezogen ist.

Es gibt Beispiele, die diese These zu bestätigen scheinen. Der bekannteste russische Neu-Emigrant ist der Internetunternehmer Pawel Durow, Jahrgang 1984 und Gründer von *VK.com*, dem russischen sozialen Netzwerk. Durow sperrte sich gegen Einflussversuche des Inlandsgeheimdienstes FSB und wurde 2014 endgültig aus dem Unternehmen gedrängt, das er selbst aufgebaut hatte. Er lebt seither im Westen und treibt dort die Entwicklung seiner App *Telegram* voran. Das Messengersystem nutzt eine Verschlüsselung, die bislang selbst Geheimdienste nicht zu knacken vermochten. Im Februar 2016 hatte es bereits hundert Millionen aktive Nutzer weltweit.

Andere prominente Beispiele sind der Oppositions-politiker Ilja Ponomarjow, der als einziger Parlamenta-rier gegen die Annexion der Krim stimmte und vor rus-sischen Ermittlern in die USA geflohen ist, sowie die ehemalige Chefredakteurin der Webseite *Lenta*, Galina Timtschenko. Das Portal wurde 2014 auf Kreml-Kurs gebracht, Timtschenko gründete daraufhin in Riga mit einigen ehemaligen Lenta-Redakteuren das neue Pro-jekt Meduza.

Die amerikanischen Einwanderungsbehörden melde-ten 2014 eine Verdoppelung der Zahl russischer Green-card-Empfänger im Vergleich zum Vorjahr. Die Sozio-logen des Lewada-Zentrums hatten bereits seit Längerem festgestellt, dass immer mehr Russen mit dem Gedan-ken spielten, dauerhaft ins Ausland zu ziehen. Ihr Anteil stieg 2012 – im Jahr von Putins Rückkehr in den Kreml – auf 20 Prozent an, drei Jahre zuvor waren es nur 13 Pro-zent gewesen. Die Lewada-Daten zeigen allerdings auch, dass der Konflikt mit dem Westen über die Ukraine diese Entwicklung nicht befeuert hat. Im Gegenteil: Der Anteil der potenziellen Auswanderer ist erheblich gesunken, auf 11 Prozent in den Jahren 2014 und 2015.

Nach Angaben des Föderalen Migrationsdienstes ver-ließen im Jahr 2014 53 235 Russen dauerhaft ihr Heimat-land, der höchste Wert seit neun Jahren. 2011 waren es noch weniger als 30 000 gewesen. Diese Bewegung ist zwar viel schwächer als die Abwanderungen während und nach dem Zusammenbruch der Sowjetunion. So wurden beispielsweise allein im Jahr 1994 in Deutschland 213000 Spätaussiedler registriert. Die 2012 einsetzende Emigrationswelle ist also keine Massenbewegung, aber – nicht weniger bedenklich – ein Elitenphänomen. Häufiger als andere Schichten denken Vertreter der russischen Mittelklasse daran, das Land zu verlassen (27 Prozent), unter Studenten sind es sogar 41 Prozent.

Der Leiter des Lewada-Zentrums Lew Gudkow spricht von Anzeichen eines so genannten Brain Drains: »Das sind gut ausgebildete Experten unter 35. Sie sind keine Oppositionsaktivisten, haben keine politische Agenda. Sie beeinflussen eher die geringen Entwicklungschancen in Russland.«

Kurioserweise könnte diese Abwanderung der russischen Elite von morgen den autoritären Kurs in Russland festigen. Der angesehene bulgarische Russlandkenner Ivan Krastev hält es für eine Illusion zu glauben, offene Grenzen und Reisefreiheit würden zwangsläufig dazu führen, dass Autokratien über kurz oder lang kollabieren. In Russland könne sehr gut das Gegenteil eintreten: »Die Öffnung der Grenzen hat zu einem Nachlassen politischen Reformdrucks geführt. Wieso sollte jemand versuchen, Russland in ein zweites Deutschland zu verwandeln, wenn es keine Garantie gibt, dass ein Menschenalter für diese Mission ausreichen wird – und das richtige Deutschland nur einen kurzen Trip weit entfernt ist?«

Marat hat die Möglichkeit auszuwandern erwogen, vorerst aber wieder verworfen. Er mag mit seiner Heimat

nicht brechen, selbst dann nicht, wenn sie sich abzu-
wenden scheint von der Welt, deren Weite er liebt.

**Ich habe verstanden, dass ich zu abhängig bin von mei-
ner Umgebung, von Russland, seinen Menschen, seiner
Seele. So eine Seele habe ich nirgendwo sonst gefunden. Manchmal scheint der Übergang von dieser russischen Seele zur Gleichgültigkeit zu zerfließen. Aber
sie ist da. Ich wäre ja auch ein Egoist, würde ich nur
an mich selbst denken und nicht an meine Familie und
Freunde, von ihnen kann ich mich nicht lossagen.**

Er hängt an seinen Eltern, auch wenn sie ihm manchmal
seltsam fremd erscheinen. Sie kommen selten einmal
über die Stadtgrenzen hinaus. Marat hat den Eindruck,
dass die Schwierigkeiten in den neunziger Jahren die
Generation seiner Eltern genügsamer gemacht haben.
»Sie brauchen nicht viel, auch nicht Europa. Wir neuen
Menschen in Russland aber haben uns an neue Freihei-
ten gewöhnt.«

Marat befürchtet, seine Generation werde noch lange
mit den derzeitigen Schwierigkeiten im Verhältnis zum
Westen zu kämpfen haben. Über die Krim werde es
keine schnelle Einigung geben, der Westen verteidige
seine Position, er habe wie Russland »jedes Recht dazu«.
In die Zukunft blickt er dennoch positiv, mit diffusem
Optimismus. Marat weiß nicht, wie es gelingen könnte,
das Ruder wieder herumzureißen. Er glaubt aber daran,
dass seine Generation die Kraft dazu findet: »Wenn wir
es nicht tun, wer dann?«

Bildnachweis

Abb. 1 und 8: Copyright © Vladimir Telegin
Abb. 2 und 4–7: Copyright © Anna Skladmann
Abb. 3: Copyright © Mikhail Mordasov

Anregungen und Kommentare

Anregungen, Hinweise und Kommentare werden vom Autor gerne entgegengenommen: per E-Mail (benjamin.bidder@spiegel.de), via Twitter (@BenjaminBidder), über Facebook (http://www.facebook.com/benjamin.bidder) oder über seine Webseite www.benjaminbidder.de.